干部实用阅读 历代短文精品 解析

GAN BU SHI YONG YUE DU LI DAI DUAN WEN JING PIN JIE XI

干部实用阅读

历代短文精品解析

GAN BU SHI YONG YUE DU LI DAI DUAN WEN JING PIN JIE XI

孙乃沅

中共中央党校出版社
The Central Party School Publishing House

责任编辑　王彩琴
版式设计　李　灵
责任校对　王　巍
责任印制　宋二顺

图书在版编目（CIP）数据

干部实用阅读历代短文精品解析/孙乃沅著．—北京：中共中央党校出版社，2010.4
ISBN 978-7-5035-4282-4

Ⅰ．干…　Ⅱ．孙…　Ⅲ．文言文-选集　Ⅳ．H194.1

中国版本图书馆 CIP 数据核字（2010）第 021760 号

中共中央党校出版社出版发行
社址：北京市海淀区大有庄 100 号
电话：（010）62805800（办公室）　（010）62805818（发行部）
邮编：100091 网址：www.dxcbs.net
新华书店经销
北京国防印刷厂印刷装订
2010 年 4 月第 1 版　2010 年 4 月第 1 次印刷
开本：700 毫米×1000 毫米　1/16　印张：19.25
字数：285 千字　印数：1—4000 册
定价：35.00 元

前　言

这本历代短文精品解析，是编选给党的各级各类干部暇时一读的。

短文，当然是篇幅短小的文章，却不包括那些小道理、没道理的琐屑小玩意儿，而专指鲁迅所说“有骨力”而定义为短文的那种：“它当然不及长，寥寥几句，也说不尽森罗万象，然而它并不‘小’”。就从本书所选看：内容上涉及政治、经济、军事、文化、社会，“修齐治平”各方面；形式上包括了各种主要文体；表达方式上叙述、说明、议论、抒情、描写一应俱全；作者涵盖了圣贤、皇帝、大臣、小吏、庶民各阶层；时代从春秋战国到明清，整个封建社会两千多年，又恰是文章成熟、发展、高峰、延续的全过程。岂不是洋洋大观！

为什么要选它来读呢？

我们知道，马克思主义的产生直到当今与时俱进的发展，是建立在批判地继承人类全部文化遗产基础上的。我们党的干部要学习、掌握、践行这种科学理论和世界观，也要学习人类的精神遗产，特别是中国本身的历史经验和文化精髓。这些短文包含了治理国家、管理社会、发展经济、改革制度、擢用人才、修养品德以及处理人际关系、应对突发事件的历史经验、智慧、韬略、胆识，希望能给我们面对新形势、打开新思路、解决新问题一些启迪、借鉴。同时，选文也考虑到提高领导干部个人的人文素质。高尚的情操、优雅的外表、从容的举止、得体的言谈，不是凭空而来的。“腹有诗书气自华”，表里配合才能“文质彬彬”。这些短文对读者的文化素养、行为操守、眼界气度甚至仪表谈吐都将产生一些熏陶作用。

本书另一个目的就是帮助掌握和精通应用文章写作。领导干部虽非篇篇都要亲自提笔敲盘，但却必须懂行。写文章也是有规律可循的，但不能靠记下条条，还要靠阅读佳文来体味。我们这个文章大国保有浩如烟海的宝藏。为什么要选读短文呢？因为长文在弄懂字句上费时太多，而短文“麻雀虽小，五脏俱全”。且本书所选都是整篇而非截取片断，可以用很少时间从选题立意、布局谋篇、文字功力和文风品格各方面全面把握和学习借鉴。同时，希望读短文有助于把文章写短。我国自古非议“下笔不能自休”，特别是现代提倡开短会、讲短话、写短文。本书所选都是300字以内短章，可从中领悟“短”的奥妙所在。当然，由于内容、功能、体裁不同，文章还是该长则长、该短则短。但即使长文鸿笔，也要以短文“惜墨如金”的精神，压缩篇幅、精练文字、扩大信息量，写得简明、精彩、耐读、受听。

领导干部公务繁忙，在建设马克思主义学习型政党进程中，要学的东西很多。短文优势在“短”。车上、枕上、厕上，会前会后零星时间，就可读上一篇，日积月累便增长了知识，提高了素质，过了古文关，培养了读书兴趣和习惯。

本书选文54家111篇，既有传诵的名文，也有未引起注意的佳作，堪称精品。为便于阅读，每篇都作了“题解”、“注释”、“今译”、“析评”。水平有限，错误难免，敬请指正。

孙乃沅

2009年12月

【第一辑】

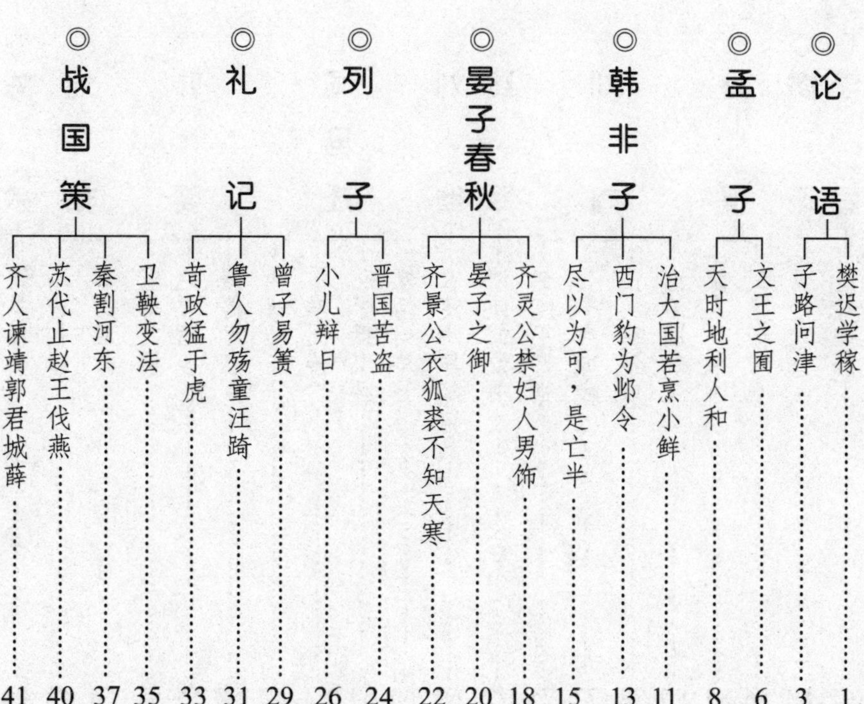

【第二辑】

【第三辑】

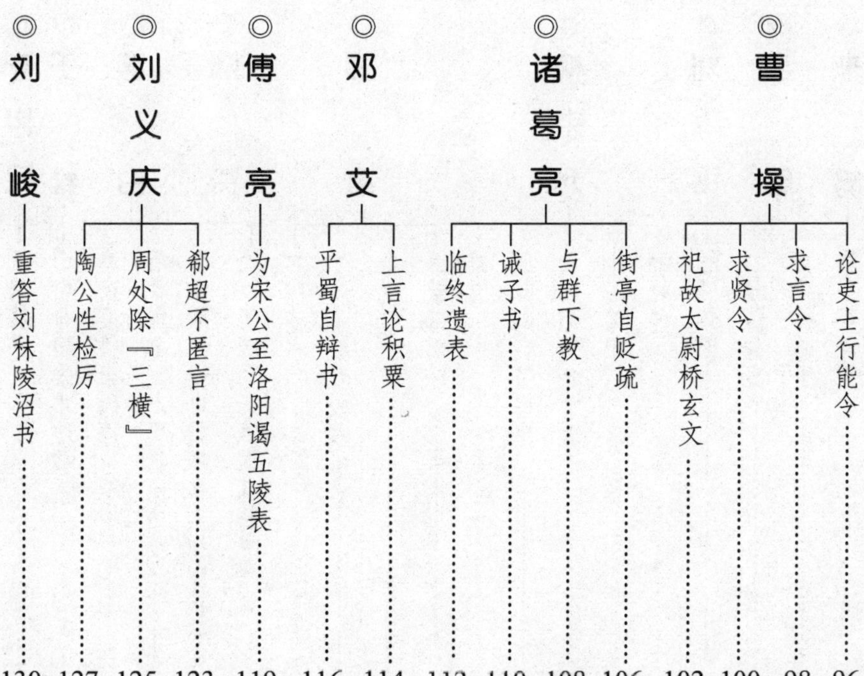

【第四辑】

【第五辑】

【第六辑】

第　一　辑

《论　语》

《论语》是我国第一部记言体散文，主要记叙孔子及其门弟子言行。孔子名丘（前551—前479），字仲尼，春秋末期鲁国人，著名的思想家、教育家、政治家，儒家学说创始人。孔子生活在奴隶制向封建制转化的时代，他的政治思想以“托古改制”为特点，即以恢复西周礼治为名，行改革奴隶制、向封建制过渡之实。他的思想核心是“仁”，主张“仁者，爱人”，“和为贵”，处理好人们之间新的关系。他是我国有记载的第一个办私学的人，主张“有教无类”，“学而优则仕”，为奴隶主以外的人受教育、从政做官开辟了道路。他曾带着弟子周游列国，除了当过短期的鲁国司寇而摄政之外，没有实现政治抱负的机会，但他的政治思想却成为整个封建社会的统治思想。他本人被后代帝王追封为“大成至圣先师”、“文宣王”，被人们尊称为圣人。他在思想、教育和整理古籍方面的历史功绩是巨大的，在中国和世界都有深远影响。《论语》成书约在春秋战国之际，是孔子弟子和再传弟子所记，只有简短的语录、问答，但语言洗练，浅近明白，能表达深刻复杂的道理，耐人寻味，所谓“言简意赅”，而又具有雍容典雅、迂徐婉转的风格。

樊迟学稼

樊迟请学稼①，子曰：“吾不如老农。”请学为圃②，曰：“吾不如老圃。”樊迟出，子曰：“小人哉③，樊须也！上好礼④，则民莫敢不敬；上好义，则民莫敢不服；上好信，则民莫敢不用情。夫如是，则四方之民襁负其子而至矣[⑤]，焉用稼！”

【题解】

本文选自《论语·子路》，题目是后人加的。樊迟要求学习种庄稼和种蔬菜，孔子骂他没出息，认为从政的人只要政治搞好了，自有人来种地种菜，不用自己动手。反映了脑力劳动队伍扩大初期的情况。下层出身的学生仍想学农学圃，而孔子主张社会分工后各司其职。当时分工扩大，平民从政，有利于地主阶级巩固政权，所以孔子的主张有一定进步意义；但它又是孟子“劳心者治人，劳力者治于人”的思想先导，有历史的局限。而他不把农业科技算在应学之列，是偏颇的，在历史上造成过不良影响。

【注释】

①樊迟（前515—?）：名须，字子迟，齐国人，孔子弟子。

②圃：菜园子。为圃，种菜。后文的“老圃”，即老菜农、老园丁。

③小人：指被统治阶级，下等人。

④上：指统治者。

⑤襁（qiǎng）：背孩子的背带。

【今译】

樊迟要求学习种庄稼，孔子说：“我不如老农。”又要求学习种菜，孔子说：“我不如老园丁。”樊迟出去了，孔子教育其他弟子说：“樊须简直是个下等人！做个治理的长官如果喜好礼，那么老百姓就没有敢不恭敬的；讲究义，那么老百姓就没有敢不服从的；重视信誉，那么老百姓就没有敢不讲真话的。这样，四方的老百姓就会背着孩子来投奔，怎么还用自己去种地呢！”

【析评】

文字是语言的符号。最初的文章，只是记下人们要说的话。从这个角度看，记言体代表了文章的某些基本特质，是文章的源头。

《论语》是早期记言体的代表作。有的只记下谁说的什么话，一看就懂；有些意思比较复杂，还记下了语言环境，帮助准确理解。构成语言环境的方式，一种是对话，即针对什么人的什么话说的；一种是描述，即在什么地方、什么情况下说的。写文章使人看不懂或产生歧义，往往是忽略了构写语言环境。本文分两部分，第一部分以对话构成语言环境，引出下文；没有它，下文议论就失去针对性而不好理解了。问答又显示了人的思想个性，孔子以不如老农、老圃作答，表现了“知之为知之，不知为不知”的精神，而又胸有见地，从容不迫。第二部分孔子的议论是记叙的主体，从批评樊迟开始，然后用三个排比句讲理，得出“焉用稼”的结论，和全文的开头照应。前言后语清清楚楚，是记言佳作。

子路问津

长沮、桀溺耦而耕[①]。孔子过之，使子路问津焉[②]。长沮曰：“夫执舆者为谁?”子路曰：“为孔丘。”曰：“是鲁孔丘与?”曰：“是也。”曰：“是知津矣!”问于桀溺，桀溺曰：“子为谁?”曰：“为仲由。”曰：“是鲁孔丘之徒与?”对曰：“然。”曰：“滔滔者天下皆是也，而谁以易之？且而与其从辟人之士也[③]，岂若从辟世之士哉?”耰而不辍[④]。子路行以告，夫子怃然曰[⑤]：“鸟兽不可与同群，吾非斯人之徒与而谁与[⑥]？天下有道，丘不与易[⑦]也。”

【题解】

本文选自《论语·微子》，题目为选者所加。孔子周游列国，目的是在用世，即从政做官，用自己的政治主张改造这个社会。为此，就要选择能让自己实现抱负的君主。在孔门看来这是高尚的、顺理成章的；在另一些对当时社会完全绝望了的隐士看来则是可鄙的，不彻底的。本文记叙了这两种思想的交锋。两个隐士拒绝了子路问津，一个讽刺孔子跑来跑去应当知道渡口，一个劝子路随他们避世；

孔子听到后讲述了自己用世改革的理由。

【注释】

①长沮、桀溺：两个隐者。　耦：偶，两人并肩。

②子路：名仲由（前542—前480），字子路，卞（今山东泗水东）人，孔子弟子，性情爽直，有勇力，经常跟随孔子出游。　津：渡口。

③而：即“尔”，你。　辟：避。

④耰（yōu）：古代平整土地的农具。这里作动词用，指用这种农具拨土埋种子。　辍：停止。

⑤怃（wǔ）然：不高兴的样子。

⑥与：交往、相与。

⑦易：改变。

【今译】

长沮、桀溺并肩耕地。孔子经过这里，打发子路去打听渡口在哪里。长沮说：“那个驾车的人是谁?”子路说：“是孔丘。”又问：“是鲁国那个孔丘吗?”答道：“是啊!”长沮说：“那他当然知道渡口在哪里了。”子路又去问桀溺，桀溺说：“你是谁?”子路回答：“我是仲由。”又问：“是鲁国孔丘的徒弟吗?”对答说：“是的。”桀溺说：“恶劣的社会风气好像滔滔洪水，天下到处都一个样，可谁能改变这种趋势呢?!而且你与其跟随孔丘这种避开某些人的人，何如追随我们这样避开整个社会的人呢!”一边说一边掩埋种子，不停顿干活。子路回来告诉孔子，孔子不高兴地说：“鸟兽才不能跟它们同群生活呢，我不和这些世人打交道，跟谁打交道呢?天下都合乎正道，我就不跟人们去改变它了!”

【析评】

为了读者能懂得所记的一席话，就得先交代语言环境。本篇采取描述的方法，构写语言环境，说明孔子这番话是在什么地方什么情况下说的。这就是前因后果的叙述，这样记言有记事的性质，成为一篇完备的记叙文。文中记叙了子路问津的完整过程，有必要的交代，有反复的问答，有孔子的评论。主题明确，段落清楚，叙述次序井然。第一段，长沮桀溺耦而耕，孔子使子路问津。四个人物都出场了，关系也已交代清楚。第二段是子路与长沮的问答，第三段是子路与桀溺的问答。这两段是孔子言论的语言环境，但又不纯是语言环境，它们表现了两种对立的思想与情绪。第四段子路回来报告后，孔子发议论，是主旨所在。篇幅短小，容量很大，写出当时两种世界观的对立，同时人物的性格情感也显现出来。

《孟　子》

《孟子》一书，是战国中期孟子的弟子万章、公孙丑等记录孟子言行的，是儒家经典之一。孟子名轲（约前385—前304），字子舆，鲁国邹人，是孔子的孙子子思的再传弟子，儒家学说的继承者和代表人物，被后世称为亚圣。他推崇“王道”、“仁政”，提出“民为贵，社稷次之，君为轻”的民本思想；认为人类本性善良，能够接受礼教；他还宣扬“劳心者治人，劳力者治于人”，为封建统治制造理论根据。他的思想代表了地主阶级利益，有利于巩固封建统治。他曾周游列国，受到一些国君的尊崇和供奉，但未得任用，晚年专门教书。《孟子》虽是记言体，但已高度发达，对复杂思想、反复辩难，都能表达尽致。当时正是各个学派游说论战的时代，《孟子》文章带有鲜明的论辩色彩，具有浩然的气势、强烈的感情，生动风趣，锋利雄辩，富于鼓动性。它善于引导人们随自己的思路前进，并以浅近的譬喻说明高深的道理；论辩中善于紧逼对手，穷追不舍，直到批透驳倒。

文　王　之　囿

齐宣王问曰[①]：“文王之囿方七十里[②]，有诸?”孟子对曰：“于传有之。”曰：“若是其大乎?”曰：“民犹以为小也。”曰：“寡人之囿方四十里，民犹以为大，何也?”曰：“文王之囿方七十里，刍荛者往焉，雉兔者往焉[③]；与民同之，民以为小，不亦宜乎？臣始至于境，问国之大禁，然后敢入。臣闻郊关之内有囿方四十里，杀其麋鹿者如杀人之罪；则是方四十里为阱于国中[④]，民以为大，不亦宜乎!”

【题解】

本文选自《孟子·梁惠王下》，题目是选者所加。所记为孟子和齐宣王的一次谈话。当时孟子已届晚年，梁惠王死后，他便从梁国（魏国）来到齐国，很受齐宣王的尊敬，经常一起谈论一些治国的道理。这次谈话大约在孟子到齐国不久，从周文王的园囿猎场谈到齐宣王的园囿猎场。孟子提出，“与民同乐”百姓就不反对你享乐；如果统治者的享乐给百姓带来痛苦和不便，百姓就会反对你。这样协调关系的办法，是孟子“仁政”思想的重要组成部分。

【注释】

①齐宣王：战国时齐国的国君，姓田，名辟疆，在位十九年（前342—前324）。

②囿：没有围墙的园林。古代天子、诸侯常常划出一片地方，作为禽兽养殖区，以便田猎。一般是天子之囿方百里，诸侯之囿方七十里。文王：周文王姬昌，相传为古代贤君。

③刍荛者：砍柴割草的人。　雉兔者：打野鸡、兔子的猎人。

④阱：陷阱。捕抓野兽的大坑。

【今译】

齐宣王问：“据说周文王的猎场有七十里见方，有这事吗?”孟子回答说：“历史书上有这样的记载。”宣王说：“这是不是太大了呢?”孟子说：“百姓还认为小呢。”宣王问：“我的猎场只有四十里见方，老百姓还认为太大，这是什么原因呢?”答：“文王的猎场七十里见方，打草砍柴的可以去，捕鸟打猎的也可以去，和老百姓共同享用，老百姓认为小，不是很自然的吗？我来到齐国国境时，打听齐国有什么禁令忌讳，然后才敢入境。听说首都郊区有片猎场，四十里见方，如果谁杀死其中的麋鹿，就等于犯了杀人罪；这就是在国内挖了个四十里见方的陷阱，老百姓觉得大，不也是很自然的吗!”

【析评】

记言要简练，不仅需精选所要记的最有意义、最精彩的话，而且要精选前言后语，使它成为富有表现力的不可缺少的部分。有时全文没有警句，也能蕴涵精辟的道理。本文将一席行仁政的大道理化在貌似平常的对话中间。全文共三次问答，前两次似乎与主题不相干，直到第三次才把问者齐宣王的本意标出，也才把答者孟子的主意引出。到这时，读者才觉得前两次问答不能缺，真是牵一发而全身动。一问一答，娓娓而谈，没有直说仁政而仁政的主旨已明。同时，宣王的心理，孟子善于引导问者接受自己结论的才能，都已跃然纸上。最后意尽言止，后事如何也就不啰唆了。

天时地利人和

孟子曰：天时不如地利，地利不如人和①。三里之城，七里之郭②，环而攻之而不胜。夫环而攻之，必有得天时者也，然而不胜者，是天时不如地利也。城非不高也，池非不深也③，兵革非不坚利也④，米粟非不多也；委而去之⑤，是地利不如人和也。故曰：域民不以封疆之界⑥，固国不以山谿之险，威天下不以兵革之利。得道者多助⑦，失道者寡助。寡助之至，亲戚畔之⑧；多助之至，天下顺之。以天下之所顺，攻亲戚之所畔，故君子有不战⑨，战必胜矣。

【题解】

本文是《孟子·公孙丑》下篇第一章，题目是选者所拟。当时孟子的出处行实不详。打赢战争保住政权，主要不靠天时不靠地利，而要依靠人民的拥戴，这一主题是孟子民本思想的体现。怎样才能得“人和”？那就要行仁政，仁政在文中是潜台词，就是“道”的内容。“得道多助，失道寡助”，至今仍不失为一条真理。

【注释】

①天时：指适宜的天气时令。　地利：指有利的地理形势。　人和：指得人心而团结一致。

②郭：外城。“三里之城，七里之郭，”指方圆三里的城而又有方圆

七里的郭，言其小。

③池：护城河。

④兵革：武器装备。兵指兵器，革指盔甲，古代的盔甲有的是以皮革做成的。

⑤委：委弃，扔下。

⑥域：作动词用，通“囿”。以法令禁制，使之居处于一定的界限之内。

⑦道：这里指治国之道，即实施仁政。

⑧畔：同“叛”。

⑨有：或。

【今译】

孟子说：天时不如地利，地利不如人和。比方说这么件事：一座方圆三里的小城，有方圆七里的外郭，围攻它而不能取胜。从长期围攻的角度看，一定会有适合攻战的时机；可是没有取得胜利，这说明天时不如地利。从守城者的角度看，城不是不高，护城河不是不深，武器装备不是不精良，粮食不是不多；如果扔下城逃跑了，那就是地利不如人和。所以说，要想把人民固定在领土上不要依靠国境线，保卫国防不要依靠山河的险阻，在天下树立威望不要靠武器装备的精良。坚持正道行仁政，帮助他的人就多；失去正道不行仁政，帮助他的人就少。缺少帮助到了极点，连亲戚都反对他；帮助的人多到极处，天下的人都会随顺他。用整个天下随顺的力量去攻打那连亲戚都反对他的人，那么，治国者不战则已，战则必胜！

【析评】

通篇除“孟子曰”三字外，都是孟子所发议论，所以实际上是一篇完整的议论文。议论的前后，没有交代在什么情况下、跟什么人谈的，所以只是泛论。议论的中心是“天时不如地利，地利不如人和”。第一段开门见山，把论点亮了出来。第二段以小城攻守为例，以双方情况论证上述结论。论证中全面讲了各种可能，在各种可能的基础上得出的结论，具有必然性。战例只是泛举，因为这种战例在当时比比皆是，不必实指，而使得概括性更高。第三段从“故曰”至篇末，扩大论点，指明其适用范围是治理国家的事，并进而引申概括为“得道多助，失道寡助”。整篇文章以小小篇幅，论证这样一个深刻的道理，层层深入，面面俱到，有很强的逻辑力量，带有锐敏的辨锋和浓厚的理论色彩，是孟子的代表作。

《韩非子》

韩非（？—前233），战国末期韩国的公子，法家学说的创始人，历史上变法的思想家。他生活在我国由奴隶制向封建制过渡的晚期，喜爱前期法家申不害、商鞅等人的刑名法术之学，又跟着儒家大师荀况学习，广泛吸取各家学说，总结了历史上“得失之变”，主张进行变革，实行法治，即随社会发展而建立新的法规制度。他在韩国见到国家一天天弱下去，多次上书建议变法，而韩王不能用，于是写成著作，约十余万字。这时秦王久有统一大志，见到他的著作后很钦佩，以攻韩迫使韩非出使秦国。韩非到了秦国以后，他的同学、秦宰相李斯自知不如，嫉妒在心，就在秦王面前毁谤他。秦王相信了，将他下狱。李斯使人送了毒药让他自杀。当秦王悔悟过来时，韩非已经死了。他的政治理论和改革思想有助于秦始皇统一中国，在历史上有进步作用。著作现存《韩非子》五十五篇。文章以透辟深切、犀利明快著称。

治大国若烹小鲜

工人数变业则失其功①，作者数摇徙则亡其功②。一人之作，日亡半日③，十日则亡五人之功矣。万人之作，日亡半日，十日则亡五万人之功矣。然则数变业者，其人弥众，其亏弥大矣④。凡法令更则利害易⑤，利害易则民务变，民务变谓之变业。故以理观之，事大众而数摇之则少成功⑥，藏大器而数徙之则多败坏⑦，烹小鲜而数挠之则贼其泽⑧，治大国而数变法则民苦之。是以有道之君贵静⑨，不重变法⑩。故曰：“治大国者，若烹小鲜⑪。”

【题解】

本文出自《韩非子·解老篇》，题目是选者所加。韩非学说源出于儒家大师、法家先驱荀况，但他不固守门墙，广泛地从诸子，特别是老子学说中吸取营养。他极力主张变法，但反对轻率地变来变去。他认为变法必须慎重，看准后再变；变了，就不要随便再变回去。本文借解释老子“治大国者，若烹小鲜”的论点，阐述自己关于变法不是将政策法令随便变来变去的主张。

【注释】

①工人：做工的人，或有技艺的人。　数：屡次、多次。业：指行业、专业。　功：功效、效率。

②作者：耕作的人，或劳动的人，指农民。　摇徙：变动。指变换行业或变换作物。

③作：劳动。　亡：丧失。

④弥：越，更加。

⑤更：变更。　易：变易。

⑥事：动员，使用。

⑦大器：贵重的大件器物。

⑧烹：油煎。　小鲜：小鱼。　贼：损坏、破坏。　泽：光泽。

⑨静：安定。

⑩重：这里借为“緟”字，音 chóng，增益、重复，引申为“无尽无休”、“屡屡不断”的意思。

⑪语见老子《道德经》第五十一章。

【今译】

有技艺的人，屡次变更行业，就会失掉他技能的功效，劳动者屡次变换劳动项目，也会丧失劳动的功效。一个人的劳动，每天丧失半天，十天就丧失五个人一天的劳动量；一万人的劳动，每天丧失半天，十天就丧失五万人一天的劳动量。如此说来，屡次变更从事的工作，人数越多，亏损就越大。凡是法令变更了，利与害就会发生变易；利与害变易了，老百姓做的事就要变；老百姓做的事改变了，就叫变业。故而，从道理上看，动用大众做事业而经常变动就很少成功，收藏宝贵重大的器物而屡次搬动多半会损坏，煎小鱼而老是去翻动就会损坏它光泽完整的外表，治理大国而屡屡不断地改变法令政策民众就会感到困苦。所以，懂得治国道理的国君，十分珍视安定，不去无休无止地改变法令政策。因此老子说："治理大国呀，就像煎小鱼一样，不能老折腾。"

【析评】

要用高深的道理说服人，最好从浅近处说起。本文要说明治理国家要注意安定稳健，不要将政策法令变来变去、折腾不止，却从工人、农民老改变行业就会失去效率说起，算一笔简单的账，论证变业的人越多损失越大，这是第一层。然后把这层意思放在一旁，又从政策法令谈，论述政策法令变就会引起利害变，民务变，这是第二层，在最后"变业"上和第一层挂起来了，损失之大，不言而喻。第三层把前面两层意思综合起来，以排比句的形式把道理引向深入。除接上文概括之外，又以"藏大器"、"烹小鲜"不能老折腾为譬喻，进而指出治理国家如果反复不断地改变政策法令，民众就困苦了。最后，第四层得出结论：懂得治国道理的国君要注意安定，变法要稳，不能变来变去，并引老子的警句作结。全文由浅入深，逐节递入，文字简练却说理透彻。至今还能帮助领悟"不折腾"是多么正确而重要。

西门豹为邺令

西门豹为邺令[①]，清剋洁悫[②]，秋毫之端无私利也[③]，而甚简左右[④]。左右因相与比周而恶之[⑤]。居期年，上计[⑥]，君收其玺[⑦]。豹自请曰："臣昔者不知所以治邺，今臣得矣，愿请玺复以治邺，不当，请伏斧锧之罪[⑧]。"文侯不忍而复与之[⑨]。豹因重敛百姓，急事左右[⑩]；期年，上计，文侯迎而拜之。豹对曰："往年臣为君治邺而君夺臣玺，今臣为左右治邺而君拜臣，臣不能治矣。"遂纳玺而去。文侯不受，曰："寡人曩不知子[⑪]，今知矣，愿子勉为寡人治之[⑫]。"遂不受。

【题解】

选自《韩非子·外储说左下》，题目系文章首句，是选者所加。西门豹在战国时是有名的贤能官吏，是个“箭垛式”的人物，人们往往把当时的一些传说归在他身上。本文所记事实未必实有，带有寓言性。清正无私却被谗罢官，重敛行贿却名美位固，含义发人深省。《晏子春秋》和《说苑·政理篇》所记晏子治东阿的故事，与此雷同。本篇写定较早，文字也较好。

【注释】

①西门豹：战国初期魏国官吏，生卒年月不详，主要活动在魏文侯时期。前400年魏文侯任命他为邺令，修水利、废苛政，移风易俗，把漳水由泛滥的害河变为灌田的利河，河内地区大治，在历史上很有名。汉代褚少孙所补《史记·滑稽列传》“河伯娶妇”故事，就是讲他的政绩的。　邺（yè）：魏国属地，故城在今河北临漳县西南。　令：县令，地方行政长官。

②剋（kè）：严格。　悫：（què）：忠厚诚实。

③秋毫之端：鸟兽在秋天刚长出的毛的尖端。这里是极言其小。

④简：简慢，不理。　左右：指国王周围的臣侍。

⑤比周：勾结联络，拉帮结伙。　恶（wù）：说坏话，造谣中伤。

⑥期（jī）年：一整年。　计：考查，总结。

⑦君：国君，指魏文侯。　玺：官印。后来才专指皇帝的玉印。

⑧请：这句三个“请”字，第一个是“谒见”的意思，第二个是“请求”，第三个是“甘愿”的意思。　斧锧：古代死刑的刑具。

⑨文侯：指魏文侯，战国初期魏国国君，名叫魏斯。前445—前396年在位。以重用李悝、吴起、乐羊变法图治，使魏国强盛而著名。

⑩敛：聚敛，榨取。　事：动词，奉事。

⑪曩（nǎng）：过去，以前。　子：你（尊称）。

⑫勉：尽力，勉强。这里有“勉为其难”的意思。　寡人：古代国君对自己的谦称。

【今译】

西门豹做邺县县令，清明、严格、廉洁、诚实，一丁点的私利也没有，对国君身边的臣侍却很简慢。国君身边的大臣侍者因而拉帮结伙地说他坏话。过了一年，上级考核官吏，国君收了他的官印，罢了官。西门豹自己谒见说："我过去不知道怎么样来治理邺县，现在我懂了，想请求官印再去治理邺县；如果有不当之处，愿伏死罪。"魏文侯于心不忍，又将官印给了他。西门豹因而重重地搜刮百姓，赶紧奉送给国君身边的臣侍。过了一年，回朝考核，文侯亲自迎接并向他敬礼。西门豹对答说："去年我为了国君的利益治理邺县而您罢了我的官，今年我为您身边人的利益去治理邺县而您敬礼我，我不能再去进行这种治理了。"于是交出官印要走。魏文侯不接，说："我从前不了解你，现在了解了，希望你勉为其难为我治理它吧。"终于没有接受他交还的官印。

【析评】

西门豹为邺令，可叙说的政绩、逸事很多，这里都不写，只写他因清廉不侍奉国君的近臣而被毁失职，后又因聚敛财富供奉近臣而得誉。主题明确，只围绕主题选材用事，无关的事毫不吝惜地舍掉，于是二百字便说清了事理。《韩非子·外储说》是在开头把道理分条说出，然后再写下若干篇事例来证明这些道理。这决定了本篇只能围绕既定中心来叙事，目的是借以把道理具体化，于是形成了本篇集中凝练、叙次井然、在事实的对比中将道理和盘托出的特点。通常文章写不短，主要的原因就是没抓住问题所在，在周围绕圈子；多长的文章，只要抓住主题，也会紧凑。

尽以为可，是亡半

张仪欲以秦、韩与魏之势伐齐、荆[①]，而惠施欲以齐、荆偃兵[②]。二人争之，群臣左右皆为张子言，而以攻齐、荆为利，而莫为惠子言。王果听张子，而以惠子言为不可。攻齐、荆事已定，惠子入见。王言曰："先生毋言矣，攻齐、荆之事果利矣，一国尽以为然[③]。"惠子因说："不可不察也。夫齐、荆之事也诚利[④]，一国尽以为利，是何智者之众也？攻齐、荆之事诚不利，一国尽以为利，何愚者之众也？凡谋者，疑也。疑也者，诚疑，以为可者半，以为不可者半。今一国尽以为可，是王亡半也[⑤]。劫主者固亡其半者也[⑥]。"

【题解】

本文为《韩非子·内储说上》中的一章，题目是选者所加。其基本思想是《内储说上》篇首所谓"观听不参则诚不闻，听有门户则臣雍塞。"意思是说，观察判断问题只信一面之词而不加参验，真实情况就听不到；听取门户朋党之见，就会受到臣下的蒙蔽。是的，要做出正确的决策，必须听取不同意见，举国一致赞同未必就是对的。本文正是用惠施与张仪为魏国国策相争之事来说明这个道理的。此事历史上未必实有，可能是托言，但其道理至今不无启发，并为许多经验教训所证明。

【注释】

①张仪（？—前 310）：战国时魏国人，善于游说，与苏秦同为纵横家的代表。苏秦游说山东六国合纵抗秦，张仪倡"连横"之说，为秦相，劝说六国奉事秦国。秦武王即位后，失势于秦，回到魏国，后病死。　荆：楚。

②惠施（？—前 310）：战国时宋（今河南东部）人，梁惠王时为魏相。梁即魏，由安邑迁都大梁后，号称梁，亦仍称魏。　偃兵：罢兵停战。　偃：停止。

③毋：不要。　然：对。

④诚，果真，如果。

⑤亡半：丧失了一半人的智慧、忠诚。

⑥劫：胁迫，挟制。　劫主者：以众人之言胁迫、挟制君主的人。

【今译】

张仪主张用秦国、韩国和魏国的力量来攻伐齐国、楚国，而惠施主张与齐国、楚国修好、停战。两人争论这件事，众大臣和魏王周围的人都为张先生说话，认定攻打齐、楚是有利的，而没有人给惠施说话。魏王果然听从了张仪，而以为惠施的主张不可行。攻伐齐、楚的事已经决定了，惠施进去见魏王。魏王说："先生不用说了，攻齐、楚的事确实是有利的，全国都认为对。"惠施于是说："不可不再考察考察呀！攻齐、楚的事果真有利，而全国都认识到有利，为什么智者这么多呢？攻齐、楚之事果真不利，全国却都认为有利，为什么愚笨的人又这么多呢？大凡谋划事情，就是因为有疑虑。疑虑，就是拿不定主意，也就是半可半不可，认为可行的一半，认为不可行的一半。现在全国都以为可行，是国王您丧失了一半人的智慧。以'举国一致'的意见来影响胁迫您的人，就是使您丧失一半人的原因呀。"

【析评】

这篇文章是以记叙张仪、惠施关于决策的争论来说道理的。但它不是以争论本身的是非来说道理，所以不具体写双方的论点，也不写最后采用了哪种决策，结果如何。它只就决策的方法说道理。开头亮明二人的争论要点，众人都为张仪说话，不为惠施说话，当然必有缘由，而这里不写，只写魏王听信张仪之言做出决策，给读者留出意会余地。这时大事已定，惠施入见时，魏王说已是一国尽以为可，何以这样，也不写，也让读者意会。这时惠施处于极为不利之境地，他再就决策本身说多少道理已是不可能不必要了，他只就"一国尽以为利"进行逻辑分析，力排众议，透辟地指出其纰漏错误，驳了个落花流水，并使劫主者的幕后活动和奸伪用心昭然若揭。此时，决策必须听取不同意见而不能喜欢众口一词的主题已明，结论既出，戛然而止。显见作者笔下若有扛鼎之力。

《晏子春秋》

《晏子春秋》是记叙春秋时期齐国晏婴的政治思想、政治活动的一部书。晏婴（？—前500），谥平仲，东莱夷维（今山东高密）人，历仕齐灵公、齐庄公、齐景公三朝。景公时为国相，以节俭力行、尽忠极谏著称。《晏子春秋》这本书的作者已不可知，据专家考证，当是秦并六国以后，齐国晏婴学派的谋士根据《齐春秋》（齐国史书）等古书和民间传说编写的。晏子是古代政治家的理想形象，他老练宽厚，公正无私，智慧机敏，善于应对。他的言论行为，在历史上产生过一定影响。《晏子春秋》文笔简练生动，能以明确精当的语言论述深刻的道理，特别善于以叙事来说理，借助形象来议论，在富有故事性、戏剧性的记事中，使理论融化于其中或变为生动的对话，便于理解接受。东汉学者刘向在校勘整理本书时说它“文章可观，义理可法”是不错的。后世有人说是伪书，这里就不详辩了。

齐灵公禁妇人男饰

灵公好妇人而丈夫饰者①，国人尽服之。公使吏禁之，曰：“女子而男子饰者，裂其衣、断其带！”裂衣断带相望②，而不止。晏子见，公问曰：“寡人使吏禁女子而男子饰，裂断其衣带相望不止者，何也？”晏子对曰：“公使服之于内，而禁之于外，犹悬牛首于门而卖马肉于内也。公何以不使内勿服，则外莫敢为也。”公曰：“善。”使内勿服，逾月而国莫之服③。

【题解】

本文选自《晏子春秋·内篇·杂下》，题目是选者所加。古代俗话说：“上有好者，下必甚焉。”齐灵公喜欢女扮男装，全国都女扮男装了，看到男女无别不像话，就下令禁止，可是禁而不止。后来他听从了晏子的劝告，让宫里女人不穿男装，于是外面也就没人穿了。此事历史上不一定有过，寓意却很深刻。当时孔子就曾说过："其身正，不令而行，其身不正，虽令不从。"（《论语·子路》）是的，这个道理不难理解。

【注释】

①灵公：齐灵公，春秋时齐国国君，名姜环，在位二十八年（前581—前554）。　丈夫饰：男人装束，男人打扮。　饰：穿着打扮。

②相望：相互都看得见。说明这类事很多。

③逾月：过了一个月。

【今译】

齐灵公喜欢妇女作男子打扮，全国的人都穿戴男人服装了。灵公打发官吏禁止，说："女子而男子打扮的，撕破她的衣服，剪断她的衣带！"撕破衣服剪断衣带的人很多，却仍不能制止女子作男子打扮。晏子见灵公，灵公问："我打发官吏们禁止女子作男子装束，撕破、剪断她们的衣带，可是还不肯不穿，什么原因呢?"晏子对答说："您让宫内女人穿男装而在宫外禁止，这就像在门口挂牛头而在里面卖马肉。你干吗不让宫内不穿，那样外边就没人敢穿了。"灵公说："对。"让宫里不要再穿男装了。过了一个月，全国都没人穿了。

【析评】

本文写法上有三点值得注意：一、通过事实讲道理，而事实的叙述又简练生动，没一句废话，因而使得百字小文容纳了丰富的思想内容，又能吸引读者，不是干巴巴的说教。二、文中人物运用譬喻来说理。晏子在说明"使服之于内，而禁之于外"为什么不可取时，只用"犹悬牛首于门而卖马肉于内"这个譬喻，一下子就说清楚了。这个譬喻后来演化为"挂羊头卖狗肉"，至今话在人们的口头上。这个办法是春秋战国时百家争鸣的产物，为了让人主、卿相、民众这些没有高深理论修养的人能听懂复杂的道理，就用浅近的事物来比喻，这就是议论中的类比法。本文这里的运用既避免了冗长的对话，又通俗易懂，且反映了时代特点。三、句式变化。叙述中的“妇人而丈夫饰”，在灵公口中是：“女子而男子饰”；剪破衣带的话，在文中出现三次而各自不同：“裂其衣，断其带”，“裂衣断带”，“裂断其衣带”；内服外禁为“服之于内，而禁之于外”，“使内勿服，则外莫敢为也”，“使内勿服，逾月而国莫之服”。除了灵公口中“女子而男子饰”、“使内勿服”两次重复出现外，其他句式都做了变化。写文章贵变化忌呆板，如果一篇短文中过多出现相同的句子，就显得贫乏无味；句式的变化使得文章错落有致，而收到跌荡摇曳之妙。

晏子之御

晏子为齐相，出，其御之妻从门间而窥①。其夫为相御，拥大盖，策驷马②，意气扬扬，甚自得也。既而归，其妻请去③。夫问其故，妻曰：“晏子长不满六尺，相齐国，名显诸侯。今者妾观其出，志念深矣，常有以自下者。今子长八尺，乃为人仆御，然子之意，自以为足。妾以是求去也。”其后，夫自抑损④。晏子怪而问之，御以实对，晏子荐以为大夫⑤。

【题解】

本文选自《晏子春秋·内篇·杂上》，题目为选者所加。晏子之御，是为晏子赶马的车夫。内容是写晏子德高望重但态度谦虚，因而感动了车夫的妻子，由此而又影响了车夫本人；车夫的修养提高了，晏子荐他做了官。这正是孔子所说：“子欲善则民善矣，君子之德，风，小人之德，草，草上之风必偃。”（《论语·颜渊》）意思是居上位的人的道德像风，居下位的人的道德像草，草必然随风倒。由本文可见，居“上位”的人注意自身的道德作风、言论行为是何等重要！

【注释】

①御：本来是动词，指驾驶车马。这里作名词用，指驾车的车夫。

窥：偷看。

②策：鞭打，这里指驾驭。　驷马：四匹马。古代一辆马车驾四匹马。

③请去：要求离婚。

④抑损：谦抑退让。

⑤大夫：春秋战国时的官名。原是诸侯下面的一级贵族，在卿下，士上。奴隶制过渡到封建制后即为中级官员。

【今译】

晏子做齐国的宰相，出门时，他车夫的妻子从门缝偷瞧。看到她的丈夫当相国的车夫，抱持着大圆车盖，驾着四匹大马，意气扬扬，十分得意。过了一阵车夫回家来了，妻子要求离去，丈夫问什么原因，妻子说："晏子身高不到六尺，在齐国做宰相，在诸侯之间很有名。我看到他出门，志向和考虑都是很深远的，这就使他能够谦虚谨慎。眼下你身高八尺，当人家的车夫，却自以为得意。我就是因为这个才要求离去的呀!"这以后，丈夫深深懂得了谦虚退让。晏子觉出来后感到很奇怪，就问是怎么回事儿，车夫实话说了，晏子推荐他当了官。

【析评】

这篇文章是要表现晏子的谦虚美德，所用的方法是侧面烘托，有的古人把它叫做"烘云托月法"。作者以晏子的车夫身为仆御却趾高气扬、十分得意，来衬托晏子为强齐的相国，名显诸侯，却十分谦逊的高尚品格。这事从车夫妻子的眼中看出、口中说出，显得自然可信；她被触动，要和丈夫离婚，以及在她激励下丈夫转变，又进而烘托出晏子谦逊美德的感染力；最后晏子推荐车夫为大夫，再一次烘托晏子喜欢谦抑的风度。总之，以晏子身边那些朴实、正直的人的道德风貌，来烘托给他们影响的晏子的道德风貌。这就是用一百五十个字写三个人写得如此突出的原因。人写好了，大人物的道德修养可以影响身边的人的道理，也就教给读者了。

齐景公衣狐裘不知天寒

景公之时，雨雪三日而不霁[①]。公被狐白之裘[②]，坐于堂侧阶。晏子入见，立有间[③]，公曰：“怪哉！雨雪三日而天不寒。”晏子对曰：“天不寒乎？”公笑。晏子曰：“婴闻古之贤君，饱而知人之饥，温而知人之寒，逸而知人之劳。今君不知也！”公曰：“善！寡人闻命矣。”乃令出裘发粟，与饥寒。令所睹于涂者[④]，无问其乡；所睹于里者[⑤]，无问其家；循国计数[⑥]，无言其名。士既事者兼月，疾者兼岁[⑦]。孔子闻之曰：“晏子能明其所欲，景公能行其所善也。”

【题解】

本文选自《晏子春秋·内篇·谏上》，题目是编者所加。齐景公穿狐皮大衣为下了三天大雪不冷而奇怪，这和晋末皇族听说荒年百姓没饭吃而惊讶地问“为什么不吃肉糜”相似。统治者不知人民疾苦是阶级社会的产物；晏子的理论是缓和社会矛盾而巩固统治的办法；景公翻然改悔是作者的理想。

【注释】

①景公：齐景公（？—前490），春秋末期齐国国君，姓姜，名杵臼，在位五十八年（前547—前490）。 雨雪：下雪。雨，这里作动词用。 霁：放晴。

②狐白之裘：狐色亦黄，胸腹部腋下皮毛温厚处呈白色，用来做成皮衣叫狐白裘。

⑧有间：一会儿。

④涂：道路。

⑤里：闾里，里巷。

⑥循：通“巡”，巡行。

⑦兼月：两月。 兼岁：两年。

【今译】

齐景公的时候，连下三天大雪还不放晴。景公披着狐白大皮袍坐在堂屋旁边的石阶上。晏子觐见，站了一会儿，景公说："奇怪呀！下了三天大雪可是天却不冷！"晏子回答说："天本身不冷吗?"景公笑了。晏子说："我听说古代的贤君，自己吃饱了而知道民人饥饿，自己穿暖了而知道民人寒冷，自己安逸而知道民人劳苦。现在您不知道呀！"景公说："说得好！我知道你的意思了。"于是下令拿出库存的裘衣、粮食，送给饥寒的人。命令说，在路上看见的，不要问他的乡里；在里巷看见的，不要问他家住哪里；巡行国内记个数就行了，不要问他的名字。有工作的人发两个月，有病的人发两年。孔子听到后说："晏子有办法申明自己想让人做的好事，景公能做自己认识到的好事呀。"

【析评】

这是一篇十分完整、典型的记叙文。记了在什么时间、什么地方、什么人、做了什么事。事情有起因，有发展，有高潮，有结局，最后还附有当时名人对此事的评议。通常所说叙述的要素这里都包含了。当然，好的记叙文不一定都包含这些要素，这要看主题的要求。本文完整地记叙了有头有尾的一件事，然篇幅极短。如此简练的原因，除了主题集中、语言精粹之外，是由于作者把不言自明的道理、事实、考虑等变成"潜台词"，让读者自己看出来。如，景公雪天披裘坐于堂侧阶就表明他不觉冷，为下文他说不寒作了伏笔。晏子自外来，又见到饥寒者，所以认为天寒，亦不必交代。晏子敢于说又善于说，只说古贤君知人之饥饿、寒冷、劳苦，而您不知，批评景公不是贤君，却没有明指。发粟时不问乡、家、姓名，表明不再讨还，是行仁政。有事做的人与疾病者区别是发放得合理，做得细。这些没有明写，全都融在了字里行间。这样就扩大了文章的容量，增加了文章的深度，虽减小了篇幅，却更显得含蓄、丰满。

《列　子》

现存的《列子》一书，是古代散逸了而又重新搜集编定的。《汉书·艺文志》记载，汉时有《列子》八篇，作者是列御寇，比庄子稍早。就现在所知，列御寇是战国时代郑国人，学说与道家相近而又杂有儒家观点。《列子》在汉代以后散逸了。晋朝有人钩稽古书，搜集整理成为今本《列子》。编者为谁已不可知，但其中保存了一些先秦的神话传说、故事寓言。虽然这本书被认为是“伪书”，但有些文章相当精彩，写作上可资借鉴之处也不少。毛泽东就曾引用过其中《愚公移山》的寓言。所以，我们也不妨选上两篇读读。

晋国苦盗

晋国苦盗①。有郄雍者②，能视盗之貌，察其眉睫之间，而得其情③。晋侯使视盗，千百无遗一焉。晋侯大喜，告赵文子曰④：“吾得一人，而一国盗为尽矣，奚用多为？”文子曰：“吾君恃伺察而得盗，盗不尽矣；且郄雍必不得其死焉。”俄而群盗谋曰：“吾所穷者郄雍也⑤！”遂共盗而残之⑥。晋侯闻而大骇，立召文子而告之曰：“果如子言，郄雍死矣！然取盗何方⑦？”文子曰：“周谚有言：察见渊鱼者不祥，智料隐匿者有殃⑧。且君欲无盗，莫若举贤而任之，使教明于上，化行于下⑨，民有耻心，则何盗之为？”于是，用随会知政⑩，而群盗奔秦焉。

【题解】

本文选自《列子·说符》（《说符》被认为是伪书），选者取第一句为题目。文中认为用智慧去明察盗贼、揭发奸伏，只能为众贼所嫉恨而遭殃，却不能消除盗贼；只有举贤任才，能使盗贼离去。有人说，道家认为“圣人生而大盗起”，这里说举贤才而群盗去，不是矛盾了吗？不是的，道家说圣人生是指求虚名而丧其实，所以奸伪丛生，大盗斯起；这里说的举贤才是得其实，做实事、求实绩，而去其为名的伪言伪行，社会治理好了，群盗就逃开了。所以，本文表现的主要是道家思想，但不可否认，教化、知耻这些儒家的主张也杂糅在里面。

【注释】

①苦：困苦、苦恼。　苦盗：苦于盗贼，为盗贼所苦。

②郄雍：又做郤雍，春秋时晋国大夫。

③睫：眼睫毛。　情：情况，指为盗的实情、真相。这句本于《庄子·庚桑楚》：“向吾见若眉睫之间，吾因得汝矣。”（刚才我看到了你的眼神，我因而了解了你。）

④赵文子：赵武（前596—前541），晋世卿赵朔的遗腹子，长成复位，后为正卿，死后谥文子。

⑤俄：俄顷，不久。　穷：穷窘，困难。

⑥残：杀。

⑦何方：什么办法。

⑧《韩非子·说林上》作：“古有谚者曰，知渊中之鱼者不祥。”意思是说，知道秘密的要受害。

⑨教：教育，训诲。　化：感化转移，和今天所说“改造”意思相近。

⑩随会：又称士会、随季，谥武子，又称范武子，晋大夫。晋文公死后因迎立公子雍之罪，在秦多年。回国后曾与赵盾谏晋灵公，又曾率军灭赤狄甲氏，因功为孤卿，任中军统帅。使晋盗逃于秦的事，据《左传》当在宣公十六年（前593）。

【今译】

晋国为盗贼所困扰。有一个叫郄雍的人，能从相貌上辨认出盗贼来，审视他们的眉眼之间，而得到他们做强盗的实情。晋侯让他辨认盗贼，千百个里边逃脱不了一个。晋侯高兴极了，告诉赵文子说："我得到一个人，而一国的盗贼就会消灭干净了，还要许多人干什么呢!"文子说："我的国君，您靠着侦探察看而抓住盗贼，盗贼不会消灭干净的；而且郄雍一定不得好死。"不久，盗贼们计议说："我们所以这么困窘，就是因为郄雍啊!"于是一起绑架而杀害了他。晋侯听到了大为吃惊，立即召见文子，告诉他说："果然像你说的，郄雍死啦！那么抓盗贼到底应该用什么办法呢?"文子说："西周时的谚语有这样的话：能看清深渊之鱼的人不吉利，聪明而能意料阴谋秘计的人有祸殃。您想没有盗贼，那就不如举贤才而任用他，使教诲的内容从上面明确起来，使下面的百姓受到影响而改变，民众有了羞耻之心，那么还有什么盗贼呢?"于是，任用随会来主持国政，结果大帮盗贼都逃到秦国去了。

【析评】

这是一篇谈治盗方法的文章，究竟应治标还是治本。治标就是借助于特殊的侦察能力，想法抓尽盗贼；治本就是举贤授能，加强教化，使政治清明，社会风气好转。仅仅治标就会越治越乱，越抓越多，连侦察者也被杀；治本则群盗奔逃，解决了问题。这番道理直说出来就会干巴平常，难以深入人心。本文用具体事例来讲这个道理就显得生动形象，又采用了夸张虚拟的办法神化其技，更增加了可读性。"话不说不透，灯不点不亮"。道理是要说一些的，那是借赵文子之口说的。他说的第一段话"恃伺察而得盗，盗不尽矣"，且预言郄雍必死；第二段话，引周谚解释郄雍之死，又指出用什么办法、为什么可以弭（mǐ）盗。议论和叙述相互配合，相得益彰，把一番道理令人信服地表达出来。

小儿辩日

孔子东游，见两小儿辩斗[①]，问其故。一儿曰："我以日始出时去人近[②]，而日中时远也[③]"。一儿以"日初出远，而日中时近也。"一儿曰："日初出大如车盖[④]，及日中，则如盘盂。此不为远者小而近者大乎？”一儿曰：“日初出沧沧凉凉[5]，及其日中如探汤[6]。此不为近者热而远者凉乎？”孔子不能决也[7]。两小儿笑曰：“孰为汝多知乎[8]！”

【题解】

这是古代一则智慧的故事。两个聪明孩子各执一端，辩论太阳在初出和中天什么时候离我们近，聪明渊博的孔圣人也被难倒了。以此说明知识无涯，聪明不在老少。从现代科学的角度看，两小儿的理由都不能成立。太阳初出比中午看起来大，是由于有地面比衬而产生的错觉；中午太阳比初出热，是由于阳光直射在大气里，走的距离短，热量被吸收得较少，都跟远近无关。由于地球自转公转，观测者所处经纬度的不同与季节的不同，有时中午太阳近，有时早晨太阳近，要具体计算。但在古代这就是较难解答的问题了。所以，汉代王充《论衡·说日篇》说，儒者认为二论各有是非，曲直未有所定。这里用它来难倒孔子，正是道家的惯技。

【注释】

①辩斗：辩论斗口。
②去：距离，离。
③日中：日在中天，中午。
④车盖：古时车顶上的圆盖，形用如伞，遮阳遮雨用的。
⑤沧沧凉凉：清凉的样子。
⑥汤：热水。　探汤：把手探进热水。
⑦决：决断。
⑧孰为：即孰谓，谁说。　多知：知识多。

【今译】

孔子到东部地区去旅行，看到两个小男孩在争论不休，问是什么缘故。一个孩子说：“我认为太阳刚出的时候离人近，到了中午离人就远了。”一个孩子认为“太阳刚出时离人远，而中午时近。”一个小孩说：“太阳刚出大得像车盖子，到了中午就像饭盆那么小了，这不就是由于离得远看着小，离得近看着大吗?”一个孩子说：“太阳刚出来很清凉，到了中午热得像开水，这不是由于离得近感到热，离得远觉着凉吗?”孔子无法判断。两个男孩笑话他：“谁说你知识渊博呢!”

【析评】

这篇百字小文是很有名的，多次被收进课本、选本。但是所选角度不同。今天，谁要认为两小儿争论的问题还是不可解决的问题，就真是小儿之智了。谁要认为他们抓住一点，各执一端的辩论方法无懈可击而用来哏哏争辩，或者要求什么人全知全能，不知不晓便要嘲笑，那也就确实有点小儿气了。从记事的角度看，这篇小文的确简洁，可资借鉴。它引出争辩何等自然，两儿的论点概括得何等凝练，表述得何等清晰明白，譬喻得何等贴切、得体，对两造的态度又是何等公允客观，结尾何等风趣，却又不去损害孔子的形象，真是含蓄蕴藉，余意无穷。

《礼　记》

《礼记》是我国古代儒家的经典著作之一，孔门弟子所记。内容庞杂，篇帙繁多。汉代戴德编选了八十五篇，时人称为《大戴礼记》；戴德的侄子戴圣编选了四十九篇，人们叫它《小戴礼记》，以示区别。《小戴礼记》就是通常说的《礼记》。它的内容主要是讲儒家的“礼”，许多篇章是以记叙合乎“礼”的言行，来使人明了怎样才是“礼”制。这种办法符合孔子的见解。抽象地说道理，不如用事实说道理更清楚明白。儒家所说的“礼”，虽也调剂人们之间的关系，但却是和封建等级制度联系在一起的，和今天所说的“礼貌”、“礼节”、“礼仪”不尽相同，这点必须注意。这部书对研究我国古代阶级关系、宗法制度、伦理观念和思想史具有一定的价值。文字简洁生动，是《论语》那种记言体的发展。

曾子易箦

曾子寝疾，病①。乐正子春坐于床下②，曾元、曾申坐于足③，童子隅坐而执烛④。童子曰：“华而睆，大夫之箦与⑤？”子春曰：“止！”曾子闻之，瞿然曰：“呼⑥？”曰：“华而睆，大夫之箦与？”曾子曰：“然！斯季孙之赐也，我未之能易也⑦。元起易箦！”曾元曰：“夫子之病革矣⑧，不可以变；幸而至于旦，请敬易之。”曾子曰：“尔之爱我也不如彼！君子爱人以德，细人爱人以姑息⑨。吾何求焉？吾得正而毙焉，斯已矣⑩。”举扶而易之⑪，反席未安而没⑫。

【题解】

选自《礼记·檀弓上》。檀弓是孔子弟子，长于礼，经常向孔子请教关于礼制的问题，注意搜集这方面的言谈、行事。《檀弓篇》最初可能出自他的手笔。本文题目为后人所加，记叙孔子弟子曾参严守礼法，在死以前坚持换掉大夫用的华美的席子。后来把病重将死叫“易箦”，有的地方把病人抬到另外不睡人的床上。曾参维护等级制度的“易箦”，今天当然不必过多地肯定和赞美，但他坚持自己的原则，一丝不苟、严守道德，也不必抹杀。

【注释】

①曾子：孔子的弟子，名曾参（前505—前435），字子舆，鲁国南武城（今山东费城西南）人，以孝著称。 寝疾：卧病。 病：指困顿已极，病重了。

②乐正子春：曾子弟子，名子春，做过乐正（掌管音乐的官）。

③曾元、曾申：曾参的两个儿子。

④隅坐：坐在角落里。

⑤华而睆：华丽而又有光泽。 箦：席子。

⑥瞿然：吃惊而看的样子。 呼（xū）：疲惫的疑问声。

⑦季孙：春秋时鲁国世袭贵族，为鲁桓公后代，当时为鲁国正卿，执掌国政。

⑧革（jí）：通“亟”，危急。

⑨细人：小人。 姑息：将就苟安。

⑩斯：这样。指“正而毙”。

⑪举：全体。

⑫没：即“殁”，死。

【今译】

曾子得了病，病得很厉害。乐正子春坐在床下，曾元、曾申坐在脚边，小童坐在角落里拿着蜡烛。小童说：“这么华美而又光润，是大夫用的席吗?”子春说：“别说了!”曾子听见了，很吃惊地说：“啊?”小童说：“这么华美而又光润，是大夫用的席吗?”曾子说：“是啊！这是季孙赐给的，我没能来得及换呢。元，起来换席!”曾元说：“您的病危险了，不可以换席；有幸能等到天亮，再恭敬地换掉它吧。”曾子说：“你爱我不如他！君子爱人成全人的道德，小人爱人姑息人的缺点。我还能要求什么呢？我能合乎礼制地死去，这就行了。”众人扶起曾子换了席，曾子返回床上还没躺好就去世了。

【析评】

这篇记叙文，通过一件典型的事，反映一个人的思想情操。事件并非虚构，却经过选择，这是它区别于文学作品的地方。由于《礼记·檀弓》多写丧礼，这里选了曾子死前不肯用大夫之箦而要易箦，有力地写出曾子严守礼法，一丝不苟，不因病危、事小而越礼。事件叙述得清楚而实在，运用了衬托手法，使人物的思想性格自然鲜明地表现出来。开首写曾子病危，一学生两儿子一小童看守着。接着童子提出席子是大夫用的席，很华美。不是别人看不见，是童子天真诚笃，就说出来了；曾子问时还说了第二遍。子春不让说，是因曾子病危，想不让他听见，免得要换。这一想法通过曾元说了出来。曾子听见童子的话瞿然惊问，一写其知礼，听到童子的话要曾元换席；二写其重礼，反驳曾元，坚持换席；三写其至死守礼，曾子对于礼的态度便十分明朗。结尾用换席未安而死，进一步突出了主题。

鲁人勿殇童汪踦

战于郎①。公叔禺人遇负杖入保者息②，曰：“使之虽病也③，任之虽重也，君子不能为谋也，士弗能死也，不可！我则既言矣。”与其邻童汪踦往④，皆死焉。鲁人欲勿殇童汪踦⑤，问于仲尼⑥，仲尼曰：“能执干戈以卫社稷⑦，虽欲勿殇也，不亦可乎！”

【题解】

本文选自《礼记·檀弓下》，也是写怎样处理丧礼的事。这次丧礼非同一般。在一次战争中，一个贵族成人和一个儿童一起战死了，成人丧礼是不成问题的，国人想不以夭折小孩而按战士丧礼来安葬这个儿童，问孔子可不可以，孔子解答了这个问题。这篇短文客观上反映了这次战争的许多情况。战于郎，郎在鲁国都城附近，可见敌军已深入腹地；儿童都上了战场，又可见处境多么危急。究其原因是统治者不能谋，士不能死，人民很困苦。但人们还是爱国的，对战死的儿童充满崇敬之情。

【注释】

①郎：地名。在今山东省滋阳县境。郎地这次战争，当是鲁襄公十一年齐军入侵那一次。

②公叔禺人：鲁国贵族，鲁昭公之子。　负杖：扛着兵器。　保：自保性命。　息：休息。

③病：困顿、苦累。　君子：指统治者。　士：武士，指最末一级的贵族。

④童：原写作“重”，即童。

⑤殇：未成年而死。　勿殇：不当作小孩死了安葬，而应按成人之礼安葬。

⑥仲尼：孔子，字仲尼。

⑦社稷：祭土地和祭谷神的坛，指国家。

【今译】

在郎地决战。公叔禺人遇见扛着兵器回来自保性命的战士在休息，说道：“役使百姓虽然到了苦累的极点，百姓负担虽然重到了极点，可是当权的人不能拿出好主意，武士们不能为国牺牲，这还是不行啊！我却已经这样说了（不能再跟他们一样）。”于是他与邻童汪踦前往作战，最后都战死了。鲁国人想以成人之礼来安葬儿童汪踦，去问孔子。孔子说：“能拿起武器保卫国家，即使不拿他当小孩而按成年人之礼安葬，不也是可以的吗！”

【析评】

本篇主旨是说明按成人礼仪安葬儿童汪踦符合礼法。为此就要写为什么合乎礼法——他是为保卫国家而战死的。但不是写整个战争，而是只写有关的小插曲。开头一段只有三个字“战于郎”，最简单地交代了战争及其地点。从地点看，是在鲁国腹地，可见危急，不危急也就不用儿童上战场了。第二段从另一个与汪踦一起阵亡的贵族公叔禺人的角度写。他看到扛着兵器从战场上逃回的人，感慨地斥责统治者不能谋和武士不肯死，反衬出汪踦赶往作战牺牲的可贵。公叔禺人的识见正衬托汪踦不是浑浑噩噩而去。第三段，写鲁人要按成年战士隆重地安葬汪踦，借圣人孔子的话说出其中道理，使得崇高的评价更庄重，使得结论更有理有据。本文只有百字，但充分发挥了每个字的作用：“负杖”，写出危战中逃兵的精神状态；“使之虽病，任之虽重”，写出战争中国内矛盾，是人们不战、战士不死的原因；“君子不能为谋”，写出统治者的腐朽；“鲁人欲勿殇童汪踦”，写出鲁人爱国。孔子所说的道理也是对为国捐躯的儿童的崇高评价。简练生动、意蕴深厚是本文的一大特点。

苛政猛于虎

孔子过泰山侧，有妇人哭于墓者而哀。夫子式而听之[①]，使子路问之曰[②]：“子之哭也，壹似重有忧者[③]！”而曰[④]：“然。昔者吾舅死于虎[⑤]，吾夫又死焉，今吾子又死焉！”夫子曰：“何为不去也?”曰：“无苛政。”夫子曰：“小子识之[⑥]，苛政猛于虎也!”

【题解】

这篇名文曾被选入中学、大学的教材，通常都加的这个标题，原出自《礼记·檀弓下》。内容本写孔子知礼。孔子的礼和统治制度联系在一起，所以他主张“礼治”；只有反对苛虐的统治，才能实现礼治。反对苛政，是这篇文章进步的思想意义所在，也是流行很广的原因。

【注释】

①夫子：先生，老师，指上文孔子。　式：同“轼”，原是车前横

木，这里作动词用，就是倾身用手扶着轼，是表示敬意或严肃关切的动作。

②子路：名仲由，孔子弟子，勇武有力，经常陪同孔子出行。

③壹似：好像，确似。　重（chóng）有忧：有几重忧愁，指痛苦深沉而复杂。

④而：乃，就。

⑤舅：公公。

⑥小子：古代时晚辈、学生的礼貌称呼。接近于“小伙子”、“年轻人”。　识（zhì）：同“志”，记住。

【今译】

孔子经过泰山旁，有个妇人在坟前哭得非常伤心。孔子在车上手扶横木关注地倾听着，打发子路问她说：“您的哭声，听起来好像接连遇到悲苦之事而有几重忧愁似的！”妇人回答说：“是呀！早先我公公死于老虎，我的丈夫也死在这上头，现在我儿子又死在这上头！”孔子说：“干吗不离开这里呢？”回答说：“这里没有苛政。”孔子说：“学生们记着，苛政比老虎还凶猛啊！”

【析评】

这篇短文把议论寓于叙述中，作者不出面议论，只是让事实说话；全篇没有一句正面讲苛政害民，而苛政害民昭然纸上，比直说更有力。记事很简练，得力处在于紧紧围绕主题，与主题无关的一字不写。全文共四句话四层意思，有变化有照应，接转十分自然。第一句，写孔子过泰山侧见妇人哭，人物、地点都有了，引出下文。第二句，是孔子有礼貌地听，打发子路去问，也很合礼法。在问答中写出三代人死于虎的惨剧，解答了妇人忧伤重重的问题。第三句，是孔子被感动了，进而问为何不离开，把问题推向深化；回答是因为“无苛政”，反衬出苛政比虎凶残。第四句，写孔子用此事教育那些将要从仕的学生，把孔子的知礼、维护礼写到家了。孔子的话画龙点睛，使全篇意义显明深刻，“苛政猛于虎”，一句名言声震千古！

《战国策》

《战国策》是战国时期的史料汇编。战国时期从赵韩魏三家分晋（前 460）开始，到秦灭六国（前 220）止。各诸侯国在封建制度确定以后迅速发展，相互兼并，战争以及内政外交上的斗争连年不断。这时，一些策士应运而生，为诸侯出谋划策。他们能言善辩，有很高的政治洞察力和很强的活动能力，对于当时的政治、外交、军事有精辟的分析和卓越的见解；当然，也有只为个人利害而进行的纵横捭阖、阴谋活动。由于最有名的对立的政策是各国间的“合纵”与“连横”，所以这些人被称为纵横家。当时的史官、策士记下了他们的说辞和行动，但卷帙散乱，名目繁多。西汉刘向编辑、校订为三十三篇，按国别分十二策（即“册”），定名《战国策》。其文记事简洁，长于分析各种决策、对策的利弊得失，又长于借助譬喻、寓言、故事、传说，生动形象地说理辩论。思想犀利，语言晓畅，具有铺张扬厉的特点和很强的鼓动性。

卫鞅变法

卫鞅亡魏入秦[①]，孝公以为相[②]，封之於商，号曰“商君”[③]。商君治秦，法令至行，公平无私，罚不讳强大，赏不私亲近，法及太子，黥劓其傅[④]。期年之后[⑤]，道不拾遗，民不妄取，兵革大强，诸侯畏惧。然深刻寡恩[⑥]，特以强服之耳。孝公行之八年，疾且不起，欲传商君，辞不受。孝公已死，惠公代后，莅政[⑦]。有顷，商君告归[⑧]。人说惠王曰：“大臣太重者国危，左右太近者身危。今秦妇人、婴儿，皆言商君之法，莫言大王之法，是商君反为主，大王更为臣也。且夫商君固大王之仇雠也[⑨]。愿大王图之。”商君归还，惠王车裂之[⑩]，而秦人不怜。

【题解】

本文记卫鞅佐秦孝公变法的前后经过，选自《战国策·秦策》。卫鞅变法是人们熟知的历史事件，这里不做详细介绍了，但这篇文章颇有一点新见，至今仍有一定的认识作用和借鉴作用。

【注释】

①卫鞅（约前390—前338）：战国中期的改革家，名公孙鞅，因是卫国公子，史称卫鞅，入秦后封于商，又称商鞅。他少好刑名之学，在魏国随公叔座为中庶子，座死后听到秦孝公新立求贤，便入秦说孝公，为左庶长，后为大良造，实行变革，严刑苛法，以励耕战，使秦国强盛起来。孝公死后被车裂。他的学说主张经后人辑为《商君书》。

②孝公：名嬴渠梁，在位二十四年（前361—前338）。即位当年下令招贤，任用商鞅变法，使秦国强盛。

③於、商：於、商二县十五邑。在今陕西商洛县。

④黥劓其傅：历史记载，秦太子犯了商君新法，但不可施刑，于是黥其师公孙贾，刑其傅公子虔。黥，古代一种肉刑，用刀刻划额头面颊再涂墨令黑。劓，古代肉刑，割鼻子。

⑤期（jī）：一整年。

⑥深刻：严峻刻薄。　寡恩：少恩惠。

⑦惠公：应为“惠文王”，名嬴驷，秦孝公之子，前337年即位。莅政：主持政务。

⑧告归：这里指请假回到封邑商。

⑨仇雠（chóu）：仇敌。

⑩车裂：古代一种酷刑，俗称五马分尸，把人的头和四肢各拴在一辆马车上，同时分驰，撕裂肢体而死。

【今译】

卫鞅逃离魏国来到秦国，孝公用他为相，封他於、商之地十五邑，号称“商君”。商君治理秦国，法令得到彻底执行，公平无私，刑罚不避讳强大有势力的，奖赏不因私情而给亲近的人，太子犯法了，把太子的师傅分别处了黥刑和劓刑。一年以后，路上掉了东西都没人拾，老百姓不以非法手段取得财富，于是兵力装备大大增强，诸侯都害怕。然而他严峻刻薄缺少恩惠，一味地以强力来压服人。秦孝公行新法八年，病倒了要死，想传位给商君，商君推辞不接受。孝公死后，秦惠文王接替执政。过了一段，商君告假回到封地商。有人对惠文王说："大臣（权）太重国家危险，左右侍候的太亲近了，国君人身危险。现在秦国的妇女儿童，都说商君的法令，没人说大王的法令，是商君反而成了君主，而大王您反而成为臣下了。而且商君本来就是大王您的仇敌呀。希望大王考虑一下。"商君从封邑回来，惠文王车裂了他，而秦民中没人怜悯他。

【析评】

"商鞅变法"是我国历史上的著名事件，本文以二百多字的简短篇幅叙述了它的全过程。而且"以议论行叙事"，议论中有独到的见解。后世谈到商鞅往往得出改革者没有好下场的结论，却不做具体分析。本文写了商鞅变法的公正无私、成果出色，也写了他个人的悲惨结局的深刻原因。文章开始就写出商鞅"亡魏入秦"，"孝公以为相"，他缺乏民众基础已经显露了端倪；又写他得罪了太子，为最后太子即位信谗言车裂他作了伏笔；孝公死前要传位于他，他却囿于俗见，"辞不受"；而在小人进谗中可以看出他的权势封邑太重，在处理统治阶级内部关系上也是有缺点的。本文特别高明之处在于篇末写他受冤惨死而秦人不怜，点明他致死的根本原因是"深刻寡恩，特以强服之耳"，没有得到人心。这是旧社会改革家不可避免的悲剧，因为封建阶级政治家的改革是有利于封建主的，不可能完全有利于人民，严刑峻法主要是对着人民的。可见，从商鞅之死得出改革者没有好下场的结论是不全面、不正确的。当社会制度改变以后，改革有利于人民，那就完全两样了。

秦割河东

三国攻秦入函谷①，秦王谓楼缓曰②："三国之兵深矣，寡人欲割河东而讲[3]。”对曰：“割河东，大费也；免于国患，大利也。此父兄之任也，王何不召公子池而问焉[4]？”王召公子池而问之。对曰：“讲亦悔，不讲亦悔。”王曰：“何也?”对曰：“王割河东而讲，三国虽去，王必曰：‘惜矣！三国且去[5]，吾特以三城[6]从之。’此讲之悔也。王不讲，三国入函谷，咸阳必危[7]，王又曰：‘惜矣！吾爱三城而不讲。’此又不讲之悔也。”王曰：“均吾悔也，宁亡三城而悔，无危咸阳而悔也。寡人决讲矣！”卒使公子池以三城讲于三国，三国之兵乃退。

【题解】

本文选自《战国策·秦策》。秦王当是昭襄王，三国攻秦是秦昭襄王九年与十一年的事（前298—前296），当时楼缓为相。齐、韩、魏三国攻秦，前后三年，攻下函谷关，秦王讲和，割地给韩、魏。这次讲和两三年后，秦国就缓过劲来，分别大败韩、魏，在与六国争战中连连得胜。

【注释】

①三国：齐、韩、魏。　函谷：关名，在今陕西，为秦门户，退可以守，进可以攻。

②秦王：当指秦昭襄王，名嬴则，秦武王异母弟，在位五十六年(前306—前251)。　楼缓：秦大夫，赵人，昭襄王十年至十二年入秦为国相，正是三国攻秦之时。

③河东：地名，指今山西省黄河以东地区。原是魏国的地方。讲：讲和罢兵。

④公子池：秦国贵族。惠文王之子，昭襄王异母弟。

⑤且：将要。

⑥三城：封陵、武遂、河外。

⑦咸阳：秦国都。

【今译】

韩、魏、齐三国联军攻秦打进函谷关了。秦王对楼缓说：

“三国的军队深入我内地了，我想割让河东讲和。”对答说：“割让河东是很大的破费；免去国家的祸患，又是重大的利益。这是父兄才能参与决策的重大问题啊，你干吗不召见公子池问问呢?”秦王召见公子池来询问。公子池回答说：“讲和了也要后悔；不讲和也要后悔。”秦王说：“这话怎么说呢?”回答说：“您割河东讲和，三国虽然撤兵而去，您一定会说：‘可惜呀！三国本来就要走了，我却特地拿三城送他们。’这是讲和的后悔。大王您不讲和，三国已打进函谷，国都咸阳必然危急，您又会说：‘可惜呀！我爱惜三城而没有讲和！’这又是不讲和的后悔。”秦王说：“反正都是后悔，宁愿失掉三城后悔，不要咸阳危险了而后悔。我下决心讲和了。”终于打发公子池用三座城为代价和三国讲和，三国的兵就退走了。

【析评】

秦国正在兴旺发展的过程中，但是必要的暂时的让步也免不了。让步是为了更好地发展。但是怎样才能促使秦王下决心做暂时的让步而以后又不追悔呢？本文就是叙述公子池如何说服秦王下决心让步讲和的。文章共有三段。第一段是引子，秦王先问楼缓，楼缓以大费大利之说请秦王问公子池。这段引子在文中非常重要，它表现出问题的复杂。如果秦王真已决心割河东讲和就不必再问楼缓了，问就表现了他的犹豫心理，略露讲与不讲均有可能后悔的苗头，又反衬出在秦王的复杂心理状态下不好谈的局面。它为文章主干的展开铺平了道路，使主干生色。第二段即主干，公子池说服秦王下决心讲和而不悔。特点是他先抛出“讲亦悔，不讲亦悔”的结论引秦王追问，然后分析两者利弊，而只分析不下结论，结论让秦王自己下。正是所谓“不断之断深于断，不劝之劝深于劝。”第三段是秦王自己权衡利弊轻重，作出正确决策，使公子池以三城与三国讲和；他不会再后悔了，因为他在分析中克服了犹豫动摇而把决策建立在深思熟虑的基础上。

苏代止赵王伐燕

赵且伐燕[①]，苏代为燕谓惠王曰[②]：“今者臣来，过易水，蚌方出曝，而鹬啄其肉[③]，蚌合而箝其喙[④]。鹬曰：‘今日不雨，明日不雨，即有死蚌。’蚌亦谓鹬曰：‘今日不出，明日不出，即有死鹬。’两者不肯相舍，渔者得而并擒之。今赵且伐燕，燕、赵久相攻，以敝大众[⑤]，臣恐强秦之为渔父也。愿王熟计之也[⑥]！”惠王曰：“善。”乃止。

【题解】

本文选自《战国策·燕策》，题目为古代选本所用。战国时代，列国争战不断，自从秦孝公用商鞅变法，秦国强大起来，山东六国不再是对手，于是产生了苏秦提倡的“合纵”，即六国联合抗秦，遏制秦国的兼并。但六国之间也常有矛盾纷争，搞不好就会破坏“合纵”联盟，使秦国得利。本文就是记载赵国要攻打燕国，苏代去说服赵惠文王停止伐燕。事实本身和苏代的说辞，在历史上曾给人们教益，至今仍然如此。

【注释】

①且：将要。

②苏代：战国时期洛阳人，著名的纵横家苏秦的弟弟，也是游说之士，苏秦死后很活跃，曾在燕国为官。　惠王：赵惠文王，姓赵名何，赵国国君。前298至前266在位。

③曝：（pù）晒太阳。鹬（yù）：一种水鸟，腿和嘴都很长，常在水中或水田里捕食虫、鱼和贝类。

④箝（qián）：夹住。　喙（huì）：嘴。

⑤敝：疲惫，劳苦贫困。

⑥熟计：细想想，仔细考虑。

【今译】

赵国将要进攻燕国，苏代为燕国去跟赵国的惠文王说：“这次我来，路过易水，一只蚌刚好出来晒太阳，而一只鹬一下就叼住了蚌的肉，蚌立即合住壳夹住了鹬的嘴。鹬说：“今天不下雨，明天不下雨，就会有死蚌。”蚌也对鹬说：“你的嘴今天拿不出去，明天拿不出去，就会有死鹬。”两个都不肯放掉对方。一个打鱼的人一起捉住了它们。现在赵国马上要起兵进攻燕国，燕赵两国长期相互攻战，而使民众疲劳贫困，我深恐强大的秦国会要成为打鱼的那个人了。希望大王您再仔细考虑考虑！”惠文王说：“好！”于是终止了这件事。

【析评】

要说服国君改变他错误的既定方针是很困难的，尤其是军事行动，那是已经准备好了的。作为军事行动目标一方的代表，去说服对方停止这次军事行动，更有难处。苏代要为将受攻击的燕国去说赵王，如果只说是为燕的利益那是难以说服对方罢兵的，如果说是为了赵国的利益，在情理上也说不通。事实上是两国有共同利益，即，和则两利，战则俱伤，而秦国得利。怎样使这个道理能为赵王很快地接受呢？怎样说才能吸引住赵王，使他听得下去、感到有兴味呢？苏代说了一则“鹬蚌相争，渔人得利”的寓言，然后点明燕赵相攻，强秦在后，就把两国的利害关系、赵伐燕的危险说明白了。而开头又十分自然，自燕至赵要过易水，便从过易水说起，引出寓言。所以清人认为“其妙全在‘过易水’三字，不尔，便孟浪矣。”战国的策士游说时，常用这种办法，但这篇被称为“更曲畅有味，诞漫有情。”

齐人谏靖郭君城薛

靖郭君将城薛[①]，客多以谏[②]；靖郭君谓谒者[③]，无为客通。齐人有请者曰：“臣请三言而已矣[④]！益一言，臣请烹[⑤]。”靖郭君因见之。客趋而进曰：“海大鱼。”因反走。君曰：“客有于此[⑥]！”客曰：“鄙臣不敢以死为戏。”君曰：“亡[⑦]，更言之!”对曰:“君不闻大鱼乎?网不能止,钩不能牵,荡而失水[⑧],则蝼蚁得意焉[⑨]。今夫齐亦君之水也。君长有齐,奚以薛为[⑩]?失齐,虽隆薛之城到于天[⑪],犹之无益也。”君曰:“善!”乃辍城薛[⑫]。

【题解】

本文选自《战国策·齐策》,题目为旧时选者所加。战国期间统治阶级内部矛盾十分尖锐,臣下强大可以夺位,君主对强臣常常要采取措施除掉他。这里说客劝谏靖郭君不要在封邑修城,就是要处理好与主上关系以保全自己的意思。

【注释】

①靖郭君:战国时齐国贵族,名叫田婴,是齐威王的小儿子,封为靖郭君。　薛:原为一小国,被齐所灭。当时是田婴的采邑。　城薛:在自己的采邑薛地筑城。

②客多以谏:靖郭君筑城加强自己的力量以防不测,这将引起齐王的不满和怀疑,所以说客们多来劝阻这件事。

③谒者:管通报的人员。

④三言:三个字。

⑤益:增加。　烹:古代的一种酷刑,即活活煮死。

⑥有:留下,在。

⑦亡:无,别。意思是“算了吧”,“别这样”。

⑧荡:动荡。指变故。

⑨蝼蚁:蝼蛄、蚂蚁。　得意:逞意,随意。指任意对付它。

⑩奚:什么。疑问代词。

⑪隆:高。这里作动词用,意思是“筑高”。

⑫辍:停止。

【今译】

靖郭君将在薛邑筑城,说客们多来劝阻。靖郭君跟传达人员说,不要给说客们通报。齐国有一个求见的人说:“我只要求说三个字就完了，多说一个字，就烹死我。”于是靖郭君就接见了他。这位宾客小步快走向前说：“海大鱼”。回身就跑。靖郭君说：“客人请留一下！”客说：“我可不敢拿死闹着玩。”靖郭君说：“别这样，再说下去！”对答说：“您没听说大鱼吗？网不能捕获，钩也不能钓上，遇到变故失去水，那蝼蛄蚂蚁一类小虫都能随意对付它了。眼下齐国也就是您的水，您要是能永久地在齐国，要巩固薛做什么呢？您要是失去齐国，待不下去了，就是把薛的城筑到天那么高，也是没有用的！”靖郭君说：“对呀！”于是就停止在薛地筑城了。

【析评】

写文章或讲话，一开始就能抓住读者、听者是很重要的。特别是由于各种原因，在对方已有了成见，或者已经听不进去、不愿听的时候。本文的叙述，波澜起伏，曲折引人。本来是齐人谏靖郭君城薛的，但一开始就写靖郭君拒绝进谏；这时又写齐人要求只说三个字，而且说了“海大鱼”转身就走，反而引得靖郭君追问，而他又偏偏不说，直到再三请求他他才说。于是，峰回路转，说出一番道理，使得靖郭君取消了错误决定。议论，就是要用道理说服他人，齐人成功的秘密在于揣摩了对象的心理。你“关了门”不听劝谏，就从似乎不相干的“海大鱼”说起，打破对方的戒备与反感，引起好奇心，由不听变为要听。这才说出一个生动贴切的譬喻，把“城薛”的利害说明，破除了对方的糊涂观念，达到了说服对方的目的。“海大鱼”是这个譬喻的开端，它在这篇“叙中有议”的文章里，在叙述和议论上都是大有关系的筋节所在。这种说服人的方法，是战国策士们所发明和惯用的，在文人手里，成功了一篇恢奇的妙文。

第二辑

陈余

陈余（？—前204），魏大梁（今河南开封）人，秦末名士，起义军将领。陈胜吴广起义，他和好友张耳一起投奔陈胜。陈胜派他们跟随陈人武臣到原赵国的邯郸；武臣死后，他和张耳立赵国后裔赵歇为赵王。秦将章邯围赵王歇和相国张耳于巨鹿。陈余为将，屯兵巨鹿北，在战守援救问题上和张耳有了隔阂，后来闹翻了。项羽率军救赵，破秦兵。张耳投奔了刘邦，陈余一直辅佐赵王歇。后来赵被韩信、张耳攻破，陈余被斩于泜水上。

遗章邯书

白起为秦将①，南征鄢郢②，北坑马服③，攻城略地，不可胜计，而竟赐死。蒙恬为秦将④，北逐戎人，开榆中地数千里⑤，竟斩阳周⑥。何者？功多秦不能尽封，因以法诛之。今将军为秦将三岁矣，所亡失以十万数，而诸侯并起，滋益多⑦。彼赵高素谀日久⑧，今事急，亦恐二世诛之，故欲以法诛将军以塞责，使人更代将军以脱其祸。今将军居外久，多内郤⑨，有功亦诛，无功亦诛。且天之亡秦，无愚智皆知之。今将军内不能直谏，外为亡国将，孤特独立而欲常存，岂不哀哉！将军何不还兵与诸侯为从⑩，约共攻秦，分王其地⑪，南面称孤⑫，此孰与身伏斧质、妻子为戮乎⑬？

【题解】

秦二世二年（前 208）项羽率楚兵战胜秦将章邯，解了赵围之后，章邯所率秦兵力量还很大，驻在棘原（今河北省平乡县南），项羽屯兵漳南（漳河以南，今河北临漳县境），相持不下，准备决战。这时秦军数败，秦二世派人责备章邯，章邯派太史司马欣回咸阳请示，宰相赵高不见。章邯处于畏罪犹豫之中，陈余给他这封信劝降。章邯接信后，暗派使者与项羽谈判，未成。项羽派兵渡漳水再攻秦军，又在汙水上大破秦兵，章邯终于归降。陈余这封信收在《史记·项羽本纪》中，题目是借用司马迁叙述的话。遗（音 wèi），送给、致的意思。

【注释】

①白起：亦名公孙起，秦国郿（今陕西眉县）人，秦昭王时大将，攻伐六国，屡立战功，扩大了秦领土，奠定统一基础，封武安君。后昭王听丞相范雎之言，赐剑令他自杀。

②鄢、郢：皆曾为楚国都城。秦昭王二十八年（前 279）白起伐楚取鄢城，第二年又攻楚，打下郢都。

③马服：战国末年赵将赵括袭封马服君。秦昭王四十七年（前 260）秦将白起破赵括军，坑杀赵国降卒四十万。“北坑马服”指这件事。

④蒙恬：秦大将，祖籍齐人，三世为秦将。秦始皇时统兵三十万，筑长城、修直道，抵御了匈奴的侵扰。秦始皇死时，赵高、李斯立二世胡亥，假传秦始皇的遗旨，令他自杀。

⑤榆中：地名，指现在的内蒙古鄂尔多斯黄河北面的地方。

⑥阳周：秦时县名，在现在陕西子长县北。　斩：杀害。指秦二世令蒙恬自杀于阳周，因是逼死的，故称为斩。

⑦滋益多：浸滋扩大、愈来愈多。

⑧赵高：秦宦官，精律法，为秦始皇宠信；秦始皇死后与李斯合谋以假诏书赐太子扶苏死，立胡亥为二世皇帝，后又害死李斯，为宰相，把持朝政。前 207 年杀秦二世立孺子婴，不久为孺子婴所杀。　素谀：素常谄谀欺蒙。

⑨内郤：与朝内执政结下怨仇。郤，隔阂，仇隙。

⑩还兵：倒戈。　从：纵。合纵，指与山东诸侯（当时起义军仍假六国名号）团结合作。

⑪分王其地：分其地而为王。王，在这里作动词，是“领有”，“做那里的王”的意思。

⑫南面：古代帝王座位面朝南。　称孤：孤本是帝王自己的谦称。南面称孤，指为王称帝的尊严。

⑬斧质：即斧锧，死刑刑具。古代腰斩，上面用斧，下面有砧垫着，叫锧。

【今译】

白起做秦国大将，南面征伐楚国，攻下鄢都郢都，北方战胜赵国马服君，坑杀赵军四十万，攻下的城邑、占领的土地，没法计算，而最后竟然被赐剑自杀。蒙恬做秦国大将，北面驱逐了外族，开辟榆中领土几千里，后来竟被杀死于阳周。什么原因呢？功劳太多，秦王朝不能全部封赏，因此用法令做借口去杀掉他。现在将军您做秦国大将三年了，所丧亡损失的军队有几十万，然而诸侯都起兵了，占领的地方越来越多。那个赵高一向善于谄谀欺蒙，现在形势紧急了，也害怕秦二世杀他，所以想以法令为口实杀您以推卸自己的罪责，或使人更换您来逃脱他自己的祸患。现在将军您在外很久，朝内积怨很多，有功也杀您，无功也杀您。而且天要灭亡秦王朝，不分智愚都能看出来了。如今将军对内来说不能直言劝谏，对外来说将是亡国的将领了，如此孤立无援还想存在下来，难道不可悲吗！将军您何不倒戈与诸侯合作，联合攻秦，瓜分它的领土而占有一部分，尊严地称王呢？这比身受死刑、妻子被杀怎么样？

【析评】

两军对阵，遗书劝降，须指陈利害，切中肯綮。这就必须了解对方的背景身世和当前处境，又必须把形势分析透彻，把道理说得清楚，使之入耳动心。本文共有三段，第一段针对章邯寄希望于立功的心理，从历史上分析，秦王朝一向寡恩少信，白起、蒙恬有功亦诛，并且点透了它的原因，“以法诛之”，势出必然，前车不远，当引以为鉴。第二段直接分析章邯所处形势，不可能立功。从上段引入，有功者诛，况你无功，而却有丧失军队，坐使敌人壮大的罪过。朝内有谄谀奸臣，想诛杀或更代你而诿过。你不仅无可作为，而且难逃诛杀。接着又从大局上讲秦之必然灭亡，智愚皆知，孤军无援，难以为继。第三段劝他倒戈投降，但说得轩冕好听：和诸侯一起攻秦，可以为王称孤。结尾以身伏刑锧妻子被杀与为王对比，表达出两条道路由你选择的含义。整个文章是政治家的合情合理的分析，透辟有力，致使章邯始而犹豫吃了败仗，最终归顺了诸侯联军。

刘　邦

刘邦（前256—前195），字季，沛县丰邑（今江苏丰县）人，生在农民家庭，却不事生产劳动，做过相当里正之类的泗水亭长。秦末陈胜、吴广领导农民起义，他在沛县起兵响应，成为起义军主力之一。他善于用人，且又深知民间疾苦，注意军纪、政策，军事力量发展很快。后来统兵入关，推翻秦王朝统治；又在垓下击败与他争天下的项羽，建立了西汉王朝，庙号“高祖”。刘邦早年不喜读书，蔑视读书人，后来起兵作战、治理国家，认识到读书写作的重要。临死时告诉他将要继位的儿子说：小时候正赶上秦始皇焚书禁学，以为读书无用，后来才知道那是不对的，经过学习锻炼，能够认字写文。他把这作为一条经验传给儿子，要他努力学习，自己动手写作，不要依赖别人（《手敕太子》）。刘邦留下来的几篇谕令，和一首《大风歌》，明白简约、通俗自然、笃实真率，有气魄，有感召力。

入关告谕

父老苦秦苛法久矣，诽谤者族[①]，偶语者弃市[②]。吾与诸侯约[③]，先入关者王之。与父老约，法三章耳：杀人者死，伤人及盗抵罪。余悉去秦法，诸吏人皆案堵如故[④]。凡吾所以来，为父老除害，非有所侵暴，无恐！且吾所以还军霸上[⑤]，待诸侯至而定约束耳。

【题解】

前209年陈胜、吴广揭竿起义，各地起兵响应。陈胜、吴广死后，刘邦、项羽是义军中两支最强的力量，他们奉楚怀王心为王。怀王约定，“先入定关中者王之”，刘邦率军由南路经武关西进，一路上招降秦军，不战而进，在前206年（汉高帝元年）秋，入关平定咸阳。秦王子婴投降，秦朝灭亡。刘邦为了收揽民心，安定社会，决定废秦苛法，十一月与民约法三章。这原是口述的，后来使人与秦吏一起行县、乡、邑，告谕人民。《史记》载："秦民大悦。"这篇入关告谕很有名，记载在《史记·高祖本纪》和《汉书·高帝纪》里。当然在那种社会制度下最终是不可能除苛法的，刘邦取天下后，萧何立法，汉承秦制；像"夷三族"，杀人时具五刑，即先黥劓、斩趾、笞、枭首、菹于市，诅咒的还先割舌，那也是很残酷苛虐的。

【注释】

①诽谤：造谣污蔑。这里指批评和不满秦朝残暴统治。　族：灭族。

②偶语：两个人在一起谈论。　弃市：死刑。古代在闹市执行死刑，将尸首丢弃在市上示众，叫弃市。

③约：以语言或文字订下共守的条件。

④案堵：即"安堵"，安居不变、安顿不动的意思。

⑤霸上：又作灞上，灞水西面的白鹿原，在咸阳东（今西安市东）。刘邦入关后进军驻霸上，秦王子婴投降后刘邦入咸阳，原想住进秦宫，后接受樊哙、张良的劝谏，仍回到霸上驻军。

【今译】

父老乡亲们苦于秦朝苛刻的法令太久了！——批评朝政就要灭族，两人一起说话就要杀头。我和诸侯们约定，先入关的人做这里的王。和父老乡亲们约定的，只有法律三章：杀人的要处死刑；伤人的和偷盗抢劫的要抵罪。其他全部废掉秦的法令。那些官吏人众也都安顿不变一如既往。我所以到这里来，概括说就是为父老乡亲除害，不会有什么侵犯暴行的，不要恐慌！另外我所以把军队又撤回到霸上，是要等诸侯们到来定出约束以后再进咸阳。

【析评】

刘邦入关首要之务是在秦地安定民众、收揽人心，这篇告谕就是要起这样的作用。它是一篇"说明文"，说明自己为什么入关，准备实行怎样的政策。由于能从当地人民的心理出发，文章仅一百字，居然解决了这样复杂的问题。全文共分三段，每段只有一句话。第一段上来就讲“父老苦秦苛法久矣”，一下子把秦地民众和秦政权分开了，很得人心。“诽谤者族，偶语者弃市”是列举秦苛法的最突出者。父老苦之久矣，是“我”来吊民伐罪的根据，也是约法三章的根据。第二段讲“我”根据什么来，来了要约新法去苛法。“吾与诸侯约，先入关者王之”，是“我”应王此的根据，也是下面“与父老约法三章”的法律权威根基，“我”不会食言不王，也就不会食言违约。“法三章”的内容正与秦王朝繁文苛法相对立。不能没有法，但法很简明。然后说秦朝那些苛虐的法令全都废掉，而又恐官吏不安骚动，所以让他们一仍旧贯安居不变。第三段宣布入关目的是为民除害，不会扰民害民，让民众放心；又讲明还军霸上的缘由，避免谣言蜂起，人心浮动，造成社会秩序紊乱，考虑得十分周到。诚恳的态度，宽厚的内容，使它一变告示的呆板面目和官话派头，真像是口语乡谈，便于理解，便于流传。这一告谕对于刘邦统一事业的成功起了很大作用。从文章本身看，恢宏的气度，高远的眼光、笔力真可以拔山扛鼎。明代散文家唐顺之说“入关一诏，不独四百年帝业所基，实一代文章之祖!”这是有些道理的。

求贤诏书

盖闻王者莫高于周文[①]，伯者莫高于齐桓[②]，皆待贤人而成名。今天下贤者智能，岂特古之人乎[③]！患在人主不交故也，士奚由进[④]？今吾以天之灵、贤士大夫，定有天下，以为一家；欲其长久，世世奉宗庙亡绝也[⑤]。贤人已与我共平之矣，而不与吾共安利之，可乎？贤士大夫有肯从我游者，吾能尊显之。布告天下，使明知朕意。御史大夫昌下相国[⑥]，相国酂侯下诸侯王[⑦]，御史中执法下郡守[⑧]，其有意称明德者[⑨]，必身劝，为之驾，遣诣相国府，署行、义、年[⑩]。有而弗言，觉，免。年老癃病勿遣[⑪]。

【题解】

刘邦在总结他夺取天下的经验时，认为主要是自己能使用张良、萧何、韩信为代表的人才，而项羽只有一范增还不能用。所以，刘邦在巩固统治、发展经济时，首先考虑的还是人才。这反映在他击败淮南王黥布后在故乡沛县招待父老的宴会上即席唱的《大风歌》里："安得猛士兮守四方"！在具体政策上，首先就是这篇《求贤诏书》。它颁布于汉高祖十一年（前196）二月，见《汉书·高帝纪》。

【注释】

①王者：指以仁义治天下的帝王。　周文：周文王姬昌，因得姜尚辅佐，行仁政、修德行，许多小国归附，三分天下有其二。他死后，其子武王姬发捧着他的木制神主伐纣灭商，建立周王朝。

②伯者：即"霸"，以武力做后盾的诸侯盟主。　齐桓：齐桓公姜小白（？—前643），春秋时五霸之首，在管仲辅佐下，曾九合诸侯，成为一代盟主。

③特：但，止。

④士：有知识才能的人。

⑤亡绝：无绝，不断。

⑥御史大夫：汉政权中协助相国掌管机要文书等事务的高级长官。　昌：周昌。　下：下达。

⑦酂（zàn）侯：指宰相萧何，时封酂侯。

⑧御史中执法：地位次于御史大夫的官员，又称御史中丞。　郡守：郡的最高行政长官。当时有诸侯国，有郡县，所以分别下达文书。

⑨意：心志意向。　称（chèn）：符合，相副。　明德：聪明贤德。

⑩署：写下。　行：品德行为。　义：即"仪"，相貌特点。　年：年龄。

⑪癃（lóng）：手足不灵活的病，当指半身不遂。

【今译】

听说帝王没有超过周文王的，诸侯盟主没有超过齐桓公的，他们都只是得到贤人帮助才成就了功名。现在天下贤人的才能，岂止古人的水平呢！毛病在于人主不去交结他们，有才能的人怎能进身呢？如今我依靠上天的灵应以及贤德的士大夫，平定天下成为一家；那就希望它长久，世世代代奉祀宗庙而不绝呀。贤能的人已经和我共同讨平了天下，要是不同我一起去巩固、建设它，那应该吗？贤能的士大夫有肯跟我共事的，我能使他尊贵显赫。布告天下人，使他们明白我的意思。御史大夫周昌传达给相国，相国酂侯萧何传达给诸侯王，御史中执法传达给郡守。哪里有心志意向符合明德标准的，一定要亲自去劝说，为他准备车马，送到相国府，写明他的品行、相貌、年龄。有贤才而不报告，发觉了就要免掉官职。年老有病的不要送来。

【析评】

这是一份征求人才的公文，是汉高帝刘邦高瞻远瞩和深思熟虑的产物，不仅有充实的内容，而且有足以表达它的形式。第一段开首就以周文、齐桓的王、霸之业是贤人相助而成的论断，表达了他征集人才的高远目标。伟大崇高的事业，对人才是最具号召力的。接着讲当今人才智能不下古人，为什么成就不了周文、齐桓的事业，问题就在于不能任用贤才。两相对照写出人才的重要。第二段写自己由于顺天用贤而得天下，现在要长远保有天下，亟须贤才，而贤人奇才应继续合作。第三段指明公文如何下达和地方如何举荐，特别指出，埋没人才的要罢官，以此相督责，保证人才得以选任。在二百字的文章里，有历史经验的总结，有当前利弊的分析，有道理的阐述，又有具体条件和措施；照顾到已在位的贤才，又着眼于发掘新的能人；既有下达执行的措施，又有执行不力的处罚，最后还指明要年富力强，不要年老多病的。文章显示出过人的胆略气魄，积极进取的事业心，同时表现了周密的思考。确是一篇值得传诵的名文。

韩 婴

韩婴，西汉初年讲授《诗经》的学官，文帝时为博士，景帝时为常山博士。当时传授《诗经》有鲁、齐、韩、毛四家，韩婴是韩诗一家的创始人。据记载，韩婴写有《诗》的内传、外传共几万字。《内传》是阐述《诗经》含义的，在宋代已经亡佚了；《外传》是讲一些故事传说来证诗的，实际上只是引诗为证。现存十卷，题为《韩诗外传》。

老 有 其 用

楚丘先生披蓑带索[①]，往见孟尝君[②]。孟尝君曰："先生老矣，春秋高矣，多遗忘矣，何以教文[③]？"楚丘先生曰："恶将使我老？恶将使我老？意者将使我投石超距乎？追车赴马乎？逐麋鹿、搏虎豹乎？吾将死矣，何暇老哉！将使我深计远谋乎？役精神而决嫌疑乎[④]？出正辞而当诸侯乎[⑤]？吾乃始壮耳，何老之有！"孟尝君赧然[⑥]，汗出至踵，曰："文过矣！文过矣！"《诗》曰："老夫灌灌"[⑦]。

【题解】

本文为《韩诗外传》卷十第十章，题目是选者所拟。这是一篇历史故事，假借楚丘先生见孟尝君的一场争辩，论证《诗经》上说的"老夫灌灌"——老年人在忧患将至的时候能欵诚而告之，进一步得出老年人自有他独特的作用，应该让他发挥这种作用，而不应让他做青壮年所做的事。老有所养，"老吾老以及人之老"（《礼记·大同》）是我国古代理想社会的标志；老有其用更有一些新意。这两个方面——敬重老人和老人想贡献余力，做一点力所能及的事，成为我国一种传统美德。东汉刘向的《新序》也记有这一故事，是采自本书的。

【注释】

①楚丘先生：姓名不详，因而以住地名之。　蓑：蓑衣，草编的雨衣。

②孟尝君：名田文，战国时期齐国贵族，靖郭君田婴之子，封于薛，曾为国相在齐执政多年，以好士、得士、养士三千并赖以安国而著名。

③何以教文：有什么可以教导我田文的呢？其实是“还找我做什么”的礼貌说法。

④役：役使，驱使。　役精神：动脑筋。　嫌疑：犹豫难定的事或疑惑难明之理。

⑤当：抵敌。这里指言辞应对。

⑥赧（nǎn）：羞愧脸红。赧然，难为情的样子。

⑦《诗》：指《诗经》。引文见《诗经·大雅·板》，“天之方虐，无然谑谑，老夫灌灌，小子跻跻；匪我言耄，尔用忧谑；多将熇熇，不可救药。”意思是“厉王无道，不要当成嬉闹，我老汉歎诚相告，小年轻的别骄傲；不是我发昏太老，你用忧患开玩笑；等到问题大了如火燎，那可就不可救药。”

【今译】

楚丘先生披着蓑衣束着草绳，去见孟尝君。孟尝君说：“先生老了，年事已高，记性不好，还来见我做什么呢？”楚丘先生说：“怎么能使我老呢？怎么能使我老呢？这么说我的人，是要让我用石头比掷远吗？追赶车马吗？赶上麋鹿、捉住虎豹吗？这样的话我都算快要死的了，岂止是老呢！假如你想使我深入思考长远计划吗？动脑筋解决疑难问题吗？说出得体的言辞应对诸侯吗？我才刚到壮年呢，有什么老！”孟尝君羞愧得脸红了，汗流到脚后跟，连说：“我错了！我错了！”这就是《诗经》上说的，老年人能情意恳切地相告，自有他的作用啊！

【析评】

《韩诗外传》中用一个故事说明经典中的一句话，千篇一律不足为训。但其中也有思想新颖、写法独特的，本文就是。它通过楚丘先生和孟尝君的辩论来表现主题。开头楚丘先生去见孟尝君，孟尝君见他贫穷老耄，就以一般食客相待，说他老了还能做什么呢。接着假借楚丘先生的回答说出老有其用的道理。他先讲年老体力不支，有些事情是做不了；但老了有经验，可以出谋划策，可以帮助解决疑难问题，可以应对诸侯。这是文章中心，有分析，很实际，而且这些道理出自一位老者之口就比作者自己讲更有说服力。然后以孟尝君羞愧道歉，从侧面证明楚丘议论的正确。最后引诗是体例决定的。

绝缨酒会

楚庄王赐其群臣酒[①]。日暮酒酣，左右皆醉，殿上烛灭，有牵王后衣者。后扢冠缨而绝之[②]，言于王曰："今烛灭，有牵妾衣者，妾扢其缨而绝之。愿趣火视绝缨者[③]。"王曰："止！"立出令曰："与寡人饮，不绝缨者，不为乐也。"于是冠缨无完者，不知王后所绝冠缨者谁。于是，王乃遂与群臣欢饮，乃罢。后吴兴师攻楚，有人常为应行合战者[④]，五陷阵却敌，遂取大军之首而献之[⑤]。王怪而问之曰："寡人未尝有异于子[⑥]，子何为于寡人厚也？"对曰："臣，先殿上绝缨者也。当时宜以肝胆涂地[⑦]；负日久矣[⑧]，未有所效。今幸得用于臣之义[⑨]，尚可为王破吴而强楚。"《诗》曰："有漼者渊，萑苇渒渒[⑩]。"言大者无不容也。

【题解】

这是古代一个有名的故事，写楚庄王宽宏大量，能赦小过，因而能得士死力。又见于《说苑》等书，曾被改编为戏剧。这里选自

《韩诗外传》，题目为后世所加。

【注释】

①楚庄王：春秋时楚国国君，五霸之一。姓熊名侣，在位二十三年（前613—前590）。

②扢（gǔ）：摩拭。这里指用手摸到。

③趣（cù）：催促。

④应行：即“颜行”，“颜”，即人的眉间，指头。颜行，即首行，打头阵。 合战：交战。

⑤大军之首：将军的头。

⑥异：特殊、特别（这里指对待）。

⑦肝胆涂地：内脏流在地上，指受刑惨死。

⑧负：亏负、拖欠。

⑨义：按道理应做的。

⑩引诗见《诗经·小雅·小弁》。 漼（cuǐ）：深大的样子。 萑（huán）：芦类植物，长在水边。 苇：长在水边的芦类植物。 渒渒（pèi）：茂盛的样子。

【今译】

楚庄王赏赐群臣酒宴。天黑下来时，酒也喝足了，旁边侍候的人都醉了，大殿上的蜡烛也灭了，有人在暗中拉扯王后的衣服。王后摸着他的帽缨给揪了下来，对楚王说：“这会儿蜡烛灭了，有人拉我衣裳，我摸到他的帽缨揪下来了。赶快叫人拿烛火来，看揪了帽缨的是谁。”楚王说：“别说了！”马上出令：“和我一起喝酒，不把帽缨揪下来，我就不高兴啦。”于是，没有一个人有帽缨了，也就不知道被王后拽下帽缨的是谁。这样，楚庄王又与群臣欢乐饮酒，直到宴会结束。后来吴国兴兵攻打楚国，有一个人在交战中常打头阵，五次冲锋打退敌人，取到敌方将军的头献给楚王。楚王感到奇怪而问他说：“我对你没有什么特殊待遇，你为何对我这么好呢？”回答说：“我，就是先前殿上被揪下帽缨的那个人啊。当时就应该受刑而死，至今负疚很久了，没能有所报效。现在有幸能做一个臣子理应做的事，还可以为您战胜吴国而使楚国强大。”《诗经》上说：“广大深湛的水潭啊，芦苇多么丰茂。”说的是宽阔的胸怀，什么都能容得下的。

【析评】

这篇文章与前面所选的《老有其用》，写法上有分明的不同，它不是借故事中人物之口说道理，而是以事件的进程来说明道理，道理全在事件的逻辑发展之中。这一类以叙事说理的文章，更要注意事件发展的合理性，结构的严整与匀称。本文主题是说明统治者胸襟阔大方能得到人们死力相助而取得成功；写得层次明晰，承接多变，具有很强的故事性。第一段，庄王赐宴，是平常事，一句带过；日暮酒酣，侍者皆醉，致使殿上烛灭，于是才发生臣下酒后失礼和王后断缨之事，很自然。王后要王趣火观绝缨者是人之常情，也很自然。这段末尾，留下悬念。第二段，庄王如何处理的呢？没有趣火抓人而是下令全体绝缨，保护了酒后失礼的人，尽欢而散。用宽恕酒后调戏王后的臣下，写出庄王阔大不凡。如果事件到此为止便索然无味，结构也欠完整。第三段，又岔开一支，吴国伐楚，有勇士冒死冲杀，斩将立功。这里不明说此系何人，又悬在那里。第四段庄王问立功者，立功者说自己就是先前殿上绝缨者，于是情节线索两支合一，两个悬案真相大白，主题便显现出来。第五段引诗作证，为体例所决定。

谔谔之臣

赵简子有臣曰周舍[①]，立于门下三日三夜。简子使人问之曰：“子欲见寡人何事?”周舍对曰：“愿为谔谔之臣[②]，墨笔操牍[③]，从君之后，司君之过而书之[④]，日有记也，月有成也，岁有效也。”简子居则与之居，出则与之出。居无几何而周舍死，简子如丧子。后与诸大夫饮于洪波之台[⑤]，酒酣，简子涕泣。诸大夫皆出走曰：“臣有罪而不自知也。”简子曰：“大夫皆无罪。昔者吾友周舍有言：‘千羊之皮不若一狐之腋[⑥]，众人之唯唯不若直士之谔谔。昔者商纣默默而亡，武王谔谔而昌。’今自周舍之死，吾未尝闻吾过也。吾亡无日矣[⑦]，是以寡人泣也。”

【题解】

选自《韩诗外传》，题目为选者所加。一个政治家和决策者，应该有人监督，耳边经常听到不同意见，这是一种必要的品质和成功的条件。赵氏昌盛，最终三家分晋自立于战国，也是得力于这一点。本文所写赵简子与周舍相得的故事，主题就在这里。这一故事又见于《史记》、《新序》等书。

【注释】

①赵简子：春秋末期晋国正卿，名赵鞅，谥简子。当时赵、魏、韩以及范、中行、智六卿力量各超过晋国公室，事实上已逐渐成为独立的诸侯国。

②谔谔：直言争辩的样子。

③墨：作动词用，即蘸墨。　牍（dú）：古代写字用的木片。

④司：犹“伺”，探察、察视、侦候。

⑤洪波之台：水滨的台阁。

⑥腋：指腋下的毛皮。狐狸腋下皮毛特温厚，很值钱。这句话是极言其贵重。

⑦无日：没有多少日子。

【今译】

赵简子有个家臣叫周舍，立在门下三天三夜。简子打发人问他：“你要求见我有什么事?”周舍回答说：“我愿做个直言敢争辩的臣子，把笔蘸上墨拿着书写的木片，跟在您后边，探察您的过失而记下来，每天都能有所记，每月都能有些成果，每年都能见出成效来。”于是简子答应了，居住就和他一起居住，出去就和他一起出去。过了不久周舍死了，简子像死了儿子似的难过。后来和手下的那些大夫在洪波台上饮宴，酒正喝得畅快，简子忽然落下泪来。那些大夫慌忙走出座位说：“为臣的有罪，可是不知是什么罪呀。”简子说：“大夫都没有罪，过去我的朋友周舍有句话：‘千只羊的皮不如一只狐狸的腋毛有价值，众人唯唯诺诺不如一个忠直之士的直言敢谏。过去商纣王耳边没有不同声音，因而灭亡了，周武王耳边有直言真话，因而昌盛起来。’现在自从周舍死后，我未曾听到人们提到我的过失啊，我的灭亡怕没有多久了，因此我才哭泣的。”

【析评】

这是一则发人深思的历史故事，叙述清楚，主题明确。全文分两部分，前一部分凭空而来，从周舍立于门下三天三夜求见赵简子写起，写他求做“谔谔之臣”，专门记主上的过错。简子答应后的成效没有写，只写周舍死时简子如丧子。后一部分又另起炉灶，写酒席宴前简子哭泣，当众大夫问是谁得罪了他时，才说想起周舍的名言，于是两部分合而为一，突出了一个主题。最后简子说周舍死后未闻己过，亡无日矣，说明哭泣原委，文章便结束了。古人曾说，此文后面有引的《诗》，亡佚了。按全书体例看，当然是这样，但没有引《诗》，戛然而止，却也显得更为简洁干净。这也正说明了“文无定法”。至于从政的人要有人监督，监督的人要敢于直言，不能只靠个人的品格和觉悟，而要靠制度，这已是人所共知的道理。但，当事人的自觉和笃行，即使有了制度、特别在制度尚不完备的时候，也至关重要。该文的启示，至今不泯。

司马迁

司马迁（前145—前87），字子长，夏阳（今陕西韩城）人，西汉时伟大的历史学家。父亲司马谈曾为太史令，掌管历史、天文等事。司马迁少时在家种地放牧，后到长安，随父亲和大学者孔安国、董仲舒学习，阅读了大量古代文献。二十岁后漫游各地，搜集史料、考查山川风物。继任太史令后，准备继父志写一部历史书。前99年，因李陵事下狱，被处腐刑。出狱后任中书令，忍辱发奋，前后十六年，完成了我国第一部纪传体通史，上自黄帝、下至汉武，共三千年，分五部分，一百三十篇，五十二万字，全面反映了我国古代政治、经济、文化和社会生活的概貌，具有重大历史价值。原书通称“太史公记”，后世简称《史记》。他开创的纪传体，使记叙文发展到综合完备阶段。他以历史的真实性为基础，能抓住表现人物特征和事件本质的典型材料，写出了许多活动于历史舞台上、带有阶级、阶层本质属性和个性特征的人物，这就是“实录”。但他又善于“于序事中寓论断”，善于写论赞，明确地表达了作者进步的历史观和爱憎。他发挥了古汉语的表现力，形成了“质而不俚，辩而不华”的独特风格，后世执笔为文者，几乎没有人不曾受到他的影响。

李离传

李离者，晋文公之理也[①]。过听杀人[②]，自拘当死[③]。文公曰：“官有贵贱，罚有轻重。下吏有过，非子之罪也。”李离曰：“臣居官为长，不与吏让位；受禄为多，不与下分利。今过听杀人，傅其罪下吏[④]，非所闻也。”辞不受令[⑤]。文公曰：“子则自以为有罪[⑥]，寡人亦有罪邪[⑦]？”李离曰：“理有法[⑧]，失刑则刑，失死则死。公以臣能听微决疑，故使为理。今过听杀人，罪当死。”遂不受令，伏剑而死[⑨]。

【题解】

《史记》的人物传记有长有短，长的上万字，如《项羽本纪》、《李将军列传》等；短的只有几百字、百把字。所写的虽不是重要的历史人物，但也是应记一笔、给一定历史地位的。这一类涉及的社会面很广，对反映整个历史面貌和中华民族传统是不可缺少的。短传记常常是把一类人物集中在一篇里，再各自立传，像《滑稽列传》、《游侠列传》。本文选自《循吏列传》。循吏，就是奉公守法的好官，司马迁所说："奉法循理之吏，不伐功矜能，百姓无称，亦无过行。"是作者表彰的。

【注释】

①晋文公：春秋时晋国国君，名重耳，为五霸中的第二人，史称贤能。　理：主管审理案件的刑狱官。

②过听：错判。听，判决、处理、断案。

③自拘：自己下令逮捕了自己。

④傅：附。"傅其罪下吏，"就是把罪过推诿给下属小官，因为本非下吏的罪过，所以称"附"，是外加的、贴上去的。

⑤辞：辞谢、推辞。

⑥子：古代对男子的尊称，这里作第二人称代词，即"你"。

⑦寡人：第一人称代词，古代君主对自己的谦称。

⑧法：这里指法律、法令。　理有法，即审理本身也有法律规定。

⑨伏剑：以剑自杀。

【今译】

李离这个人，是晋文公的审判官，由于错判杀了人，自己下令将自己逮捕，要处死刑。文公对他说："官有高低贵贱之分，刑罪也有轻有重。现在是你手下的官吏有了过失，不是你的罪过呀！"李离说："我做的官是本部门最大的，没有让位给部下官吏；接受的俸禄是最多的，没有把利益分给下属。现在错判杀了人，把罪过推诿给下属官吏，这种做法没听说过！"不肯接受为他开脱的命令。文公说：“你说自己有罪，那么我是不是也有罪呀？”李离说：“审理本身也有法律，给人判错了刑，自己就应该受刑，错判死刑而杀错了人，自己就要被判死刑。您认为我可以分剖细微决断疑难，所以才让我做审判长。现在错判杀了人，有罪应死。”于是不接受为他开脱的命令，用剑自杀而死。

【析评】

人物传记，是叙述人物生平事迹的记实性文体。一个人一生做的事、说的话，要是都记下来，一部《史记》就要无尽无休地写下去了。这就得选择最有意义的言行、事迹。说选择，是因为不能改变，而可以有取舍。李离一生最值得称道的是他“过听杀人”不受开脱，终于“伏剑而死”，维护了法律的尊严。本文抓住这条主线，其余的全都舍弃了。全文共分四层。第一层交待李离是什么人，与晋文公什么关系（同时也就交代了时间），做了什么事，准备怎么样。简单明了，一句话十七个字，把矛盾提出来了。第二层写文公为他开脱而提出的第一个理由和他的答辩。第三层写文公为他开脱的第二个理由和他的答辩。这两层反复曲折，把最重要的话写出来，其余的话，在哪里说的，有谁在场等等都略去了。第四层写结果。只用一百多个字，写了一个历史人物的一生，写出他刚直不阿、以身护法的崇高精神，百世之后，仍有教益。

蜀卓氏传

蜀卓氏之先[①]，赵人也，用铁冶富。秦破赵，迁卓氏[②]。卓氏见虏略[③]，独夫妇推辇[④]，行诣迁处[⑤]。诸迁虏少有余财，争与吏，求近处，处葭萌[⑥]。独卓氏曰：“此地狭薄，吾闻汶山之下沃野[⑦]，下有蹲鸱[⑧]，至死不饥。民工于市[⑨]，易贾[⑩]。”乃求远迁。致之临邛[⑪]，大喜。即铁山鼓铸，运筹策，倾滇蜀之民；富至僮千人[⑫]，田池射猎之乐，拟于人君。

【题解】

本文选自《史记·货殖列传》，题目是选者所加。《货殖列传》是叙述古往今来农、工、商业发展情况的，其中也记载了一些以工商致富的代表人物。写作的动因是：“布衣匹夫之人，不害于政，不妨百姓，取与以时而息财富，智者有采焉。”“请略道当世千里之中，贤人所以富者，令后世得以观择焉。”作者没有贱视工商业者的偏见，相反要宣传他们，写他们致富的办法和过程，以便后人学习。

【注释】

①蜀卓氏：四川姓卓的。因为世世富豪所以不言名字。当时户主是卓王孙。　先：祖先，前辈。

②迁：流放、放逐。

③见：被。　虏略：掳掠。

④辇：车。

⑤诣：前往，去到，至。

⑥葭（jiā）萌：汉县名，在今四川昭化县东南。

⑦汶山：岷山南下正支，主峰在四川茂县东面，亦称雪山。因是岷山正支，岷山也称为汶山。

⑧蹲鸱：指大芋。古书中说四川有大芋如蹲鸱。

⑨工：善于。　市：交易，做买卖。

⑩贾：卖出去。

⑪临邛：地名，今四川邛崃。

⑫倾：胜过、超越。　僮：奴仆。

【今译】

蜀地卓氏的先辈，本是赵国人，以炼铁致富。秦王朝攻下赵国，把卓氏放逐了。卓氏被掳掠光了，只有夫妇两个推着车子，步行前往迁徙地。其他迁徙者还有一点剩余的财物，都争着送给主管的官吏，要求迁徙在近处，就居住在葭萌了。唯独卓氏说：“这里狭窄地薄，我听说岷山下面有肥沃的原野，地下长着大芋头，民至老死不知有饥荒；老百姓善于贸易，容易做买卖。”于是要求迁徙到远地方。后来把他安置在临邛，他非常高兴，就在产铁的山上鼓风生火冶铸铁器，想了许多办法，财富超过了云南四川的所有百姓。富到家有奴仆千人，庭园、建筑、打猎、旅游那些行乐之事，能和君主相比。

【析评】

百多字写出一个大富户的发家史，文笔简练可知。开笔便用一句话把全篇内容概括出来，点明人物、原籍，靠什么致富的。没有一个不着力的闲字，“赵人”与“用铁冶富”，似乎无关，读下去才知大有关系。第二段是倒叙，写怎么由赵到蜀冶铁致富。致富首先在于见识。当时赵国的迁徙者，凡有点余财贿赂官吏的，都安排在近处，只有卓氏要求到遥远但富庶易贾的川蜀。第三段写他到了临邛，在产铁的山上炼铁。这一着可以降低成本、节省人力，是很对路的。后来还有多次动脑筋想办法做出正确决策的事，都不详写了，只概括为三个字：“运筹策”。这就是他的致富之道的整个过程和全面情况。最后，以拥有的奴仆劳力和享乐生活写出这个家族的豪富程度。

孔子世家赞

太史公曰：《诗》[①]有之，“高山仰止，景行行止”[②]。虽不能至，然心乡往之[③]。余读孔氏书，想见其为人。适鲁[④]，观仲尼庙堂、车服、礼器，诸生以时习礼其家，余祗迴留之[⑤]，不能去云。天下君王至于贤人众矣，当时则荣，没则已焉。孔子布衣，传十余世，学者宗之。自天子王侯，中国言六艺者[⑥]，折中于夫子[⑦]，可谓至圣矣！

【题解】

《史记》每篇纪传之后都有一篇写着“太史公曰”的“赞”，这

“赞”就是作者的评论。“太史公”是司马迁自称，因他做太史令，故有此称。这些人物评论，作者写得很用心，有见地有文采，是可以独立成篇的优秀议论文。《孔子世家》是孔丘的传记，孔子没有诸侯之位，为什么传记称“世家”？这是因为他“追修经术，以达王道，匡乱世反之于正，见其文辞，为天下制仪法，垂六艺之统纪于后世”，就是本文说的“至圣”。这篇“赞”对孔子评价极高，表达了作者的尊崇心情。

【注释】

①《诗》：指我国古代最早的一部诗歌总集，据记载是经孔子删定的，共三百零五篇，称为《诗》，举其成数为《诗三百》。春秋战国时上层社会谈话经常引《诗》，后世尊之为经，称《诗经》，经常引用。

②这两句诗引自《诗经·小雅·车舝》（舝，音 huá，车上的轴头铁），是“景仰”一词的出处。　止：句尾表决定的语气词。　景行：大道。

③乡往：即“向往”。

④适：到，去。

⑤祇（zhī）迴：即“低回”，流连不舍。

⑥六艺：《易》、《礼》、《乐》、《诗》、《书》、《春秋》。

⑦折中：取正，用作判断事物的标准。

【今译】

太史公说：《诗经》里有这话，“高山人们仰望，大道人们行走。”虽然达不到那么高远之处，然而心是向往着那里的。我读了孔子的书，想见了他的为人。我去鲁国时，参观了孔子的庙堂、车子、服装和行礼所用的礼器，看到许多儒生按时在他家里习学礼仪，我当时徘徊留恋，不想离去。天下的君王以及贤人多啦，当时很荣耀，死了就完了。孔子只是个平民，传了十几代，知识分子还都崇奉他。从天子王侯起，国内讲六艺都以孔夫子为准则，可以说道德学问到了最高境界了。

【析评】

这篇对于自己景仰的伟大人物的评论，开笔便引经典著作《诗经》的一句话，以高山、大路，暗喻他的崇高人格和经邦济世之道，虽不可企及，但人们向往。先立了具体形象，引而不发。第二段从读孔子书、实地考察孔子庙堂、遗物，写自己的向往，表现了孔子人品学问的吸引力。第三段是对孔子的崇高评价。从君主贤人没世则不闻，映衬孔子布衣传十余世而影响极大，人们宗法他，以他的是非为是非标准，得出孔子至圣的结论。评语简括又极尽赞美，然而由于总体写得具体、亲切、形象，因此，结论不突兀，议论不干巴。

蒙恬列传赞

太史公曰：吾适北边[①]，自直道归[②]，行观蒙恬所为秦筑长城亭障[③]，堑山堙谷[④]，通直道，固轻百姓力矣。夫秦之初灭诸侯，天下之心未定，痍伤者未瘳[⑤]，而恬为名将，不以此时彊谏[⑥]，振百姓之急[⑦]，养老存孤[⑧]，务修众庶之和[⑨]，而阿意兴功[⑩]，此其兄弟遇诛，不亦宜乎！何乃罪地脉哉？

【题解】

蒙恬是秦王朝大将，从祖父蒙骜、父亲蒙武到他和弟弟蒙毅，在秦统一事业中立了大功。秦始皇统一全国后，命他负责北方边防事务，筑长城、修直道，役使天下百姓。他带兵三十万在外，蒙毅在朝，很得信任。始皇帝死后，秦二世听信赵高的谗言杀死蒙毅，赐蒙恬死于阳周。蒙恬死时自以为无罪，后又自叹筑了长城绝了地脉而当死，服毒自杀。司马迁写《蒙恬列传》忠实地记载了蒙恬一家三世忠于秦王朝的业绩，但从作者立场出发来看待这些业绩，对他“轻百姓力”、“阿意兴功”，不能彊谏力争，救助百姓之急，进行了严正的批评。作为名将高官，这是大错误大过失，是失职误国，也是个人的死因；而他至死不悟，还以为断了地脉才该死，也是一种悲剧。这篇人物短论，识见精当，论述透辟，反映了作者进步的思想和高超的文字技能。

【注释】

①适：到、往、去。　北边：北部边疆。

②直道：秦时为了始皇巡游，也为了防御匈奴侵扰所修的支边大道。一条从关中向北穿过黄土高原到现在内蒙古包头西南的九原。一条是经甘肃到陕西定边又折向东北到包头。直道工程浩大，是和长城同时修建而相媲美的古代军事工程。司马迁走的是从九原到甘泉的一段。

③行观：路上看到。　亭障：古代的防守工事，给军队作休息、掩蔽用的。

④堑：挖掘，劈开。　堙：填。

⑤痍伤：创伤。　瘳（chōu）：痊愈。

⑥彊谏：尽力劝谏。

⑦振：即“赈”。救济，拯救。

⑧存孤：抚恤孤儿。

⑨众庶：老百姓。　和：因安居乐业而融洽和谐。

⑩阿意：迎合上面的意图。　兴功：大兴土木，指筑长城、修直道等。

【今译】

太史公评论：我到北部边境，从直道回来，一路上观看蒙恬给秦王朝筑的长城和防御工事，劈山填谷修通了直道，实在是把使用民力不当一回事儿呀！秦王朝刚灭掉诸侯，天下的人心还没安定，受伤的人还没有痊愈，可是蒙恬作为名将，不在这个时候犯颜劝谏，救助百姓的困难，赡养老人抚慰孤儿，全力使百姓安居乐业，反而迎合皇帝，大兴土木之功。这样下来，他们兄弟俩遭到诛杀，不也是很自然的吗！干吗要归罪于斩断地脉呢？

【析评】

评价一个历史人物并非易事，特别是对于功过是非众说纷纭的人。长篇巨论有时也不能令人心折，其原因是缺乏真知灼见和有力的论述。蒙恬这个人物，其家“积功信于秦三世”，最后却被谗而死，人们由于同情他往往不能全面公允地给予正确评价和分析，而他个人对自己的遭遇也无法解释，只好归于断绝地脉。司马迁所以能够拨开迷误独辟伟论，是因为他进行了实地调查，既了解民间疾苦又亲眼看到蒙恬督修的长城、直道的浩大工程。这就决定了本篇论赞写法。开首第一段写出实地观察蒙恬所筑长城、直道这些历史性建筑。“固轻百姓力矣”，一语破的，又指出他的过失所在。第二段，从秦初政权的巩固在人心而不在城池，分析他身为名将不能谏始皇之所为，救助百姓急难，反而阿意兴功，使得政局不稳，矛盾激化，所以，兄弟遇诛，从道义的角度上看，也并不冤枉。在历史条件下评价历史人物的行为，侃侃正论，令人心服。第三段反驳蒙恬关于堑地脉而获罪的解释，在全文中是水到渠成的必然结论，显得自然深刻，使得被驳者没躲闪处。

刘 彻

刘彻（前156—前87），谥号汉武帝，西汉时颇有作为的封建皇帝。他雄才大略，有强烈的事业心，在位五十四年间（前140—前87），我国封建社会的政治、经济、军事、外交、文化各方面都发展到一个灿烂辉煌的阶段，成为世界强国。在政治上他采取策略削弱诸侯王封地，又把全国分为十三个州，设部刺史，监督郡县地方官，加强了中央政权。经济上实行财政改革，把盐铁、铸钱收归国家专营，以农为本，兴修水利，全面发展经济，使国力达到空前的高度。他又派使者通西域，打开丝绸之路，加强了中原与西北、中国与西亚的交往。在西北屯田开发边疆，在北方抗击匈奴，对我国统一的多民族国家的形成起了重要的作用。他还关心思想文化，尊儒术，设乐府。虽然他晚年好大喜功，贪图享乐，迷信封禅，耗费了大量人力物力，但其功业还是掩盖不住的。善于使用、驾驭人才，是他取得成功的原因之一。

求茂才异等诏

盖有非常之功，必待非常之人。故马或奔踶而致千里[①]，士或有负俗之累而立功名[②]。夫泛驾之马[③]，跅弛之士[④]，亦在御之而已[⑤]。其令州郡察吏民有茂才异等[⑥]，可为将相及使绝国者[⑦]。

【题解】

本文选自《汉书·武帝纪》，是汉武帝刘彻在前106年下令州郡察举人才的诏书。“茂才”原文是“秀才”，后因避光武帝刘秀之讳而改。诏书表露了武帝在内政外交方面要有非常建树的雄心，这是他选拔人才的动机，也是吸引人才的焦点。为了要得到建立非常之功的真才，他破除世俗之见，对那些被世论讥评为不守礼法、不好驾驭、甚或爱捣乱的人，只要有能力就要选拔。武帝的看法有道理，这类人有胆敢为，有气敢任，往往能想出新点子开创新局面。

【注释】

①奔：不受控制而奔跑。　踶（tí）：踢。

②负俗：被世俗批评嘲讽。　累（lěi）：毛病，缺点。

③泛驾：不按轨辙拉车乱跑。

④跅弛（tuò chí）：放任不检点，不守礼法。

⑤御：驾驭，管理使用。

⑥其：表命令的语气词。　州郡：当时是郡县制，诸侯封国等同于郡。郡是地方行政区，下辖县。上面设的“州”是指当时全国划为十三个监察区，设部刺史监察所属的郡、“国”。

⑦绝国：远方的国家。

【今译】

大凡要建立不平常的功业，一定要靠不平常的人才。所以，有的马难驾驭而又踢人却能日行千里，有的知识分子有被世俗嘲骂的毛病缺点但能立功扬名。那种不按轨辙驾车而乱跑的马，放任自流不好管理的知识分子，也只是在于怎样驾驭和使用他们。现在命令各州郡考察荐举才华出众、能力超群、可以做将相或出使远国的人。

【析评】

求贤才的诏令，有名的很多，这一篇特出之处在于“非常”二字。汉武帝雄才大略，要想建立“非常之功”，所以普通的循规蹈矩的人才不行，要“非常之人”，也就是有“奇才”的人才行。所以文章开首就说明这一点。第二句以不好驾驭的马能行千里，比喻不好管理的人才可能立功，这种人才就是上文所说“非常之人”，这功名当然是指“非常之功”。第三句接着讲，对不好使唤的马和难以约束的人，不是不用，而在于驾驭得法，善于使用。英气逼人，重视用人之术，接第二句破了世俗之见。第四句命令州郡察访、推荐这一类的人才。通篇只有四句话，一句一层意思，构成一篇严密完整的雄文，高视阔步，显现出一代雄主的气魄和胸襟。

终 军

终军（？—前112），字子云，济南（今山东济南）人，西汉著名外交家。少年好学，以博学善辩会写文章著名于本郡。十八岁选为博士弟子，受到汉武帝赏识，做了谒者给事中。后来朝廷要派人出使匈奴，他上书请求前往；汉武帝问他准备怎样对匈奴分析利害吉凶，他回答得很好，被提拔为谏大夫。南越动乱，他要求给他一条长缨，以便把南越王捆来。后来果然派他为使者，他说服了南越王归顺朝廷。不久南越相吕嘉起兵攻杀南越王，终军也被害，当时才二十多岁。

请使匈奴书

军无横草之功①，得列宿卫②，食禄五年③。边境时有风尘之警④，臣宜披坚执锐⑤，当矢石，启前行，驽下不习金革之事⑥。今闻将遣匈奴使者，臣愿尽精厉气，奉佐明使⑦，画吉凶于单于之前⑧。臣年少材下⑨，孤于外官，不足以亢一方之任⑩，窃不胜愤懑⑪。

【题解】

本文是朝廷需要派人出使匈奴时，终军向汉武帝请求为使者所上的书。内容是说明自己要求出使的理由、心情的。选自《汉书·终军传》。这里的“书”是一种给上级的公文，与书信的“书”不同。

【注释】

①横草：行走草中使草偃卧，指跋涉劳苦。

②宿卫：皇帝身边的保卫人员。

③食禄：吃俸禄。

④风尘之警：战争警报，指战事。

⑤坚：坚甲。　锐：锐兵，锋利的兵器。

⑥驽下：才能驽钝低下。　金革：金指兵器，革指甲胄。金革之事，指战阵的事。

⑦奉：敬辞。　佐：辅佐。这句是谦辞，表示自己不敢要求当正使，当个副使协助正使。

⑧画：擘画，分析、比画的意思。　单（chán）于：匈奴最高首领的称号。

⑨年少：当时终军二十三岁。

⑩亢：通“抗”，当、承担的意思。

⑪窃：表示个人思想感情的谦辞，可以解释为“私意”、“私下”。

【今译】

终军连奔走的功劳也没有，却得以侧身于侍卫，享受俸禄已经五年了。边境上常常有警报传来，我应该披上甲胄拿起武器，面对乱箭飞石，冲在前面开路，然而资材驽劣低下，不熟悉战阵之事。现在听说准备派遣去匈奴的使者，我愿意竭尽自己的精力，磨砺自己的志气，辅佐贤明的使臣，在单于面前擘画分析吉凶利害以说服他。我年纪少、才能低，跟外边的官员没有往来，自知不足以担当一个方面的任务，但只是我的心情愤懑得控制不住。

【析评】

这是一篇要求出使匈奴的“请战书”。当时去匈奴出使十分危险，时刻有被杀、被扣留的危险。像苏武那样一去十九年吃尽苦头不是个别的。终军却以一腔忠愤，为报效君国一心要请命前往。通篇说明自己要求出使的理由，理直气壮，一往无前，却又婉转真挚，打动人心。全文只有四句话，却是四层意思，有三个转折。第一句，写自己无功受禄被信用，急于报效君国之情已经溢于言表。第二句，边境有战事，本应为国参战，但自己不熟悉战阵之事；第二个转折情绪更饱满，满怀忠愤无释处，满身力气无使处。第三句讲到遣使匈奴正是出力报国、消弭（mǐ）边患的好时机，所以要去，而且已经考虑好了如何说服单于的道理。但这毕竟是对英明的君主说话，决定权还在他那里，应该谦逊一些，所以第四句说，自己年轻缺少影响，本来不能胜任，但却不胜愤懑之情。通篇充满了爱国志士为国“请缨”的忠肝义胆和雄心壮志，真是雄奇至极，又蕴藉至极。

刘 向

刘向（约前 77—前 6），字子政，本名更生，沛（今江苏沛县东）人，西汉皇族，楚元王刘交的后代。曾任谏大夫、光禄大夫，中垒校尉。他博览群书，是著名的经学家、文学家和目录学家。汉初收集天下藏书，堆积如山，西汉末年刘向奉命校阅、整理，对发展文化、保存古籍有重要贡献；又撰成《别录》，这是我国最早的有作者和内容介绍的目录专著。他见到当时政治窳败、外戚专权，多次上书谏争、弹劾；并收集有关治理、修养的史料，写成《说苑》、《新序》、《列女传》，其中多是历史故事和杂论，希图皇帝、大臣、官眷等能借鉴效法。他宣扬“五行”说，虽有儆戒统治者之意，但总的说是落后的。此外，他著有辞赋三十三篇，并有集子及《五经通义》，但均已散佚。明代人辑有《刘中垒集》。

楚庄王好猎

楚庄王好猎[①]。大夫谏曰：“晋楚敌国也，楚不谋晋，晋必谋楚。今王无乃耽于乐乎[②]？”王曰：“吾猎将以求士也。其榛聚刺虎豹者[③]，吾是以知其勇也；其攫犀搏兕者[④]，吾是以知其劲有力也；罢田而分所得[⑤]，吾是以知其仁也[⑥]。”因是道也，而得三士焉，楚国以安。故曰：“苟有志则无非事者”，此之谓也。

【题解】

本文选自《说苑·君道》，题目是选者所加。主要是通过历史轶事说明君主只要有志于治国，做什么事都会想到治国而有助于治国的。治理者不必做苦行僧，游玩打猎都可以，只要在游猎中注意发现人才，也会成就文治武功的。这种见解有它的道理。像梁武帝萧衍那样苦行，却大修寺庙，也弄得民困国穷。所以，做事业的人不是不玩，而是分清主次、志在事业，使游玩能有助于事业。

【注释】

①楚庄王：春秋时楚国国君，名熊侣，五霸之一。曾经观兵周郊问鼎轻重，有取天下之意。

②耽（dān）：入迷、沉溺。

③榛聚：灌木丛。

④攫（jué）：捉拿。 兕（sì）：古代犀牛一类的野兽。 搏：捕捉。

⑤田：田猎、打猎。

⑥仁：仁爱，能团结人。

【今译】

楚庄王爱打猎，官员们劝谏说："晋和楚是敌对国家，楚国不算计着战胜晋国，晋国必算计楚国。现在大王是不是沉溺在玩乐里了?"庄王说："我打猎是用来发现人才呀，那在丛莽中刺杀虎豹的人，我从这就知道他勇敢；那徒手捕捉犀牛之类的人，我从这知道他有力气；田猎完后分配得到的猎物，我从这能看出他善于处理人的关系，能团结人。"后来他用这个办法，得到了三个人才，楚国因此安稳了。所以说："只要时时想着事业，就没有无意义的事。"就是指这类事情说的。

【析评】

让统治者不玩是不行的，也没有必要；问题是不要玩物丧志，而最好能寓治道于游玩之中。楚庄王以好玩著名，后来接受了伍奢的劝告，"不飞则已，一飞冲天，不鸣则已，一鸣惊人"，成为一代霸主。这篇故事是从古籍中摭拾的传闻轶事，用最简练的文字写出来，以便君主浏览。文章上来便点明楚庄王好猎。接着写大夫劝谏，劝谏以晋楚交敌、治国至重为由，说得很有道理。但楚王的回答却别开生面，要在狩猎中发现人才，用三个排比句，讲了观察勇、劲、仁三方面品格的方法。这是不是狡辩的遁词呢？不是。结果用这办法得到三个人才，楚国安定了。最后以一句俗语点明主题，有助于加深认识。

公子卢谏伐卫

晋文公伐卫入郭①，坐士令食，曰：“今日必传大垣②！”公子卢俯而笑之③。文公曰：“奚笑?”对曰：“臣之妻归，臣送之，反见桑者而助之④；顾臣之妻，则亦有送之者矣。”文公惧，还师而归，至国而貉人攻其地⑤。

【题解】

本文选自《说苑·权谋》，写公子卢设法劝谏晋文公罢兵的。题目为选者所拟。

【注释】

①晋文公：春秋时晋国国君，姬姓，名重耳，前639—前629在位，五霸之一。 郭：外城。

②大垣：城墙，内城。传大垣，就是传令于大垣，指占领都城。

③公子卢：晋国贵族，名卢，又写为锄、虑。

④桑者：采桑的妇女。

⑤貉（mò）：通“貊”，貊是我国古代北方的一个民族。

【今译】

晋文公攻打卫国，已经打进了国都的外城，下令战士们坐下吃饭，说：“今天一定要拿下大城！”公子卢低着头讪笑。文公说：“笑什么?”对答说：“我的妻子回娘家，我去送她，分手回来看见采桑的妇女，就去帮她采；回过头去看我妻子，也有送她的人了。”文公领悟了这个意思，有点震动，马上收兵回去。回到国内，正赶上北方貉族的军队进攻他的领土。

【析评】

"螳螂捕蝉，黄雀在后"是我国古代有名的谚语。伐人之国而失己之国，在历史上多次出现过。这篇短文就是借历史故事说明这个道理的。这同一故事又见于别的著作，如《列子》、《说苑·正谏篇》，写法、情节互有异同，大体说来本篇简练含蓄，结构严整，写得最好。全文分三段。第一段，晋伐卫入郭，下了硬命令要拿下城来。这当中如何苦战，卫人如何反击、防守，晋文公不愿听不同意见，尽在不言之中透露出来。第二段，公子卢要进谏，不明说，却低着头笑，引文公发问；文公问后，他完全不谈及攻城撤兵之事，而只是说了他想起一个似乎不相干的笑话，而且说是自己亲身经历的。很自然，很生动，很风趣，生活气息很浓，却又有针对性，富哲理性。说自己想勾搭采桑女，这时发现有人想勾搭自己的妻子了。含意不再点破，至于晋国的处境、战争态势、应该撤军等等，什么也不说，正所谓"引而不发，跃如也"。第三段，写晋文公醒悟了，悟到了什么，也不说，只是写他收兵回国，而回国时正值貉人攻其地。不明说公子卢智慧机敏，也不明说晋文公颖悟果断，却全都表现出来了。蕴藉含蓄，留有余地。不把话说尽，是使文章短而有味的办法之一。

任人莫掣肘

鲁君使宓子贱为单父宰[①]，子贱辞去，因请借善书者二人[②]，使书宪书教品[③]，鲁君予之。至单父，使书，子贱从旁引其肘，书丑则怒之；欲好书，则又引之。书者患之，请辞而去，归以告鲁君。鲁君曰："子贱苦吾扰之，使不得施其善政也。"乃命有司无得擅征发单父，单父之化大治[④]。故孔子曰："君子哉子贱！鲁无君子，斯焉取斯[⑤]！"美其德也。

【题解】

选自《新序·杂事》，题目为选者所加。宓子贱为单父宰，以善于任人治理有名于史。本文的故事是刘向从史籍中钩稽出来改写的。现存的《吕氏春秋·具备》也记有此事。不管是史实还是传闻，道理是不错的，曾多次为古代政治家们所引用。

【注释】

①鲁君：鲁国国君。　宓（fú）子贱：宓不齐，字子贱，春秋末鲁国人，孔子弟子，仕于鲁，有政声。　单父：地名，在今山东省兖州市东昌县。　宰：邑令，县邑的行政长官。

②书：书写。

③宪书：法令。　教品：教谕下吏百姓的文书。

④有司：有关的官吏、部门。　征发：征调人力物力。　化：教化，社会风气。

⑤斯：指示代词，这，这个。前面的“斯”指这个人，下面的“斯”指这种品德。引文见《论语·公冶长》。

【今译】

鲁君让宓子贱做单父的邑令，子贱辞别要走，顺便请求借两个善于书写的人，好让他们写政告教令，鲁君给他了。到了单父，让他们书写，子贱在旁边拽他们的胳膊肘，写得不好，就向他们发火；要想好好写，就又拽他们。书写的人为这事犯愁了，要求辞职离开，回去把这事告诉了鲁君。鲁君说：“子贱恐怕我干扰他，使他不能够实行他的好政策啊。”就命令有关部门和官吏不要擅自征调单父的人力、物力，结果单父治理得很好。所以孔子说：“高明啊子贱！鲁国没有高明的人，这个人从哪里得到这么高明的品性呢！”这是赞美他的品德才能呀。

【析评】

《吕氏春秋·具备》记这件事的开头是：“宓子贱治单父，恐鲁君之听谗人，而令己不得行其术也。”当中文字略有异同，本文是“请借善书者二人，使书宪书教品”，《吕》文是“请近吏二人”，到了单父“令吏二人书”，未言书什么。后半略去，结尾只是说“鲁君太息而叹曰：‘宓子贱以此谏寡人之不肖也。’”两相比较，本文之优长与特点便显现出来。文章第一段并不说明宓子贱为什么要求派两名书法家去，留给读者想象，而子贱提出使写教令，十分自然可信，这两点有助于增强文章的可读性。第二段，子贱让他们书写，虽然是书法家，因为掣肘，也还是写不好，照应了第一段“善书者”，而且又扣紧了主题（因为“近吏”未必善书法，不掣肘怕也写不好），增强了可信性。第三段，善书者无法写，只好归报鲁君，鲁君大悟，采取措施，是宓子贱意料中事，增加了戏剧性；最后写到单父大治，比《吕》文更增加了事实上的说服力。第四段引孔子的话作结，有它的巧妙处。孔子这句话见《论语·公冶长》评价子贱而未讲是针对什么事，《史记》记载是针对子贱在单父任用五人使之大治。不知哪个对。但这里放上夫子赞叹弟子的话，增加了真实性和趣味性。此外，文字之简练亦非《吕》文可得望其项背。相传《吕氏春秋》书成，吕不韦曾悬之国门，大言改一字予千金，从本文对比中可以看出，以刘向之学力，如果生在当时是要暴得多金的。

论治国若张琴

水浊则鱼困，令苛则民乱，城峭则必崩[①]，岸竦则必阤[②]。故夫治国譬若张琴[③]，大弦急则小弦绝矣。故曰：“急辔衔者[④]，非千里之御也[⑤]。”“有声之声，不过百里；无声之声，延及四海。”故禄过其功者损[⑥]，名过其实者削，情行合而民副之[⑦]，祸福不虚至矣。《诗》[⑧]曰：“何其处也，必有与也；何其久也，必有以也。”此之谓也。

【题解】

这是一篇短论，选自《说苑·政理篇》，题目是选者所加。论述治国之道切忌苛急、好名的道理，在西汉末年颇有针对性，其中包含了一些规律性的东西。

【注释】

①峭：高而陡直。

②竦（sǒng）：高而陡。　陁（zhì）：塌下。

③张：动词，原指弓上弦，也指乐器上弦。

④辔（pèi）：缰绳，也指笼头。　衔：勒在马口里的铁链，俗称马嚼子。辔衔，都是马具。

⑤御：驾驶方法。或指御者。

⑥禄过其功：俸禄奖赏超过了功劳成绩。

⑦副：辅助，相符。

⑧诗：《诗经》。引文出自《诗经·邶风·旄丘》。

【今译】

水浑浊鱼就难游了，政令苛杂民众就乱了套；城墙陡峭必然崩溃，河岸高耸必然倒塌。所以治理国家好像调琴弦，大弦太紧那么小弦就要断了。所以说：把缰绳、嚼子勒得太紧的人，不是能行远道的骑手。有声的声音，传出去不会超过百里；没有声音的声音，可以伸延到五湖四海。俸禄超过自己功绩的受损害，名望高于实际的被折减，说的和做的一致老百姓就拥护，所以祸福不是平白无故到来的啊。《诗经》上说："为什么能安处呢？必有亲附团结的办法啊；为什么能久远呢？必有他的原因。"说的就是这个道理。

【析评】

这篇短小政论，充满了朴素的唯物论，辩证法思想，写法上也很有特点。作者不是就治理之道来谈治理之道，而是把它作为一般的事理中的一种，所以文中用了一系列的譬喻和引语来论述治国之道与一般事理一致的规律，这就是不能过急过苛，要求过高。第一段第一句连用四个譬喻，把"令苛则民乱"列于其中，而第二句提出治国，把第一句的重点挑明，其妙在仍用譬喻，而句式变化，寓意也更深广，"治国譬若张琴"，琴有许多弦，是一个要协调的整体，有一根弦过紧失调必致影响其他。第二段，引两句俗语，一句以驭马作譬喻，衔勒太紧无以至千里；一句以声音为譬喻，说明追求声誉搞大呼隆、浮夸是不行的，正如声音不能超过百里；莫如不说实干，而声名远达四海。接着就禄与功、名与实、情与行三方面实讲其理，得出结论：祸福不虚至，都是自己作为的结果。第三段，引《诗》证实自己的论点。这一段，从结构上讲，有助于全篇的完整；从手法上，则是当时的故套，什么都要引经据典，不然就似乎是离经叛道，这一点是不足取的。

马 援

马援（前 14—49）字文渊，东汉初扶风茂陵（今陕西兴平县东北）人。少有大志，三个哥哥况、余、员都做到俸禄两千石（shí）的大官，他却想到北方边境去放牧。后来做了一阵低级官吏，还是到北方经营畜牧业去了。他常说："丈夫为志，穷当益坚，老当益壮。"畜牧致富后并不享受，而是分散给故旧亲友。在新莽时期他曾做到新城大尹（相当太守）。新莽后期的战乱中，他在西北跟隗嚣在一起，后来随了光武帝刘秀，很得信用，多立功勋。曾为陇西太守，平定西北有功；又曾为伏波将军，削平了交阯征侧、征贰姐妹的起兵，封新息侯。北方边境匈奴、乌桓扰乱，马援自己请战，"男儿要当死于边野，以马革裹尸还葬"的豪语，就是这时说的。后统军岭南，病死。死后被人诬陷，免官除爵，多年后方得昭雪。

诫兄子书

吾欲汝曹闻人过失如闻父母之名[①]，耳可得闻，口不可得言也。好议论人长短，妄是非正法[②]，此吾所大恶也，宁死不愿闻子孙有此行也。汝曹知吾恶之甚矣，所以复言者，施衿结缡[③]，申父母之戒，欲使汝曹不忘之耳。龙伯高敦厚周慎[④]，口无择言，谦约节俭，廉公有威。吾爱之、重之，愿汝曹效之。杜季良豪侠好义[⑤]，忧人之忧，乐人之乐，清浊无所失，父丧致客，数郡毕至。吾爱之、重之，不愿汝曹效也。效伯高不得，犹为谨敕之士[⑥]，所谓刻鹄不成尚类鹜者也[⑦]。效季良不得，陷为天下轻薄子，所谓画虎不成反类狗者也。讫今季良尚未可知，郡将下车辄切齿[⑧]，州郡以为言，吾常为寒心[⑨]，是以不愿子孙效也！

【题解】

建武十七年（41），马援任伏波将军进军交阯，第二年从交阯寄回这封书信告诫和教育两个侄儿。两人都是马援二哥马余之子，一个名严，字威卿，一个名敦，字孺卿，都很轻薄浮躁，喜欢随便议论朝政、讥笑人物，而又愿意结交玩忽法律的侠客游士。这些被看作是不道德没修养的，而且容易招致杀身破家之罪。本文选自《后汉书·马援传》，曾被选入《古文观止》。

【注释】

①汝曹：你们。

②正法：政令法律，指朝政。　是非：说是说非，指议论。

③施衿（jīn）结缡（lí）：衿是彩带，缡是佩巾。古代嫁女，父母一边给她系上彩带、佩巾，一边嘱咐她到婆家后要注意的事。

④龙伯高：龙述，字伯高，京兆（今西安西北）人，当时任山都（今湖北襄阳西北）长。这封信被光武帝刘秀看到后，将伯高提升为零陵太守。

⑤杜季良：杜保，字季良，京兆人，时任越骑校尉。他的仇人上书光武帝，告他“为行浮薄，乱群惑众”，引马援万里还书中用他来告诫兄子为证，因而季良被免职。

⑥谨敕：即“谨饬”，谨慎正派，严肃不苟。

⑦鹄（hú）：天鹅。　鹜：野鸭子。

⑧郡将：即郡守，汉代郡守兼管军事，所以称之为“将”。　切齿：咬牙。表示痛恨。

⑨寒心：担心的意思。

【今译】

我希望你们听到人家的过失，就像听到父母的名字一样，耳朵可以听，嘴却不能说（按当时的礼教，儿女不能言父母之名）。喜欢议论别人的短长，胡乱批评政令礼法，这是我最憎恶的，宁愿死掉也不愿听到子孙有这种行为。你们已经知道我憎恶它到了极点了，我之所以还要再讲，就像女孩儿出嫁，在给她系上彩带和佩巾时，父母申明训诫一样，要使你们不要忘掉啊。龙伯高厚道谨慎，口里说出的话无可挑剔，谦虚节俭，廉洁公道而稳重正派。我爱戴他，尊重他，愿意你们学习他。杜季良豪爽侠义，爱替别人的忧虑操心，也爱为别人的欢乐而高兴，无论是清雅高贵的还是庸俗卑贱的，他都不失礼，父亲死了办丧事，招待客人，几个郡的人都到了。我爱戴他、尊重他，但是不愿意让你们学他的样。学习伯高不到家，还能成为一个谨慎严正的人，就是所谓“刻鹄不成尚类鹜”；学习季良不成，就要堕落为天下的轻浮人，所谓“画虎不成反类狗”。到现在为止季良还不知会有怎样结果呢，郡里长官刚到任就咬牙痛恨，州郡官吏们说给我听，我往往因之忧惧，所以不愿子孙效法他的样子呀！

【析评】

写这封信的时候，马援正处于顺利发展时，君主信任，委以重任，统军远征，独当一面。在这时他却想到子侄的不肖，驰书训诫，这是难能可贵、有远见的行为。因为基于亲情，所以发自内心，恳切感人而朴实亲切，如话家常；因为是在平生阅历和识见的基础上，所以洞见症结，深刻透彻。特别值得注意的是他身居高官之后，对家人子侄的教育、约束、警示，发人深思。第一段开门见山指斥兄子好讥议的毛病，然而却是从正面提出希望的，以闻父母之名比喻闻人过失，而不要出诸于口。然后表明自己厌恶这种毛病。最后以女子出嫁父母叮嘱来比喻自己反复言说的心境。第二段以现实中熟知的人物为例，再谈轻薄讥议的毛病并扩而及于随便结交豪侠。书中讲了两个典型人物，一个是让他们学习效法的，一个是让他们引为鉴戒的，然而却都是“爱之，重之”，而并不斥责别人，只是教育自己的子侄。接着以两句俗语中两个生动形象作譬喻，说出可效法与不可效法的道理。第三段专从不可效法的杜季良往深处谈。郡守下车切齿，后果不堪设想，所以不愿子孙学他的样。汉代许多名臣酷吏诛杀豪侠屡见不鲜，所以这里是有潜台词的。马援善于言谈，史书上记载皇亲贵族都听得津津有味，并常常听取和采纳他的意见，是不虚妄的。这封书信是进行处世之道的道德教育，但却生动活泼，不枯燥，不啰唆，没有说教味，这倒是值得我们效法的。

马援书中包含的不要批评别人缺点以免得罪人的观点，是我们不可效法的。问题只在言行对不对，不在得罪人不得罪人。事实上马援自己也得罪了人，这封信就得罪了杜季良的一伙。后来马援病死在军中，被他们乘机诬陷，以致收回新息侯印绶。

封侯劳官属

吾从弟少游[①]，常哀吾慷慨多大志[②]，曰："士生一世，但取衣食裁足[③]。乘下泽车[④]，御款段马，为郡掾吏[⑤]，守坟墓，乡里称善人，斯可矣。致求盈余，但自苦耳!"当吾在浪泊西里间[⑥]，虏未灭之时[⑦]，下潦上雾，毒气熏蒸，仰视飞鸢[⑧]，跕跕堕水中[⑨]，卧念少游平生时语，何可得也。今赖士大夫之力，被蒙大恩，猥先诸君纡佩金紫[⑩]，且喜且惭。

【题解】

选自《后汉书·马援传》，题目为选者所加。这是马援为伏波将军南征交阯，镇压征侧、征贰起兵，有功封为新息侯时，慰劳下属官兵的。这次出兵交阯是很复杂的历史事件，镇压征侧、征贰是否能肯定，还要做具体分析。我们选这篇文章是只取他封侯以后慰劳下属时话说得得体这一点。

【注释】

①从弟：堂弟。

②哀：怜悯，感叹。

③裁足：即"才足"，是仅够、刚够的意思。

④下泽车：古代一种短轴矮车，适合泥泞地上行走，一般为下级官吏所乘。

⑤款段马：行走迟缓的马。

⑥浪泊：湖名，在交阯，今越南红河、苏沥江之间。　西里：交阯地名，在今越南境内。

⑦虏：当时对敌对的少数民族的污辱称呼。

⑧鸢：老鹰。

⑨跕跕（diē）：下堕的样子。

⑩猥：谦辞。自以为猥贱而苟且。　纡（yū）：系结。

【今译】

我堂弟少游，常常可怜我慷慨有大志（而不会得到实现），就说："一个知识分子活一辈子，只要有衣穿、有饭吃就行了，坐得上最矮小的车、骑得上最差劲的马，在郡里当一个笔墨吏，在家乡守着祖先坟墓，同乡的人承认是个好人，这就可以了。要求比这再高，只会自讨苦吃。"当我困在浪泊和西里之间，敌人还没有被消灭的时候，下面是积存的雨水，上面是蒙蒙烟雾，毒气熏蒸着。仰头看那飞翔的老鹰，飞着飞着就中了毒气掉落到水里。躺在那里想到少游经常说的话，那种生活怎么能得到呢？现在依靠诸位士大夫的力量，受到皇上的大恩，竟然比诸君先一步系金佩紫，一方面是欢喜，一方面又感到惭愧。

【析评】

立功封侯是旧社会英雄踌躇满志、自鸣得意之时。这时慰劳军士将校应该说什么呢？怎么说呢？这种文章我国两千年间并不少见，一般说来，谈自己不免矜夸，如谈到上司、下属便不免虚伪。马援此文却写得情景逼真、感情激昂，两方面都恰到好处，成为一篇千年传诵的名文。全文共三段，第一段用反逼法，从堂弟平素相劝说起，虽自己有大志，连亲人也不相信，给规定了很低的人生要求。第二段，再逼一步，在浪泊、西里之间的苦战中，烟瘴瘟气，出生入死，想到堂弟的最低要求都向往不已，觉得达不到。两步反逼，写出自己的成功不是必然的，是来之不易的。于是引出第三段，赖诸君大力，皇上厚恩才得以纡佩金紫，拜将封侯。这容易被看作客套话的，但有了上文，便有了真情实感；而且说自己只是先于诸君如此，诸君也有这一天，鼓励他人立志立功；最后落在“且喜且惭”上，喜在于本来不曾认为封侯是必然的，惭的是靠诸君之力猥先封侯。西汉高祖“常恨隋陆无武，绛灌无文”，不想东汉武将马援，为文却有如此风致。

虞　诩

虞诩，字升卿，小字定安，东汉中期陈国武平（今河南鹿邑东北）人。安帝永初年间，辟太尉李脩府郎中，出为朝歌（今河南淇县）长，后为武都太守，镇压过羌人起义。顺帝永建元年（126）为司隶校尉，弹劾权臣宦官，打击不法官吏。于是，三公劾奏他在盛夏抓人，为吏人所患，将他下狱。他上书皇帝，自我辩解。顺帝看了以后，将他放出，拜为议郎，后又升尚书仆射，永和初年进位尚书令。虞诩为官严正，检举不法官吏豪强，不回避、不留情，多次得罪皇亲国戚、宦官权贵，曾经九次被谴考，三次遭刑罚，而刚直之性，终老不屈。

被劾自讼书

法禁者①，俗之堤防②；刑罚者，人之衔辔③。今州曰任郡，郡曰任县④，更相委远⑤，百姓怨穷⑥；以苟容为贤⑦，尽节为愚⑧。臣所发举⑨，臧罪非一⑩，二府恐为臣所奏⑪，遂加诬罪。臣将从史鱼死⑫，即以尸谏耳⑬。

【题解】

选自《后汉书·虞诩传》。自讼，即为自己的冤屈申辩。作者任司隶校尉时，因劾奏太傅冯石、太尉刘熹以及中常侍（宦官）程璜、陈秉多人，而被朝中大臣诬陷入狱。在狱中上此书自辩。顺帝看后，把司空陶敦等有关的大臣免职，把虞诩放出，改官议郎。书中维护法律刑罚的严肃性，指斥当时官府中推脱责任不敢执法的现象是切中时弊的。

【注释】

①法禁：法律禁令。

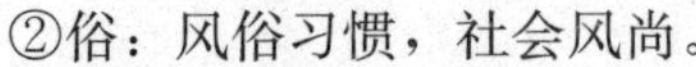

②俗：风俗习惯，社会风尚。

③衔辔：骡马的口嚼和缰绳。

④任：听任。　州、郡、县：当时是郡县制，郡以上划分为十三个监察区域，称为州，监察长官是部刺史。郡是地方行政区，下为县。

⑤委：推诿、推卸。　更：轮流更替。　委远：推出去。

⑥怨：怨恨、抱怨。　穷：没有办法。　怨穷亦可解为怨恨极了。

⑦苟容：苟且容身，马虎对待邪曲不正的人与事或无原则地附和以求得容身自保。

⑧尽节：竭尽臣节，为保持节操而牺牲。

⑨发举：揭发检举。

⑩臧：通“赃”。

⑪二府：秦时的宰相府、太尉府，称二府，掌管全国行政、军事大权。东汉时指尚书台和太尉府。

⑫史鱼：春秋时期卫国的贤大夫，死时不让儿子在正堂发丧，说因为多次荐举蘧伯玉的贤能而不能使他得到重用，弥子瑕不肖而不能使卫君疏远他。卫君听了重用蘧伯玉而罢免了弥子瑕。

⑬尸谏：臣下以死劝谏君主。

【今译】

法律禁令，是社会风气的堤防；刑罚，好比是控制人的衔勒缰绳。现在州里说是让郡里执法量刑，郡里又说让县里执法量刑，互相向远处推诿出去，老百姓怨望已极；于是风气都以马马虎虎求得自己安身为聪明，以保持节操而做出牺牲为愚笨。我所揭发检举的赃罪不是一桩两桩，而是许多。掌权的二府恐怕被我所劾奏，于是就进行诬陷，横加罪名。我将要追随史鱼以死进谏！

【析评】

为人刚正不阿，为文亦铮铮有声。被劾自讼，而毫无过多的自我表白，更无乞怜之态；只是以侃侃正论讲自己的道理，说明事实真相和斗争决心。开首一句从国家角度提出法禁刑罚的重要，从根本立论，是“自讼”的依据，非“自讼”而恰恰是有力的“自讼”。

第二句，现在的风气是互相推诿不肯执法明刑，百姓极为不满，从反面说明了执法明刑的重要，进一步为“自讼”提供论据。第三句才讲到正题，我所举发的赃罪俱在，二府畏罪反加诬害。这才看到前两句的重要，反衬自己作为之可贵；二府苟容不正已久，不能再拖下去。最后一句借史鱼的故事表示自己的决心。“自讼”并非为自己，并非退保，而是向强大的恶势力反攻。铮铮硬骨，凛凛生气，心地明彻，语句劲健。

李　固

李固（94—147），字子坚，汉中南郑（现陕西汉中）人，东汉晚期政治家。顺帝阳嘉二年（133），公卿举荐对策，李固陈述当世之弊和为政所宜，受到重视，但因宦官反对，拖了很久才做了议郎。后来担任地方官，有贤能的声誉，升为大司农。冲帝时任太尉。在李固任职期间，外戚宦官争权，轮换专政，政治十分腐败。李固名高言直，以敢谏著名，特别是敢于反对外戚大将军梁冀。桓帝时，终因梁冀的诬陷而被杀害。

遗黄琼书

闻已渡伊洛[①]，近在万岁亭[②]，岂即事有渐[③]，将顺王命乎？盖君子谓“伯夷隘，柳下惠不恭”[④]，故传曰：“不夷不惠，可否之间。”[⑤]盖圣贤居身之所珍也[⑥]。诚遂枕山栖谷，拟迹巢由，斯则可矣[⑦]；若当辅政济民，今其时也。自生民以来[⑧]，善政少而乱俗多，必待尧舜之君，此为志士终无时矣。常闻语曰：“峣峣者易折，皦皦者易污。阳春之曲，和者必寡。盛名之下，其实难副。”[⑨]近鲁阳樊君被征初至[⑩]，朝廷设坛席，犹待神明，虽无大异，而言行所守，亦无所缺。而毁谤布流，应时折减者，岂非观听望深、声名太盛乎[⑪]？自顷征聘之士胡元安、薛孟尝、朱仲昭、顾季鸿等[⑫]，其功业皆无所采。是故，俗论皆言处士纯盗虚声[⑬]。愿先生弘此远谟[⑭]，令众人叹服，一雪此言耳[⑮]。

【题解】

选自《后汉书·黄琼传》。黄琼（86—164年）字世英，江夏安陆（今湖北安陆）人，魏郡太守黄香的儿子。因父亲的名位被任太子舍人，不肯就职，后又多次推掉征辟、拒绝从政。汉顺帝永建年间，应朝廷征聘进京，走到纶氏（今河南登封县），犹豫起来，称病不肯进京。这时有的官员弹劾他不敬，顺帝下诏让县里以礼劝慰他上路。李固与他政治观点接近，对他很景慕，写了这封信劝他进京应诏，并要有所建树。

【注释】

①伊、洛：伊水、洛水，现名伊河、洛河。伊河流经河南西部，在偃师县入洛河。洛河流经陕西东南，河南西部，在巩县入黄河。

②万岁亭：地名，在纶氏县（今河南登封）境。

③即事：就职。　渐：发展的开端，有步骤的开始。

④伯夷：商末孤竹君之子，与弟叔齐互相让位，逃走隐居。周武王伐纣曾叩马而谏，周灭商后，不食周粟，饿死于首阳山。是隐居不仕的典型。　柳下惠：姓展名获，字禽或字季，春秋时鲁国大夫，食邑柳下，谥曰惠，所以称柳下惠。孟子说他仕进不以君主不贤为羞，不嫌官小位卑，任用他就贡献才能，不用他也不抱怨，是不管怎样都做官的典型。　恭：严肃。引语见《孟子·公孙丑上》。

⑤传（zhuàn）：指对经典解释、阐述的书。引语见西汉扬雄《法言·渊骞》，意思是既不像伯夷那样君贤世清亦不仕，也不像柳下惠那样君污世浊亦仕，要不走极端，看情况决定仕与不仕。

⑥珍：珍重信守。

⑦诚：果然，真的。　枕山栖谷：指隐居山谷。　巢由：巢父、许由，传说中的古代隐士，尧让天下给他们，他们不受。　斯：这样。

⑧生民：治理人民。《荀子·致士》：“凡节奏欲陵，而生民欲宽。”

⑨峣峣（yáo）：高峻的样子。　皦皦（jiǎo）：洁白的样子。　阳春之曲：最高级的歌曲。宋玉《对楚王问》说，有人在郢都唱歌，唱《下里》、《巴人》时，和者数千人，唱《阳春》、《白雪》，能相和的只有几十人，说明曲调越高级，能伴唱相和的人就越少。

⑩鲁阳：地名，今河南鲁山。　樊君：指樊英，当时以经术被汉顺帝征聘入都，无甚作为。

⑪望深：期望很深。

⑫顷：近来。

⑬俗论：一般人的议论。　处士：隐士。

⑭弘：光大发扬。　远谟：高远的计谋。

⑮雪：洗雪。

【今译】

听说你已经渡过伊水、洛水，来到附近的万岁亭了，是不是应召之事有了新的进展，准备顺从君王的命令吧？贤君子认为，“伯夷（那样什么官都不做）太狭隘了，柳下惠（那样什么官都做）太不体面”。所以阐述这句话的书说：“不取伯夷的行为也不取柳下惠的行为，应该在可与不可之间（看情况决定）。”这实在是圣贤处世立身应该珍重信守的啊。假如就是要隐居山林，效法巢父、许由的行径，你就这么着了也可以啦；若是觉得应当辅佐君主有利民众，现在正是时候啊。自从老百姓开始被治理以来，好的政局少而混乱时多，一定要等着尧、舜那样圣君在位才出山从政，这对于有志之士来说，就永远没有机会了。曾听到俗话说：“过分高矗容易折损，过分洁白容易污染，《阳春》的高级曲调能和的人必然很少，盛大的名声下面实际情况难以符合。”近日鲁阳樊先生被征召刚到，朝廷设坛张席举行典礼，就像对待神明似的。他来了以后虽然没有什么异乎常人的作为，但言行操守却也没什么纰漏。可是毁谤的话语传布着，声誉名望随着时间而折扣消减，其原因不就是观听期望过深、名声太大吗？不久以来征聘到的知名人士，像胡元安、薛孟尝、朱仲昭、顾季鸿等，他们的功德事业都没有什么可称道的。由于这个缘故，一般人都说处士们完全是窃取了虚假的名声。希望先生您光大您的远大计划，让众人感叹信服，彻底洗雪讥讽污辱处士的种种话柄。

【析评】

这是李固得知黄琼应朝廷征聘走到离京都不远的地方称病不行，写的劝行信。要劝行必须分析透对方行为的动机，然后对症下药，晓以情理。黄琼不走了的原因无非两种可能，一是他动摇了，对朝政不满，因而信心不足，想退回去做隐士；一是不想退回，踟蹰不前是自恃声名或者还要抬高声价。这两点都不能直接点破批评，而需要委婉说服。所以这封信分两部分：第一部分劝他出仕不要做隐士。开头从听说他来了说起，肯定他的开端。接着引证孟子的话和扬雄的解释，以批评伯夷、柳下惠，来否定隐居之路，并肯定顾全身份之举。这时点出，若有志辅政济民，现在正是机会。这是全文关键所在，所以劝阻退隐是辅，劝进是主。第二部分，是告诫黄琼，声名太高未必好，言外之意是不要自我矜持，要实实在在地做点事。这告诫是引俗语说出来的，然后以樊君和胡元安辈为例，证实俗语而又引出俗议处士盗名，最后曲终奏雅，恳切地提出期望。首尾圆合，思绪贯一，入耳动心。黄琼接信便立即进京，授议郎，后又升任尚书仆射（yè）。

第三辑

曹操

曹操（155—220），字孟德，沛国谯县（今安徽亳县）人，三国时期杰出的政治家、军事家、文学家。他出身于官宦家庭，从小接触政治，有大志。二十岁举孝廉，任洛阳北部尉、顿丘令。东汉末发起组织讨伐董卓联军，后又参加镇压黄巾起义，发展了军事力量。在军阀混战中，迎汉献帝到许都，形成挟天子以令诸侯的政治局面。这时他举贤授能，以较为进步的政策和变化如神的军事策略，逐步消灭北方军阀，平定乌桓，统一了北方，为全国统一奠定了基础。曹操一生爱好文学，有很深的造诣和成就，是“建安文学”的首领人物，以四言诗和乐府著称。他的文章简明通脱，雄健有力，不尚浮华，直抒胸臆，表现了政治家的胸襟与魄力。公文是他的文章的重要部分，写得很有特色，在历史上颇受重视，曾被集为《魏武帝露布文》（九卷）、《魏主奏事》等，后均亡佚。现在有《曹操集》行世。

论吏士行能令

议者以军吏虽有功能，德行不足堪任郡国之选①，所谓“可与适道，未可与权”者也②。管仲曰：“使贤者食于能则上尊，斗士食于功则卒轻于死，二者设于国则天下治”③。未闻无能之人、不斗之士，并受禄赏而可以立功共国者也。故明君不官无功之臣④，不赏不战之士；治平尚德行，有事赏功能⑤，论者之言，一似管窥虎欤[6]！

【题解】

选自《曹操集》。“令”是古代上级官长对下属吏民所发布的命令，是公文的一种。通常是说明要他们做什么或不做什么的。这一篇令很特别，是论辩性的，驳斥一种传统的说法，阐明关于德行和才能关系的一种新道理。它写于建安八年（263）。当时曹操的力量在攻破袁绍之后迅速发展，他要把有才能、为自己立过功的人选拔为地方长官，以控制地方政权。但有些人却以传统的观点来阻遏他，即认为有才能和功业的人不能当地方官，必须由有“德行”的人来担任。在当时的乱世，没有才能是治理不好的，汉末靠“德行”治理已经不灵，而且忠于汉室的德行是曹操所不取的。曹操要实行自己的政治主张，于是写下这篇说理的令。

【注释】

①堪任：胜任。　郡国之选：郡和封国都是汉代的行政区域。当时的诸侯封国和先秦不同，行政长官由朝廷委任。　郡国之选，指地方行政长官的人选。

②“可与适道，未可与权”：原话是“可与适道，未可与立；可与立，未可与权。”出自《论语·子罕》，意思是：可以跟他一起按现成的道理办事，不一定就可以跟他做事业；可以跟他做事业的，不一定就能随机应变。这里截取的片断意思是，可以让他按着你的主意办事，但不可以让他有权自己做主。

③管仲：名夷吾（？一前645），字仲，春秋初期齐国著名的政治家。辅佐齐桓公，治理齐国，尊奉周室，使齐国称霸诸侯。这里引用的话，见《管子·法法篇》，字句有变动。

④官：这里做动词用，即“封……为官”、“给……官做”，“无功之臣”为受动词。

⑤治平：大治而平安。　尚：崇尚。　有事：有麻烦，指天下动乱多事。

⑥一似：简直像，完全像。　管窥：用一支竹管来看。指只看到一

小部分，不全面。

【今译】

现在有一种论调认为：军中官吏虽然有功劳有才能，德行却不能胜任郡国的行政长官，他们就是通常所说的“可以让他按你的主意办事，却不可以让他独立做主”的呀。管仲说过：“使得贤能的人靠才能吃饭，上边的决策人就会受到尊崇；使得战士靠功劳食禄，那么士兵就不怕死；这两条在国内得到实施，那么天下就能治理得好了。”没听说无能的人、不战斗的士兵也都能得到俸禄、奖赏而可以建立功业、振兴国家的。所以，贤明的君主，不给无功的臣民官做，不给不作战的将士奖赏；在天下太平无事时崇尚德行，在战乱有事的时代要奖赏建功业有才能的人。持上面那种论调的人的那些话，简直像是从竹管里看老虎一样，看不到大局和全体。

【析评】

本文实际是一篇驳论，虽是“令”，也需要以理服人。文章第一段就明引出议者的话和他们的论据。十分简练而准确，没有歪曲对方的话，否则驳不在点上，等于没驳。第二段引古代有权威有实际功业的管仲的话，作为自己反驳和立论的依据。第三段从反、正两面驳谬论、抒己见。没听说过无能者和不干事的跟别人同样食俸禄、拿奖赏而可以成就事业、振兴国家的，反衬出不官无功、不赏不战的正确；而又明白指出，治平之日与有事之秋的不同，使得说理更全面。第四段只一句话，形象地说议论者的见解是管中窥虎，不见全局，这是一种类比的反驳法，也是在论证之后对论敌自然得出的结论。真是瓜熟蒂落、水到渠成，使人不能不接受。

求 言 令

夫治世御众，建立辅弼①，戒在面从②，《诗》称“听用我谋，庶无大悔”③。斯实君臣恳恳之求也④！吾充重任，每惧失中⑤，频年以来，不闻嘉谋，岂吾开延不勤之咎邪⑥？自今以后，诸掾、属、治中、别驾[7]，常以月旦各言其失[8]，吾将览焉。

【题解】

治理者要做出正确的决策，改正错误的决策，必须倾听部下的意见。曹操深明此理，所以在建安十一年下《求言令》，广开言路，要求革除只知顺从或当面顺从而私下不服的恶习。

【注释】

①辅弼（bì）：原指辅佐天子治理的大臣，后专指宰相。这里用以指帮助谋划、办事的谋士官吏。

②面从：当面听从、随顺，背后又自行其是。

③“听用我谋，庶无大悔”：《诗经·大雅·抑》的一句。意思是：听信我的谋划，可望没有大失误产生的悔恨。

④斯：这。　恳恳：诚恳、恳切。

⑤失中：不能适中，出偏差。

⑥开延：开诚相请。　咎（jiù）：错误，过错。

⑦掾、属：当时三公府分曹办事，各曹的主管官员叫“掾”，副职叫“属”；曹操是丞相，掾、属指相府官员。　治中：州、郡行政长官的助理，掌管府内文书，所以叫“治中”。　别驾：州郡行政长官的佐吏，长官巡视，他乘别的车子随行，所以叫“别驾”。当时曹操兼领冀州牧，治中、别驾指冀州牧的属官。

⑧月旦：月初。　失：失误、过失。

【今译】

治理国家、统领军民，所设置的辅佐匡正的官吏，要力戒当面一切顺从。《诗经》说的“听从我的谋划，可望没有大的纰漏。”这实在是君臣之间恳诚相见的要求啊！我自承担重任后，常常怕出偏差，连年以来，没有听到好的意见，难道不是我征求不够的过错吗？从今以后，所属的各部官吏，平常在月初每人都要提出所见到的过错失误，我将要亲自阅览。

【析评】

这是一道要求部下经常提出批评、建议的命令。全文只有三句话，每句一层意思。第一句从治国统众的角度讲了辅弼官吏不可一味顺从的道理，开头就有了高度；其中引《诗经》的话简短贴切，化于文中。第二句讲了几年来听不到意见的情况："吾充重任，每惧失中"，不仅承上启下，而且使"不闻嘉谋"的严重性突出出来；最后引咎自责，并不诿过下属。第三句提出今后要求下属月初提出意见建议，成为制度，并以自己要亲自观看，引起重视。在不足百字的篇幅里，有道理陈说，有情况分析，又有具体要求。结构严整，思路顺畅，明白实在。

求贤令

自古受命及中兴之君[①]，曷尝不得贤人君子与之共治天下者乎[②]！及其得贤也，曾不出闾巷[③]。岂幸相遇哉？上之人求取之耳。今天下尚未定，此特求贤之急时也。"孟公绰为赵、魏老则优，不可为滕、薛大夫"[④]。若必廉士而后可用，则齐桓何以霸世[⑤]！今天下得无有被褐怀玉而钓于渭滨者乎[⑥]？又得无盗嫂受金而未遇无知者乎[⑦]？二三子其佐我明扬仄陋[⑧]，唯才是举，吾得而用之。

【题解】

曹操一向主张举贤授能，而且特别看重才能。这是他从对当时社会的认识和从切身的政治经验里形成的观点，并且已付诸实践。本文是他在建安十五年让僚属推举贤能的命令。当时，曹操被孙权、刘备联军战败于赤壁刚两年，从经验教训里，从急于壮大力量以平定天下的态势中，他更加感到人才之可贵，明确提出"唯才是举"，把才能放在选拔人才的第一位。这与东汉传统的只重德行、重虚名的选官标准是对立的，在当时具有进步意义。特别是他注重从民间、下层发现人才，热忱诚恳，有胆有识，是令人敬佩的。当然，唯才是举，不计廉德，从现在看，也不无偏颇之处。

【注释】

①受命：古代把开国即帝位说成是受天命。这里指开国。

②曷尝：何曾，哪有。

③曾：乃、往往。　间巷：里巷。

④语见《论语·宪问》，是孔子的话。　孟公绰：鲁国人，性寡欲，廉洁有德。　赵、魏：晋国赵氏与魏氏两家，世为晋卿，封邑比小国还大得多，后与韩三家分晋。　老：家老，家臣，私家奴仆的头头。优：有余。　滕、薛：两个小诸侯国，均在现在山东境内。这句是说，孟公绰寡欲廉洁而缺乏才能，作为大贵族家臣头头是好的，作为小国的官员是不行的。

⑤齐桓：齐桓公，姓姜，名小白，任用管仲，使齐国强大，成为五霸之首。但管仲并不廉洁，早年和鲍叔做买卖，他多取利金；后为齐相，生活奢侈。这句说齐桓公如果一定要用廉士，则不能用管仲，也就不能称霸于世了。

⑥被褐（hè）：穿着粗麻的黑色短衣。被褐怀玉比喻怀才不遇流于困顿，语见《老子》。这句指姜尚（字子牙），殷商末年钓于渭水岸边，被周文王访到，尊为国师，治理国家，使国家兴盛起来，最后佐周武王灭了商朝。

⑦盗嫂受金：指陈平。汉高祖的谋臣陈平曾经和嫂子私通，又曾接受贿赂。魏无知了解他是个人才，就推荐给刘邦。刘邦问他有无此事，魏说，你问的是“行”，我荐的是“才”，当前最需人才，盗嫂受金算什么！后刘邦重用陈平，建功立业。

⑧二三子：诸位，你们，指臣僚下属。　佐：帮助。　明扬仄陋：发现推举那些埋没在下层贱业中的人才。

【今译】

从古以来开国和中兴的君主，哪个不是得到贤德的能人和他一起治理国家的呢！在他们得到人才的时候，往往不出里巷，难道是偶然的际遇吗？是上边的人寻求发现的呀。现在天下还没有平定，这是特别需要访求贤才的时刻。“孟公绰做大贵族的家臣是好的，但却当不了滕、薛这样小国的行政长官。”假如非得是廉洁的人，才可以任用，那么齐桓公怎么能称霸于世呢！当今天下有没有（像姜尚那样）身穿粗衣怀有真才在渭水岸边钓鱼的呢？又有没有（像陈平那样）被指斥为盗嫂受金而没有遇到魏无知推荐的呢？诸位要帮助我发现那些埋没在下层的人才，只要是有才能的就举荐出来，使我能得到而任用他们。

【析评】

这是一道要求部下举荐人才的命令，自然要他们明了人才的重要，举荐的标准，到哪里去发掘等问题。本文开头以开国中兴的历史经验，总括写出人才的重要，只要访求，不难发现，而当前正特别需要访求人才。第二段引孔子的论断和齐桓公用管仲的史实，讲自己求贤的标准——光廉洁有德而缺乏干才是不行的。第三段提出自己求贤才的目标在下层，重点在才干。文中用了一些史实和典故，引用孔子的话而不言出处，这是因为接受命令的僚属对此是熟知的，并且能够理解其意义、接受其道理。连用四五个典故，使得求贤标准形象地表达出来，后面“唯才是举”就更突出了。“吾得而用之”的结语，点出举贤的目的，照应开头，开国中兴的雄心异志跃然纸上。“用世”的目的，对怀才不遇之士更具吸引力。

祀故太尉桥玄文

故太尉桥公[①]，诞敷明德[②]，汎爱博容[③]，国念明训，士思令谟[④]。灵幽体翳[⑤]，邈哉晞矣[⑥]！吾以幼年逮升堂室[⑦]，特以顽鄙之姿，为大君子所纳[⑧]。增荣益观，皆由奖助，犹仲尼称不如颜渊[⑨]，李生之厚叹贾复[⑩]。士死知己，怀死无忘。又承从容约誓之言：“殂逝之后[⑪]，路有经由，不以斗酒隻鸡过相沃酹[⑫]，车过三步，腹痛勿怪。”虽临时戏笑之言，非至亲之笃好[⑬]，胡肯为此辞乎[⑭]？匪谓灵忿，能诒己疾[⑮]，旧怀惟顾，念之悽怆。奉命东征，屯次乡里[16]，北望贵土，乃心陵墓。裁致薄奠[17]，公其尚飨[18]！

【题解】

选自《三国志·魏志·武帝纪注》引《褒赏令》，文字上与《后汉书·桥玄传》中所载小有不同。桥玄，东汉末年的名臣，历任朝官外官，人品学问为人称道，又能谦恭下士，号称知人。曹操少年时不为世人所重，桥玄与之交结，曾经对曹操说："天下将乱，非命世之才不能济，能安之者其在君乎！"并以妻子相托，使曹操名声大振，深受鼓舞，多年之后，不能忘怀。建安七年（202）曹操北破袁绍，南逐刘备，屯兵于谯，派遣使者到睢阳以"太牢"隆重祭祀桥玄。曹操亲自写了这篇祭文，表达敬意和怀念。

【注释】

①故太尉桥公：桥玄（109—183），字公祖，睢阳（今河南商丘南）人。东汉灵帝光和年间曾为太尉。太尉为三公之一，掌管全国军事大权。所以这里称之为"故太尉桥公"。

②诞敷：光大传播。　明德：美德。

③汎爱：博爱，对人慈爱。

④训：可以作为法则的言论。　令：美好，高明。　谟：谋略、见地。

⑤灵：精神，灵魂。　幽：幽暗，指阴间。　翳：埋藏。

⑥邈：远。晞（xī）：露水干了。古葬歌："薤（xiè）上露，何易晞，露晞明朝能再发，人死一去不回归。"晞喻死亡。

⑦逮：及。　升堂室：升堂入室，到他家去，指亲近。

⑧大君子：对桥玄崇高的敬称。　纳：接待。

⑨仲尼：孔子，名丘，字仲尼。　颜渊：颜回，字子渊，亦称颜渊，是孔子的得意门生。孔子自以为不如颜渊的话见《论语·公冶长》中与子贡的问答。

⑩贾复：字君之，东汉南阳冠军（今河南南阳）人，少年好学，拜舞阳（河南沁阳）李生为师。李生对其他学生说："贾君之容貌志气如

此，而勤于学，将相器也。”贾复在新莽战乱中聚数百人，自称将军，后投光武帝刘秀，以军功封冠军侯，改封胶东侯。见《后汉书·贾复传》。

⑪殂（cú）逝：死亡。

⑫过：访问，探望。　沃酹（lèi）：洒酒祭奠。

⑬笃好：忠实的好友。

⑭胡：怎么。

⑮诒（yí）：给予。

⑯屯次：驻扎在。

⑰裁致：备送。　薄奠：微薄的祭品。

⑱尚飨（xiǎng）：望来享用。古代祭文用作结尾。

【今译】

前太尉桥公，美德广布，博爱宽容，国家怀念您那些可以作为法则的光辉言论，士人思念您那些高明的谋略。现在精神已经幽远，肉体已经埋葬，离开人世已经很长时间了！我在幼年得以跟您亲近，独以愚笨的资质，受到德高望重的名人接纳，增加了荣誉，提高了社会地位，都是由于您的奖掖扶助，就像孔子自称不如颜回、李生赞叹贾复一样。士为知己者死，我怀念您的知遇恩德，至死不忘。又承您从容地和我约定：“死去之后，路过坟墓时，如果不以斗酒只鸡相祭祀，车子过了三步，别怪我让你肚子疼。”虽是一时玩笑，要不是最亲密无间的朋友，怎么肯说出这样的话呢？不是相信您的魂灵发怒能使我生病，只是回首旧日的交情，想起来就悲伤。我现在奉命东征，驻扎在家乡，北望您的故乡，心里想到您的坟墓。致送一点菲薄的祭品，请您享用吧！

【析评】

这是一篇纪念文章。当时曹操刚在官渡战胜袁绍，又南逐刘备，兵强位尊，天下莫敌，正准备收服人心，广延人才，进兵江南，统一全国。这时他屯兵家乡，修睢阳渠，想起早年奖掖自己的前辈，感戴不已。这当然是很自然的。而此事又向将士、大夫、故旧、来者表明曹公怀旧，不忘知己，其客观影响和政治作用也是巨大的。这篇祭文既不是官样文字，又非刻板文章。它写得朴素真挚，简洁明快，表现了自由通脱的风格，无一句官话，无一丝做作。第一段以典雅的语言概括了桥玄一生，给予崇高的评价，而可惜已经“邈哉晞矣”！这是从国家、士族的角度评价的，与曹操身份相称，因为虽是私人交情，但毕竟不纯是私人交情。一者如不是贤臣，虽有私恩而未必致祭，二者奖掖曹某亦是为国爱才，为后文作了铺垫。第二段就转入自己和被祭者的关系，因无这层关系也未必致祭。这里写出自己幼年蒙受奖助，增荣益观。当时这个祭祀也有增荣益观的作用，所以以仲尼与颜渊、李生与贾复一远一近的例子为喻，表示谦退。第三段写士死知己，自己怀德不忘，又以戏笑之言写情谊之深，而这段约誓之辞，洒脱无碍，如闻如见，为文章生色不少。第四段写自己奉命东征，怀想故人坟墓，敬告死者，请享薄奠。通篇文情并茂，深切感人。从文章看，曹操的确不是舞台上那样的白脸奸贼，而是雄才大略、有血有肉的历史人物，是“改造文章的祖师爷”。

诸葛亮

诸葛亮（181—234），字孔明，琅琊阳都（今山东沂水）人，三国时著名的政治家、军事家。年轻时避乱隐居于南阳隆中（今湖北襄樊市西），躬耕读书。汉献帝建安十二年（207），刘备“三顾茅庐”。他向刘备分析了天下形势，提出先取荆、益，而后徐图统一全国的方针，出山辅佐刘备。曹操率大军南下，诸葛亮力主联合孙权抗曹，促成孙刘联军在赤壁大败曹操。接着辅佐刘备取得荆、益二州，为蜀汉立国奠定基础。蜀汉政权建立后为丞相。刘备死后，又辅佐刘禅，总领军国大事。他励精图治，选贤任能，严明法纪，奖励生产，怀柔少数民族，安定和开发西南地区。然后东联孙吴，北伐曹魏，曾六出祁山，终因力量悬殊，未获成功，最后在五丈原（今陕西眉县）病死军中。他在后世成为智慧忠诚的化身，以“鞠躬尽瘁，死而后已”闻名。诸葛亮治理军国大事，夙兴夜寐，事必躬亲，应用文章写得简练清明，朴实真挚，史称“言教书奏多可观”。有《诸葛亮集》。

街亭自贬疏

臣以弱才，叨窃非据①，亲秉旄钺②，以厉三军③。不能训章明法④，临事而惧⑤，至有街亭违命之阙⑥，箕谷不戒之失⑦，咎皆在臣授任无方。臣明不知人，恤事多暗⑧，《春秋》责帅⑨，臣职是当。请自贬三等，以督厥咎⑩。

【题解】

选自《三国志·蜀书·诸葛亮传》，又见《诸葛亮集》。蜀汉建兴六年（228），诸葛亮统大军出祁山，当时南安、天水、安定三郡应蜀，关中震动，魏明帝曹叡西镇长安，命张郃应战。诸葛亮命马谡总督前军与张郃会战于街亭。马谡违背命令，举动失宜，大败，失去了伐魏的好时机。诸葛亮回到汉中，马谡下狱死，而诸葛亮引咎自责，上疏求贬，就是这篇文章。疏上之后，贬为右将军，行丞相事。是年冬斩王双，第二年击退郭淮，平武都、阴平二郡，刘禅下诏恢复他的丞相职务。

【注释】

①叨窃非据：叨蒙恩宠占据了不能胜任的职位。 叨窃：不当得而得，用作谦辞。

②秉：执持，手拿着。 旄：饰有牦牛尾的旗帜。 钺：古代兵器，长柄、其状类似大斧。秦汉以后多用作仪杖，诸葛亮当时就受赐拥有金斧钺一具。

③厉：督率。 三军：古代以前军、中军、后军为三军，这里指全军将士。

④训章：解说规章。 明法：申明制度。

⑤惧：小心谨慎。

⑥街亭：在今甘肃庄浪东南。 阙：缺失，失误。指马谡违亮节度在街亭与魏军决战失败事。

⑦箕谷：地名，在今陕西褒城县北。 不戒：疏于戒备。 事指出祁山时，以赵云、邓芝为疑兵占领箕谷，被魏曹真率大军堵住，因兵弱敌强而失利，赖赵、邓敛众固守，未至大败。

⑧恤事：考虑问题，处理问题。

⑨《春秋》：指孔子改定的鲁国历史。按《春秋》的说法，部下有了过失，统帅不得辞其咎。《后汉书·梁向传》："春秋之义，功在元帅，罪止首恶。"

⑩督：督责。 咎：过错。

【今译】

为臣我因为缺乏才干，蒙恩忝居不能胜任的职位，亲自手执旄旗斧钺，以督率三军；结果不能宣教规章申明法度，处理问题没做到谨慎小心，以至于有街亭违背命令而招致的大败，箕谷疏于戒备而引起的失误，过错都在于我授命任人没有正确的准则。这些已经证明我不能知人善任，考虑问题昏暗不明，按《春秋》的说法，部下失误要责罚统帅，我应该承担责任。请求贬降三级，以处分我这次错误。

【析评】

这是一篇写给后主引咎自责、请求处分的上行公文。它写得诚朴无华，不夸大，不躲闪，不推诿；襟怀坦白，是非分明。第一句就讲明自己的职责：身居高位，统帅三军。第二句讲发生的错误是什么，为什么产生了这样错误。街亭违命之阙，箕谷不戒之失，原因是自己身为统帅不能训章明法，授任无方。第三句深挖自己失误原因，并引《春秋》大义，自己承担责任。第四句是请求处分。四句话就把问题说得清清楚楚，错误、原因、责任、处理，有分析、有结论，沉痛内疚之情溢于言表。不足百字的篇幅，能有这么大的容量，而且层次分明，没有千锤百炼的文字功夫是做不到的。

与 群 下 教

夫参署者[①]，集众思、广忠益也[②]。若远小嫌[③]，难相违复[④]，旷阙损矣[⑤]！违复而得中[⑥]，犹弃敝蹻而获珠玉[⑦]。然人心苦不能尽，惟徐元直处兹不惑[⑧]。又董幼宰参署七年[⑨]，事有不至，至于十反，来相启告。苟能慕元直之十一[⑩]，幼宰之殷勤，有忠于国，则亮可少过矣。

【题解】

本文选自《三国志·蜀书·董和传》，又见于《诸葛亮集》。“教”是一种文体，是封建社会政府长官给部下僚属的教导性的书面指示。当时诸葛亮是蜀汉宰相，集军政大权于一身。宰相幕府，有许多参谋、秘书一类的官员、幕宾，是一个办事机构，也是一个“智囊团”。“群下”就是指这些人。诸葛亮很注意发挥他们的作用，写了这篇教令给他们，让他们负起责任，提出不同意见。

【注释】

①参署：参与幕府讨论政事。

②广：推广。　忠益：负责任又有益处的思想和做法。“集思广益”的成语出处就在这里。

③远：远离、避开。　小嫌：小的嫌疑。

④违：违背，不同意。　复：驳回，要求重新审查。

⑤旷：增多，加大。　阙：缺点。　损：损失。

⑥中：中肯，正确。

⑦敝跷：即“敝屩（juē）”，破草鞋。

⑧徐元直：徐庶，字元直，颍川人。因避兵到荆州，与诸葛亮友好，随刘备为官。后曹操破荆州，被迫随操北去，后为右中郎将，御史中丞。　不惑：不糊涂，不含糊。

⑨董幼宰：董和，字幼宰，南郡枝江人，汉末曾为刘璋的成都令、益州太守。刘备定蜀，征为掌军中郎将，和诸葛亮共事。

⑩苟：如果。　慕：学习。

【今译】

参与幕府决策这件事，就是把众人的智慧、意见集中起来，把有效、有益的做法推广开来。假若怕得罪人而避开矛盾，难以提出不同意见或驳回来重新考虑，那就会增加缺欠和损失。不同意和驳回要是对了，就好像扔掉了破草鞋而得到了珠玉。然而人们总是有顾虑，苦于不能尽言，只有徐元直处理这种问题不含糊；还有董幼宰参与幕府七年，事情不尽善尽美，至于十次反复，来相告语。如果你们能学得元直的十分之一、幼宰的殷勤负责，就是忠于国家，那样我诸葛亮也就可以少犯错误了。

【析评】

作为下行公文的“教”，要说明让下属做什么、怎么做及其原因。这篇《与群下教》写得十分简明，得力于它的集中。全篇只谈一个问题，就是要求下属提不同意见，从正面谈又从反面谈，抽象地谈又具体地谈，直说中又运用譬喻，务使全面理解，真正明白。从结构上看，虽然短小集中，但是并无板滞之感，而是峰峦起伏，曲折生波，转接自然，深入人心。全文五句有五层意思。第一句正面提出原则来，参署就是要集思广益。第二句从反面讲，不这样就会造成损失。第三句打一个譬喻，说明用正确的不同意见来修正决策的重要。第四句笔锋一转，人有私心不能尽言，然后又一转，举出两个具体例子说明还是有人能尽言尽职的。第五句提出怎样做（学习徐、董二人）和这样做的好处（把忠于国家这一条放在使我少犯错误之前，主次分明）。全面说，反复说，却毫无零乱重复之感，亦无训人之感。被当作智慧化身的诸葛亮，如此重视部下的不同意见，可见不同意见对做出正确决策何等重要！

诫子书

夫君子之行[①]，静以修身，俭以养德，非澹泊无以明志[②]，非宁静无以致远[③]。夫学需静也，才需学也；非学无以广才，非志无以成学。淫慢则不能励精[④]，险躁则不能治性[⑤]。年与时驰，意与日去，遂成枯落[⑥]，多不接世[⑦]，悲守穷庐，将复何及！

【题解】

本文当是诸葛亮驻五丈原病殁前写给诸葛瞻的，收入《诸葛亮集》。西方谚语说：看你怎样教育孩子，就知道你是个怎样的人。以诸葛亮的高风亮节、智慧阅历，这封教育儿子的书信，具有极其丰富、珍贵的内容，被许多人当作终身服膺的座右铭。诸葛亮早年无子，过继东吴诸葛瑾的二儿子诸葛乔为子，随军驻汉中，建兴六年(288) 死。诸葛亮自己生的儿子名诸葛瞻，字思远，幼年早熟，聪明，善书画。十七岁尚公主，官至尚书仆射加军师将军。邓艾伐蜀时，督军驻绵竹相持，邓艾以诱降激他，终因急躁不能固守而出战，兵败战死。

【注释】

①行（旧读 xìng）：行为，德行。

②澹泊：对功名富贵淡泊，不热衷追求和留恋。

③宁静：沉静。

④淫慢：过分玩乐、懈怠。　励精：振作精神。

⑤险躁：焦躁，急躁。

⑥枯落：枯败摇落。以树木的枯败和树叶的摇落譬喻老朽而无成。

⑦接世：用世，指对世有用。

【今译】

品行高尚的人，应该靠沉静的工夫来修身，用俭朴的生活来养德，要不能对富贵淡泊，就不能立大志，要不能沉静地思考，就不能达到远大目标。学习必须静下心来，才干需靠学习来增长；不学习就不能发展才能，不立志就不能学有成就。享乐怠惰不能振奋精神，急躁虚浮就不能陶冶性情。年华随时光而飞逝，意志随时间而消磨，以致像枯枝败叶一样，对社会没有任何用处，守在茅棚里悲叹，那时后悔又怎么来得及呢！

【析评】

这篇《诫子书》不是一般地谈道德学问的修养，而是针对儿子诸葛瞻的弱点写的。俗话说："知子莫若父。"建兴十二年（234），诸葛亮出兵武功，在五丈原病死前，给诸葛瑾的信中说："瞻今已八岁，聪慧可爱，嫌其早成，恐不为重器耳。"出身贵家的聪明子弟，容易躁进淫慢，不成大器。所以本文以"静"、"俭"作为他修身养德的中心。第一句正面提出静与俭，又从反面讲出非澹泊（俭的内在思想）无以明志，非宁静（静的修养极致）无以致远。养身养德是为了明志致远。第二句进一步深谈个中道理。先从静一方面开首，静才能学，学才能增长才干，然后挂上有志才能学成，照应了第一句的澹泊与节俭。第三句从反面再说，淫慢不俭和险躁不静的害处。

第四句讲不静不俭的后果。这篇书信是深思熟虑的结晶，是诸葛一生修身养德广才成学的经验谈，志趣高远，道理深刻，谈各种关系时，充满了辩证法思想。文字多对偶、相联，是这种辩证思想的体现。结尾谆谆告诫，透露出舐犊深情，令人感动，催人奋起。

临终遗表

伏念臣赋性拙直[①]，遭时艰难，兴师北伐，未获全功；何期病在膏肓[②]，命垂旦夕。伏愿陛下清心寡欲[③]，约己爱民，达孝道于先君，存仁心于寰宇[④]，提拔逸隐以进贤良，屏黜奸谗以厚风俗[⑤]。臣家成都有桑八百株、薄田十五顷，子孙衣食，自有余饶。臣身在外，别无调度[⑥]，随时衣食，悉仰于官，不别治生以长尺寸[⑦]。臣死之日，不使内有余帛、外有盈财，以负陛下也。

【题解】

建兴十二年春天，亮出兵斜谷，在五丈原与司马懿对峙，当年八月得病卒于军中。死前上表给后主刘禅，就是本文。选自《诸葛亮集》，题目为后人所拟。表中劝谏后主如何治理，有针对性；陈述家事，预先谢绝赏赐，都是难得的。

【注释】

①伏：旧时公文中以下对上的敬语，如伏念、伏愿、伏惟、伏闻。赋性：秉性。

②膏肓：内脏深处。

③陛下：旧时对天子的敬称。意谓不敢正对，只对阶前说话。

④寰宇：天下。

⑤屏黜：排除贬斥。　风俗：风气。

⑥调度：征调算计，指收入财富。

⑦治生：谋生计。

【今译】

为臣我秉性拙直，遭逢艰难的时代，起兵北伐，没有达到最终目的；哪里想到病已深重，性命就在早晚之间了。希望陛下内心清静减少欲求，约束自己，爱护人民，对先帝尽孝道，以仁心待天下，提拔隐居民间的有道德才能的人，以引进贤良；贬斥奸佞谗谀之徒来改变风气。我家在成都有桑树八百棵，薄田十五顷，子孙靠它生活，还是挺富裕的。我在外面，再没有别的财产，随时的衣食，全部仰给于官家，不另外谋取生财之道来增加点滴私产。我死的时候，不使家属内有多余的布帛，外有多余的财产，以致对不起陛下。

【析评】

诸葛亮实践了自己“鞠躬尽瘁，死而后已”的名言，死时还规划国事家事，写成本文。全文共分为三部分：第一部分是自己北伐没有成功，而病入膏肓，危在旦夕，后人所谓“出师未捷身先死，常使英雄泪满襟。”（杜甫：《蜀相》）在平实的言谈中透露出忠臣遗恨。第二部分是重点，劝谏后主，向他提出自己身后治理国家的要点。具体的安排在以前的章表里已经擘划停当，这里只是针对后主刘禅亲小人远贤人、耽于玩乐的毛病提出对他个人的劝谏，这是国之大事。第三部分是家事的汇报。这里的家事也并非个人私计，而是与国家有关，为人臣表率的要事。一层意思说家有桑田，生计无庸惦念。一层意思说自己在外别无财产生计。最后表示不要赐予，不要有余财而辜负天子信任。文字通俗是一大优点。陈寿在编定《诸葛亮集》以后给晋武帝司马炎的表中说，诸葛文采不艳，因为“所与言，尽众人凡士”，这是不了解公文特点与诸葛用心。但陈寿说“公诚之心，形于文墨”却是实在的。

邓 艾

邓艾（197—264），字士载，义阳棘阳（今河南南阳南）人。少时给人放牛，务农，后为郡吏，受到司马懿赏识提拔。他上书建议在江淮间开渠屯田，被采纳，打下灭吴的经济基础。后调到西部边防，任南安太守，加讨寇将军。又迁为兖州刺史，加振威将军，上言积粟。蜀汉姜维屡次出兵，邓艾为征西将军，都督陇右诸军事，进封邓侯，拒姜维。263 年司马昭伐蜀，派锺会引军十几万攻汉中，与姜维相持于剑阁，派邓艾引军三万牵掣沓中（甘肃临潭县西南）蜀军。邓艾自阴平（甘肃文县西）凿山开路，进入成都平原，蜀汉后主请降。邓艾因功被封为太尉，后为锺会、师纂等诬告，被卫瓘、田续杀害于蜀中。

上言论积粟

国之所急[①]，惟农与战。国富则兵强，兵强则战胜；然农者，胜之本也。孔子曰：“足食足兵”，食在兵前也[②]。上无设爵之劝[③]，则下无财畜之功[④]。今使考绩之赏[⑤]，在于积粟富民，则交游之路绝[⑥]，浮华之原塞矣[⑦]。

【题解】

本文是邓艾为兖州刺史时，建言于司马师的，选自《三国志·魏书·邓艾传》，题目为选者所加。这是他早年著《济河论》及屯田积谷思想的继续，对发展北方农业，建立统一全国的经济基础，起了一定作用。邓艾很注意实践自己的主张，史书记载：“艾所在，荒野开辟，军民并丰。”

【注释】

①急：迫切之事。

②引语见《论语·颜渊》，是孔子回答子贡问怎样治理国家的话。

③劝：提倡，鼓励。

④功：功效，功绩。

⑤考绩：考核官吏下属的工作成绩。

⑥交游：交结拉拢。

⑦浮华：华而不实，追求表面文章。 原：即“源”，源头，水源。

【今译】

治国最要紧的事，就是农和战两项。国富了那么兵力就强盛，兵力强盛就能在战斗中取胜。这样看来，发展农业生产是取得战争胜利的根本。孔子说：“使粮食充足，使兵力充足。”粮食放在兵力之前啊。上面没有授予爵位的鼓励，下面就没有把粮食当财宝积贮的功绩。现在要使考核官吏的奖赏，给予积聚粮食和使百姓富足的人，那么，交往拉拢的路子就断绝了，浮夸不实的源头也就堵塞住了。

【析评】

文章的主题是论发展农业积聚粮食的重要。百字以内能将问题议论清楚，是值得学习的。第一句话从国家的高度提出最迫切的任务是农与战，这是从秦汉以来的定论，是立论之本而非议论的中心。第二句接着论“农”与“战”的关系，从中得出农者战争胜利之本的结论，把“农”突出为中心。第三句引孔子的话“食”在“兵”前，证明“农”更重要。第四句指明重农积粮需要上面提倡。语式变化，又从反面论说：如不设爵奖励，就没有人做出增加生产的功绩来。第五句正面提出具体措施，考察官吏时要奖励那些能积聚粮食使百姓富起来的，并进而说明这种政策的好处不仅在于“战”，而且可以杜绝拉拢串通、浮夸不实的作风，使整个社会风气好起来。一句一个意思，每一句都向前迈进一步，好像作者带着读者顺着他的思路，一步一个脚印踏踏实实地走下来，最后接受了他的思想。结合当时的社会情况看，这篇短文短而不空，从实际出发提出问题，解决问题，不是一般发议论，而且还有具体政策。

平蜀自辩书

衔命征行[1]，奉指授之策[2]，元恶既服[3]，至于承制拜假[4]，以安初附，谓合权宜。今蜀举众归命，地尽南海，东接吴会[5]，宜早镇定；若待国命[6]，往复道途，延引日月。《春秋》之义[7]，大夫出疆[8]，有可以安社稷[9]、利国家，专之可也。今吴未宾[10]，势与蜀连，不可拘常以失事机[11]。兵法，进不求名，退不避罪[12]，艾虽无古人之节[13]，终不自嫌以损于国也[14]。

【题解】

本文选自《三国志·魏书·邓艾传》，题目是选者所加。公元263年，邓艾率魏兵三万偷渡阴平，到达成都，蜀汉后主刘禅开门迎降，邓艾受而宥之，依邓禹故事，承制拜刘禅行骠骑将军，蜀汉官员各随高下拜为魏官或领艾官属。这对安定蜀中局势，收服人心，是很起作用的。同时，邓艾又上书司马昭，建议封刘禅为扶风王，以此召引东吴归降。司马昭让监军卫瓘谴责邓艾说：应该报告，不应该擅自行事。邓艾便写了本文为自己的从权行为辩解。

【注释】

①衔命：奉命，接受命令。　征行：远征。

②指授：手指口授。指亲自授予。　策：政策、策略。

③元恶：首恶，元凶。指敌方首脑。

④承制：按照旧有制度。　拜：授官、任命。　假：权宜暂署。指沿邓禹旧例暂时封蜀汉君臣。

⑤吴会：指东吴领地。

⑥国命：国家的命令。指司马昭之命。

⑦《春秋》之义：《春秋》所说的原则。《春秋》为孔子删定的鲁国史，在这当中孔子微言大义，表示了哪些是应该做的，哪些不应该做。

这里所说的意思见《公羊传》。

⑧大夫：原指一级贵族。后指政府高级官员。

⑨社稷：祭土神谷神的坛，代表国家政权。

⑩宾：宾服，归顺。

⑪拘：拘泥，僵守。

⑫“兵法”句：指《孙子兵法·地形篇》原文是“故战道必胜，主曰无战，必战可也；战道不胜，主曰必战，无战可也。故进不求名，退不避罪，唯人是保，而利合于主，国之宝也。”意思是“战争的形势一定能取胜，君主说不要打，打是可以的；战争形势不能取胜，君主说一定要打，不打是可以的。所以，当统帅的人，进攻不是求名声，退却不怕受处罚，只为保住有生力量，合乎君主利益。这是国家的宝贝呀。”

⑬节：节操，操守，修养。

⑭自嫌：自避嫌疑。

【今译】

接受命令远征，奉行您手指口授的策略，首恶已经服罪了，至于沿用旧制暂时授官，用来安定刚刚降附的人，我以为是合乎权宜之计的。现在蜀国带领部众归顺天命，土地直到了南海，东边连接吴地，应该及早镇定下来。若是等待朝廷的命令，路途往返，要拖延很多时间。《春秋》的原则，大臣离开国家，有可以巩固政权、便利国家的事，独自决定就可以了。现在吴国还没归顺，地势与蜀相连，不可拘泥于常理以致错过促使事业发展的机缘。《孙子兵法》说，“前进不求名，后退不避罪。”艾虽然没有古人的节操修养，却终究不能为了自己远嫌疑而有损于国家呀！

【析评】

这是一篇以上书形式写的为自己辩解的议论文。当时，司马昭对邓艾在蜀中擅自封官怀疑不满，又有人从旁诬告，要说清楚是不容易的。这里只用了一百多字，便说出了自己的道理。第一句明确说出自己的基本观点，原来所领的策命随着胜利已完成其使命，而胜利以后诸事不能不办；在这样形势下按照旧制署官任命是符合权宜之计的。第二、三、四句从三个方面来分析何以自己的行为是合理的。其中第二句是从蜀汉的实际形势看，举国匆匆归顺，应该早早安定，若等请示，往返日久，会要生事的。第三句引用经典，以《春秋》之义说明自己的行动是有根据有道理的。第四句是从吴国尚存的实际考虑，要从政策上影响它，安定蜀汉有利于较快地平定东吴。第五句引兵法说明自己不肯避嫌而损害国家利益的苦心、操守。思想严密，逻辑性强，结构也非常严整。五句话五段，开头提出论点，当中三点理由，结尾扣开头讲明自己不计个人功罪才能行权宜之计的。这篇短文可以说是一以当十。

傅亮

傅亮（374—426），字季友，北地灵州（今宁夏灵武境内）人，南朝刘宋王朝大臣。早年以文史知识渊博、善于写文章著名。东晋末年，曾做建威参军、散骑常侍等官，随同刘裕北伐，代笔写过不少公文表章。晋安帝义熙年间，任中书黄门侍郎等职，后来帮助刘裕受禅夺位。刘宋王朝建立后，任太子詹事，入中书省，专管起草诏令，一时主要文件多出他手。刘裕死后少帝即位，升中书监、尚书令、护军将军；少帝废又迎立文帝，任光禄大夫，开府仪同三司，总揽大权。元嘉三年（426），被文帝处死。原先有集三十一卷，后散佚，明朝人辑其散篇为《傅光禄集》。

为宋公至洛阳谒五陵表

臣裕言：近振旅河湄[①]，扬旍西迈[②]，将届旧京[③]，威怀司雍[④]。河流遄疾[⑤]，道阻且长。加以伊洛榛蕪[⑥]，津塗久废[⑦]，伐木通径，淹引时月[⑧]，始以今月十二日次故洛水浮桥[⑨]。山川无改，城阙为墟，宫庙隳顿[⑩]，钟簴空列[⑪]，观宇之余，鞠为禾黍[⑫]，廛里萧条，鸡犬罕音，感旧永怀[⑬]，痛心在目[⑭]。以其月十五日奉谒五陵[⑮]。埔茔幽沦，百年荒翳[⑯]；天衢开泰[⑰]，情礼获申[⑱]，故老掩涕，三军悽感，瞻拜之日，愤慨交集。行河南太守毛修之等[⑲]，既开翦荆棘，缮修毁垣，职司既备[⑳]，蕃卫如旧[㉑]。伏惟圣怀远慕兼慰[㉒]，不胜下情[㉓]。谨遣传诏殿中中郎臣某，奉表以闻。

【题解】

选自《宋书·武帝纪》，《昭明文选》也收入。东晋安帝年间，刘裕率军北伐，义熙十二年（416）收复洛阳，到北邙山附近祭谒晋王朝的祖墓“五陵”，即宣帝司马懿的高原陵，景帝司马师的峻平陵，文帝司马昭的崇阳陵，武帝司马炎的峻阳陵和惠帝（司马衷）陵，并派人修缮，还委派了守备人员。事完以后，奉表报给晋安帝司马德宗。这表是傅亮执笔以刘裕（当时封为宋公）的名义写的。

【注释】

①振旅：整顿军旅。河湄：黄河边上。

②扬：举。 旍（jīng）：同“旌”，是古代的一种旗帜，上有牦牛尾，用来指挥或开道。 西迈：西行，西征。

③届：到，至。 旧京：西晋首都洛阳，故称洛阳为旧京。

④威：以武力讨伐示威。 怀：以德政怀柔笼络。 司雍：司州、雍州。司州原为汉代司隶校尉所治的地方，西晋的司州约当现在的山西省西南部、河南省西部以及河北省南部一带。雍州，指三辅之地，约当现在的关中平原一带。

⑤湍疾：水流湍急。

⑥伊洛：伊水、洛水。在今河南，为晋师北伐洛阳要渡的河流。 榛芜：榛莽荒芜。

⑦津：渡口。 塗：道路。

⑧淹：迟。

⑨次：次留，驻扎。古代军队停留一夜叫舍，两夜叫信，两夜以上叫次。

⑩隳顿：废坏。

⑪簴（jù）：古代挂钟、磬的木架，两边的立柱上饰猛兽，叫“簴”。横梁叫“筍”。

⑫鞠：尽。 禾黍：庄稼。这里用《诗经·王风·黍离》的典故，那是周王朝东迁后，东周大夫出差经过西周，见到宗庙宫室，尽为禾黍，写了《黍离》这首诗，悲悯西周倾复。

⑬感旧：有感于过去全盛之时。

⑭痛心在目：眼前所见都使人痛心。

⑮奉：敬词。 谒：参拜。 五陵：见题解。

⑯百年：从晋愍帝时西晋灭亡（317）到当时东晋安帝义熙十二年（416），已经百年。荒翳（yì）：荒芜蔽翳，为荒草遮蔽。

⑰天衢：指帝京辇路。　开泰：开通安泰。

⑱情礼：情，指臣民拜谒，发之于情；礼，指祭祀物仪，合乎礼仪。

⑲毛修之：字敬文，荥阳人。刘裕北伐，为河南、河内二郡太守，戍守洛阳。行：大官兼小的官职叫行。

⑳职司：负责的官职单位。

㉑蕃卫：即藩卫，防护守卫。　如旧：一如旧制。跟过去一样。

㉒伏惟：旧时公文中，下对上有所陈述时表敬意的词语。　远慕：指对祖辈的思念。　兼慰：并慰安陵庙。

㉓不胜下情：公文用语，指自己的感情很激动而难以抑制。下情，谦辞，指自己的感情。

【今译】

臣下刘裕报告：近日整饬军队于黄河河滨，举旗西征，准备进军旧日京都洛阳，扬军威施德政于司、雍二州。河流湍急难渡，路途险阻遥远。加上伊水洛水流域一片荒芜榛莽，渡口、道路久已废弃，砍开树木修通道路，拖延了时间，刚在本月十二日进驻在旧日洛水浮桥那里。山川没有改变，城楼已成废墟，宫殿宗庙倒毁，编钟立柱空自排在那里，过去的楼厦剩下什么呢？只是些招人感伤的禾黍。街市居里空虚萧条，罕闻鸡犬之声。回想起旧日盛况，真值得永远怀念；眼前所看到的，却使人痛心。在当月十五日虔诚地参拜五陵。坟墓淹没幽微，百年来荒草遮蔽；现在帝京开通安泰，臣子敬仰之情和奉祀之礼得到伸张；年高有德的人掩袂泣涕，三军将士悽楚感动，瞻仰拜谒那天，对敌人的愤怒和对国事的感慨交织在一起。兼任的河南太守毛修之等，已经翦除了荆棘，修缮了倒塌的墙垣，主管官员和部门已经齐备了，守卫防护的规格像过去一样。臣下想到圣上您远地思虑皇祖和慰安陵庙的心意，心里是很激动的。谨派传诏殿中中郎臣某某，进奉此表向您报告。

【析评】

这是一篇送给皇帝的表章，说明收复洛阳奉谒五陵的情况。

封建社会里皇室很重视陵庙祭祀，特别是晋朝所谓“以孝治天下”。作为东晋的政治军事首脑，率军收复晋王朝原首都，选择奉谒王陵这个有象征意义的事件作为向皇帝汇报的中心，是很恰当的。实际上以此为中心报告了整个北伐军事行动的过程。而在报告过程中，既非流水账，又不是例行公事，一种忠愤感慨的情绪充满其间，这就避免了居功自伐之嫌，却符合了人们对故国怀思之情，易于引起共鸣。正是不言功而功自著，不传名而名自显，符合了刘裕欲扩大自己政治影响、收取人心的意图。傅亮随军北伐，感触很深，全融入本文，使之成为一篇以情动人的公文体的好文章。文章除“臣裕言”和“谨遣××奉表以闻”的章表格式以外，共分四段。第一段，从西征目标开始说起，几句概括了进军路上的艰难险阻，说明于某月某日到达洛阳。第二段充满感情地描写了旧日京洛的荒凉景象。第三段报告到达三天便去奉谒五陵，叙述了当时的情景。这两段都是皇帝和臣民所想知道的，报告中忠义之情溢于言表。第四段，报告了已经委派要员修整陵墓，安排了藩卫，让晋安帝放心。现在人们提到公文、简报，便想到一种刻板文章、一副毫无感情的可憎面目，其实古来很多公文写得很好，且不说诸葛亮《出师表》之类大文，就是傅亮这篇二百多字的“简报”，不也是很有激情、很有文采的吗？

刘义庆

刘义庆（403—444），彭城（今江苏徐州）人，南朝刘宋王朝的宗室，袭封临川王，曾任荆州刺史。他酷爱文学，府中聚集了许多文士。他和这些文士从许多书籍中采择了从汉末到东晋的名人轶事，编成《世说新语》一书。此书本名《世说》，意思是世上流传的故事，分德行、言语、政务、文学等三十六门。代表了当时士族阶级知人论事的观点，反映了一些社会风貌，有一定的认识价值。写作上很有特色，善于写人，往往能通过一言一行表现出人物的思想品质和性格特征。文笔简练，风格清新，意味深长，鲁迅说它“记言则玄远冷隽，记行则高简瑰奇”，是很中肯的。梁朝刘峻（字孝标）给本书作注，引证古书四百多种（其中多数已经失传），也使本书增色不少。

郗超不匿言

郗超与谢玄不善[①]。苻坚将问鼎[②]，既已狼噬梁岐[③]，又虎视淮阴矣[④]。于时[⑤]，朝议遣玄北讨[⑥]，人间颇有异同之论，唯超曰：“是必济事[⑦]。吾昔尝与共在桓宣武府[⑧]，见其使才皆尽，虽履屐之间[⑨]，亦得其任。以此推之，容必能立勋[⑩]。”元功既举[⑪]，时人咸叹超之先觉，又重其不以爱憎匿言[⑫]。

【题解】

本文选自《世说新语·识鉴》，题目为后世选者所加。写郗超识人，又不以个人恩怨好恶影响对人才的评价。这在我国历史上是被人称颂的好品质。

【注释】

①郗超（336—377）：字景兴，一字嘉宾，高平金乡（山东济宁）

人，东晋时曾被桓温辟为征西大将军掾，授散骑常侍，为桓温出主意立下霸权的基业。迁中书侍郎。他的父亲曾与谢安结怨，谢安当权时郗未得重用，让他做临海太守，他拒绝了。谢玄（343—388）：字幼度，东晋时大将谢安的侄儿，东晋与前秦的淝水之战中，任前部都督，打败苻坚后又乘胜北伐，立了大功。

②苻坚（338—385）：略阳临渭（今甘肃秦安东南）人，南北朝时北方前秦政权的君主，统大兵南征，被谢安大败于淝水。　问鼎：春秋时楚庄王率兵进到东周郊区，打发人问周王朝象征中央政权的九鼎的轻重，有夺取中央政权的意图。后世以“问鼎”指谋取天下。

③噬（shi）：咬。狼噬：像狼一样地吞咬。　梁岐：梁州和岐山。梁州是古九州之一，包括今四川及陕南汉中一带。岐山，在今陕西省岐山县。苻坚意欲吞并东晋，先派兵占据了关中、汉中、成都地区。这是进可以攻、退可守的战略要地。

④淮阴：淮河以南。水之阴指河的南边，山之阴指山的北坡。

⑤于时：在这时候。

⑥朝议：朝中议论决定。

⑦是：这个人。　必济事：一定能成功。

⑧桓宣武：桓温（312—373），字元子，龙亢（今安徽怀远）人，东晋权臣大将，做到大司马，死后谥“宣武”。

⑨履屐之间：跑跑腿的小事情。履，草鞋；屐，木底鞋。

⑩容：表示推测的语气词。或许、大概。

⑪元功：大功。383年，北朝前秦君主苻坚统领九十万大军攻东晋。东晋在谢安领导下，以谢石为大都督，谢玄为前部都督，率八万人马，在淝水大破苻坚，又乘胜北伐。元功指此。

⑫匿言：有话不说。

【今译】

郗超和谢玄关系不好。苻坚要图谋夺取中央政权，已经贪婪地吞并了从四川到陕西的大片土地，又盯着淮南，准备南进。这时候，朝中议决打发谢玄为前部都督抵挡苻坚，进行北伐。人们中间很有些不同的议论。只有郗超说：“这个人一定能成就大事。我过去曾和他一起在桓宣武的府中，看到他使用人才都能尽其所长，即便是跑跑腿的小事，也能得到合适的人选。从这里推断他，想必能建立功勋。”大功告成之后，当时人们都赞叹郗超的先见之明，又佩服他不以个人的爱憎而埋没别人的优长。

【析评】

本文写的是淝水之战这个大事件中的一个小插曲。淝水之战东晋之所以能以少胜多，有许多因素，其中一个重要因素就是用人得当；用人得当又有许多因素，最重要的一点就是抛开个人恩怨、爱憎，做到唯才是举，使才皆尽。这个小插曲就是写郗超不计个人爱憎，极力支持任用谢玄的。文章开头点明郗超与谢玄不善，埋下伏脉，才有文章好做。下面是主脉，苻坚南侵，形势危急，朝廷遣玄北伐时，许多人不同意，只有郗超支持，便扣上开头，伏脉与主脉汇流，相得益彰。而郗超的支持不是想当然的，是在实践中了解谢玄，认为谢玄成功的原因就是他能使才皆尽。结尾，大功告成，人才决定成败，已经表现出来。而这时人们都叹服郗超知人之明，而又不以两人关系不好而埋没别人才能，这种识别人才、举荐人才的品质更为可贵。结尾点题，使得满篇皆活，主题也更深化了。

周处除“三横”

周处年少时[①]，凶强侠气，为乡里所患。又义兴水中有蛟[②]，山中有邅迹虎[③]，并皆暴犯百姓，义兴人谓之“三横”，而处尤剧。或说处杀虎斩蛟[④]，实冀“三横”唯余其一[⑤]。处即刺杀虎，又入水击蛟。蛟或浮或没，行数十里，处与之俱。经三日三夜，乡里皆谓已死，更相庆[⑥]。竟杀蛟而出。闻里人相庆，始知为人情所患，有自改意。乃自吴寻二陆[⑦]，平原不在，正见清河[⑧]，具以情告。并云：“欲自修改，而年已蹉跎[⑨]，终无所成”。清河曰：“古人贵朝闻夕死[⑩]，况君前途尚可；且人患志之不立，亦何忧令名不彰邪[⑪]？”处遂改励，终为忠臣孝子。

【题解】

本文选自《世说新语·自新》，记述西晋时周处改过从善的事迹。由于它的启发教育作用，曾被改编为京剧，取名《除三害》，在民间影响很大。

【注释】

①周处：字子隐，西晋时义兴阳羡（今江苏宜兴南）人，世家子弟，父亲做过东吴的鄱阳太守。他年轻时无赖，为乡里所不喜，后来力学从仕，任御史中丞，有不畏权贵的名声。氐人齐万年叛乱，周处随军出征，苦斗而死。《晋书》有传。

②义兴：晋时郡名，今江苏宜兴。　蛟：传说中蛇首龙身的水中动物，性凶猛，能发水。这里大概指的是鳄鱼。

③邅（zhān）迹虎：行踪没规律可寻的老虎，当指狡猾凶猛的虎。

④或说：有人劝说。

⑤冀：期望，希冀。

⑥更：轮流更替。更相庆，指不止一次地相互祝贺。

⑦自吴：《晋书·周处传》作“入吴”。从地点上看，作“入吴”对。吴：吴郡，今江苏苏州市。　二陆：陆机、陆云兄弟，东吴大将陆逊的两个孙子，当时是有影响的世家子弟，大名人。入晋后，陆机曾任平原内史，故下文称为“平原”；陆云曾任清河内史，所以下文称“清河”。

⑧正见：即“止见”，通“只见”。

⑨蹉跎：虚度，耽误了。

⑩朝闻夕死：“朝闻道，夕死可”，是《论语·里仁》里孔子的话，意思是：早晨得到了真理，当晚就死了也值得。

⑪令名：高名、美誉。　彰：显扬。

【今译】

周处年轻时，粗暴、倔犟、使气好斗，被家乡的民众当成祸患。另外，义兴这地方水里有蛟，山中有行踪不定的老虎，都残暴地侵犯老百姓。义兴人叫做“三横”，而周处尤其厉害。有人说服周处去杀虎斩蛟，实际上是希望“三横”只剩下其中之一。周处就刺死老虎，又跳下水攻击蛟。蛟有时浮起有时沉下，游了几十里，周处和它搅在一起。经过了三天三夜，乡里人认为全都已经死了，轮流着互相庆贺。周处竟然杀死蛟而出来了。他听到乡里人庆贺，才知道被人情所惧恨，有了改过自新的意思。于是就到吴郡去寻二陆兄弟。陆机不在，只见到陆云，周处把情况全都告诉他，同时说：“想改过自新，可是年华已经耽搁过去了，怕最后也不会有所成就。”陆云说：“古人崇尚‘早晨领略了真理，晚上死了也值得’的精神，何况你的前程还很远大；而且人只忧虑志向没有立起来，只要立志又何愁美名不显扬呢?”周处于是改过励志，终于成为忠臣孝子。

【析评】

本文记述周处改过自新的过程，其中抓住了“除三横”这一关键，写得很简练，而且合情合理，令人信服。写人物思想转变过程很不容易，前后对比不明显觉得变化不大，前后判若两人又往往不能令人信服。这里开首一段便以蛟、虎与周处同为“三横”，而周处尤甚，写他横行乡里，为民祸患。蛟、虎不仅是有烘托作用，而且为下文事件发展提供线索。第二段，周处刺虎杀蛟，有自改意。刺虎杀蛟本身不说明他改过了，但他能为众除害，粗直可喜，改过有一定根基；杀蛟出水后听到乡亲们为自己死掉而庆贺，深深地刺激了周处，使他意识到自己为乡里痛恶，客观环境使他产生了改过的愿望。第三段，周处决心未下，思想犹豫，去请教名人陆机、陆云，陆云给了他鼓励，并为他指明道路，使他思想开了窍，在外力帮助下有了坚定的决心。第四段只有一句话，交代后事，终于改过成为当时道德上的最高典范——忠臣孝子。这使他判若两人的转变有发展过程，有内因外因，写下来便有次序，合情理，信得过，从而产生了巨大的教育力量。

陶公性检厉

陶公性检厉[①]，勤于事。作荆州时[②]，敕船官悉录锯木屑[3]，不限多少。咸不解此意[4]。后正会[5]，值积雪始晴，听事前除雪后犹湿[6]，于是，悉用木屑覆之，都无所妨。官用竹，悉令录厚头[7]，积之如山。后桓宣武伐蜀装船[8]，悉以作钉。又云：尝发所在竹篙[9]，有一官长连根取之，仍当足[10]，乃超两阶用之[11]。

【题解】

本文选自《世说新语·政事门》，题目为选者所加。这是一个著名的故事，记的是一个清廉有心的人，虽然居高位做大官，仍然留意节俭，把有用的废物留下来，后来都派作用场。而且他还从这些地方观察属员，看谁是认真负责的。它说明了一个道理：天下没有无用之物，只有使用不当之物；同样，天下没有无用之人，只有使用不当之人。封建社会政治人物的这一点小善，对于动脑筋、化废为宝，是一则很好的教材。

【注释】

①陶公：指陶侃（259—334），字士行，庐江浔阳（今江西九江）人，东晋初著名的大臣，当过荆州刺史等官。　检厉：严格认真。

②作荆州：做荆州刺史。

③敕（chì）：下令。　录：收录、收取。

④咸：都。

⑤正会：元旦聚会州里文武官员。

⑥听事：官府大堂，又做“厅事”。

⑦厚头：竹根部那一部分，用竹时都截下来。

⑧桓宣武：桓温（312—373），字元子，东晋初权臣大将，死后谥“宣武”。西晋末年李氏在蜀称帝（李特在 303 年即帝位），国号成，又改为汉。东晋穆帝时（347）桓温率兵灭成汉。伐蜀指这件事。

⑨发：征发，调集。

⑩当足：够长。

⑪阶：官阶，官的品级。

【今译】

陶公生性严格认真，办事勤谨。做荆州刺史的时候，下令主管造船的官员把锯末统统收集起来，不限多少。人们都不了解这是什么意思。后来元旦官员集会，正赶上下了几天雪刚放晴，厅堂前扫了雪以后地上还湿，于是全部用锯末覆盖地面，就一点也没有妨碍了。公家用的竹料，他让人们把截下来的厚头全都收集起来，堆积如山。后来桓温伐蜀时要造船，全部用来作了船钉。又说：从前曾经在管辖地区征发竹篙，有一个官员命令把竹子连根挖出来，用时发现才刚刚够长，于是就连提两级来任用他。

【析评】

这篇记人的短文和前两篇不同。“周处”是记一个人一生的，“郗超”是只记他一件事的，这篇是记陶侃性格的一方面特点的。它的写法是先概括这一特点，然后用三个具体例证来说明，三个例子都是一类，时间、地点无所谓。适应这个内容和写法，文章共分四个小段：第一段只一句话，概括指明陶侃的特点，严格认真肯动脑筋，这样他能留意废物之用就是自然的了，下文事例易懂，于是不再费笔墨。第二段讲了木屑锯末的例子，第三段讲了竹子厚头的例子，第四段是他自己说的一个故事，从发竹时一官员连根取之才够长，看出他负责、惜材，给他提了两级。以具体事例说明人物思想性格比什么都有力。只有一个例子是“孤证”不行，例子太多了又啰嗦，这里用了三个例子，写法上又注意变化，使人读了信服而不厌烦。

刘　峻

刘峻（462—521），字孝标，南朝梁时的文学家，平原（今山东平原）人。生于秣陵，随母返回老家；八岁时北魏攻下青州被掠卖，后被人赎身。他从小好学，点着麻秆整夜读书。齐永明中，回到南朝。齐竟陵王招文学士，刘峻想去，因受阻挠未成。梁武帝时曾招入西省典校秘书，因被劾奏省亲私载禁物免官。安成王迁荆州，任为户曹参军，因病去职。后筑室于东阳紫岩山讲学，吴会地方很多人跟他求学。曾抄录事类作《类苑》未成，注《世说新语》，以引证宏富而著名。原有集，已佚，明人辑有《刘户曹集》。

重答刘秣陵沼书

刘侯既重有斯难[①]，值余有天伦之戚[②]，竟未之致也[③]。寻而此君长逝，化为异物[④]，绪言余论[⑤]，蕴而莫传。或有自其家得而示余者，余悲其音徽未沫而其人已亡[⑥]，青简尚新而宿草将列[⑦]，泫然不知涕之无从也[⑧]。虽隙驷不留，尺波电谢[⑨]，而秋菊春兰，英华靡绝，故存其梗概，更酬其旨[⑩]。若使墨翟之言无爽[⑪]，宣室之谈有征[⑫]，冀东平之树[⑬]，望咸阳而西靡，盖山之泉[⑭]，闻弦歌而赴节。但悬剑空垅[⑮]，有恨如何！

【题解】

选自《昭明文选》，又见《梁书·刘峻传》，题目系《文选》原有。刘峻仕官不得志，曾作《辨命论》发牢骚，认为“士之穷通皆由命也”，而他所说命由天定，是指一种自然的必然性，用以反对佛教的求神拜佛。秣陵令刘沼写书信反驳，说不由命而由人，两人书信往来辩论。刘峻最后一次答辩，刘沼还没见到，写了书信未寄出而死，有人从沼家拿到，送给刘峻看，刘峻看后写了这封书信作为序。

【注释】

①刘侯：指刘沼，字明信，终时为秣陵令，所以标题称刘秣陵，此处尊称刘侯。　斯：这，此。　难：辩难的文章，指反驳《辨命论》的书信。

②天伦：指兄弟，古人认为兄先弟后，是天安排的伦次。天伦之戚，指兄弟死了。

③致：送上。

④寻：不久，接着。　长逝：永远逝去，指逝世。　化为异物：变成别的东西，指死去。

⑤绪言：遗言。

⑥徽：美。　音徽：琴弦上发出的乐音。　沫：消失，灭。

⑦青简：竹简。因古代用竹简书写，青竹写前要烤，叫杀青，所以竹简又叫青简。　宿草：陈草。　列：陈列，布满。

⑧泫然：泪流的样子。　无从：无由。

⑨隙驷：《墨子》认为人生短暂犹驷而过隙，即马车奔过门缝那么短的路。这里指短暂的人生。　尺波：尺长的波浪。这里用来和电光一起譬喻人生时光之短暂。

⑩梗概：大略。　酬：酬报。　旨：旨意。

⑪墨翟之言：墨翟，战国初的思想家哲学家，他曾举古书所记周宣王杀杜伯，杜伯鬼魂报仇为例，认为鬼神是有的。　无爽：不差。

⑫宣室之谈：汉文帝感鬼神之事，在宣室召见贾谊，谈论鬼神之本源。　征：验，证。

⑬冀：希冀。　东平之树：古代传说，东平思王坟墓在东平无盐（今山东泰安），思王思念京师，死后安葬，坟墓上的松柏都向西边咸阳倾斜。

⑭盖山之泉：传说临城县南四十里有盖山，山有舒姑泉。原是一个舒姓姑娘随父采薪，在后来有泉的地方坐着，拉她不动，她父亲回家带她妈来看，只见一泓清泉，她妈说，我女儿爱音乐。于是弦歌，泉水随着音乐回流。后来一奏乐唱歌，泉水就涌出来。

⑮悬剑空垅：相传延陵季子将出使晋国，带着宝剑访问徐君，徐君没说话而从表情上看很想要这把宝剑；季子想给他，但有出使之事，决

定回来再送给他。等他回来时徐君已死，季子就把剑挂在徐君墓地的树上。这是讲，自己答书就像季子把剑挂在墓树上一样。

【今译】

刘侯重写了这篇辩难的书信，正赶上我死了兄弟，竟没有到我手里。紧接着这位先生逝世，不在人间了，遗言余论，蕴藏在家里而没传出来。有人从他家里得到而拿给我看。我悲痛他的弦音未灭而人已死亡，书写的青简还新，可是墓上的老草都快布满了，于是流下不知道从哪里来的那么多眼泪！虽然人生短暂得像快马过门那样留不住，像一尺的波浪那样闪电般逝去，而他的文章业绩却像秋菊春兰那样，美丽的华彩是不会断绝的，所以留存下它的梗概，再酬答它的要旨。假使墨翟关于存在鬼神的话没错，汉文帝在宣室和贾谊谈论的鬼神之事是有根据的，希望刘侯死后有知，就像东平王墓上的树朝着咸阳向西弯，像盖山的舒姑泉，听到弦歌就应节跳动。可是我的答书也只是像延陵季子把剑白挂在坟地树上一样，心里的遗憾怎么排遣得了啊！

【析评】

刘峻与刘沼关于运命的观点针锋相对，他们反复辩难，并没有成为怨敌，却建立了深厚感情。这封书是在刘沼死后回答他的，作为刘沼遗文和自己答辩的序，这确实是一种“创格”。为什么在争论对手死后还要写呢？就是自己的感情控制不住要表达，自己对于真理的追求没有完结；然而论争的对手死了，无法争论下去，悲痛是很深沉的。文章先讲了刘沼此论自己未拿到的原因。接着写拿到以后的悲痛。再写为什么要酬答死者。最后写如死而有灵，希冀死者有什么表示，但不过是自己一点寄托，遗憾是无穷尽的。遣词造句中以“物是人非”的对比，以人生有尽、英华靡绝的对比，写出此君长逝的可痛；以泉树有灵的希冀、悬剑空垅的比照，衬出遗恨的深重。婉转缠绵，有味外之味，是一篇很好的纪念文章。

第四辑

李世民

李世民（599—649），陇西成纪（今甘肃秦安）人，唐初皇帝，627—649年在位，谥号唐太宗。他是隋朝太原留守李渊的次子，大业十三年（617）在太原起兵，依靠谋略才干发展起来。唐王朝建立后封秦王，任尚书令。先后消灭了刘武周、王世充等割据力量，镇压了窦建德、刘黑闼等农民起义军，统一了天下。唐高祖武德九年（626）发动“玄武门之变”，杀死太子建成和齐王元吉，迫高祖李渊让位给他。他吸取了隋炀帝奢侈腐化、害民亡国的教训，改善政治，加强州县制度，发展生产，采取均田制、租庸调法和府兵制，把赋役控制在一定范围，使人民休养生息。他从谏如流，爱惜人才，开科举，振兴文化教育。对少数民族采取灵活政策，侵扰边境的坚决抗击，但不轻易用兵，力求和睦相处。终于，使唐王朝的文治武功达到历史上空前的程度。晚年享用过度，又用兵高丽，给国家和人民带来痛苦。他有相当高的才华和修养，诗文都有一定水平。

帝京篇序

余以万幾之暇[①]，游息艺文[②]，观列代之皇王，考当时之行事。轩、昊、舜、禹之上[③]，信无间然矣[④]；至于秦皇、周穆、汉武、魏明[⑤]，峻宇雕墙，穷侈极丽，征税殚于宇宙[⑥]，辙迹偏于天下，九域无以称其求[⑦]，江海不能赡其欲，覆亡颠沛，不亦宜乎！余追迹百王之末，驰心千载之下，慷慨怀古，想彼哲人[8]，庶以尧舜之风，荡秦汉之弊，用咸英之曲[9]，变烂漫之音[10]，求之人情，不为难矣。故观文教于六经[11]，阅武功于七德[12]。台榭取其避燥湿[13]，金石取其谐人神[14]，皆节之于中和[15]，不系之于淫放[16]。故沟洫可悦[17]，何必江河之滨乎？麟阁可玩[18]，何必山陵之间乎？忠良可接，何必海上神仙乎？丰镐可游[19]，何必瑶池之上乎[20]？释实求华，以人从欲，乱于大道，君子耻之，故造《帝京篇》以明雅志云尔。

【题解】

选自《唐诗纪事》。唐太宗从历史兴衰中看出，帝王好巡游，奢侈淫靡，终要导致世乱国亡的，所以他主张简朴一些，就在京师宫殿里住着就够了，不要巡幸天下纵心赡欲。因而他写了十首诗，歌咏首都宫室建筑、风物景色，题名《帝京篇》，前面写了这篇序。这里的“序”，就是写在诗赋书籍前面的说明性文字，叙述写作过程，进行说理、抒情也可以。

【注释】

①万幾：指日常纷杂繁忙的政务。

②游息：游览休息。

③轩：轩辕，黄帝，古代传说中三皇五帝之一，姓公孙，名轩辕。昊：少昊氏，古代传说中的五帝之一。　舜：虞舜，古代传说中的五帝之一。禹：夏禹，夏朝的开国之君，相传治水有功，舜传位给他。

④信：的确，确实。　间：漏洞。

⑤秦皇：秦始皇嬴政，统一全国后，修阿房宫，去海边巡游求仙。汉武：汉武帝刘彻，修上林苑，去泰山封禅。　周穆：周穆王姬满，相传他驾八骏马到西方巡游，见西王母于瑶池。　魏明：魏明帝曹叡，在位时大治洛阳宫，筑昭阳、太阳殿，经常往返于许昌、洛阳间。

⑥殚（dān）：竭尽。　宇宙：指天地之间。

⑦九域：九州。指全国。

⑧哲人：才能见识高超的人。

⑨咸英之曲：即“咸池之曲”，相传黄帝所作乐曲，唐尧修改而传

播。见《礼记》。

⑩烂漫之音：淫靡的乐曲，靡靡之音。

⑪六经：古代的儒家经典，《诗》、《书》、《礼》、《易》、《乐》、《春秋》。

⑫七德：武有七德，指禁暴，戢兵，保大，定功，安民，和众，丰财。见《左传·宣公十二年》楚庄王解释周武王克商作《武》时所说。

⑬台榭：建在高台上的敞厅。

⑭金石：钟磬之类乐器。 谐：和谐。

⑮中和：适中而平和。

⑯淫放：过分而放荡。

⑰沟洫：人工修筑的农田水道。

⑱麟阁：又称麒麟阁，汉代在未央宫中建立麒麟阁，以藏秘书，处贤才，后画功臣像于其中。

⑲丰镐：丰与镐，都是西周的首都。在现在陕西西安沣河以西。丰镐，指都城。

⑳瑶池：传说昆仑山有瑶池，西王母所居，周穆王曾驾八骏马去那里会见西王母。

【今译】

我用日常政务的余暇，优游偃息于艺术文章之中，观察各个朝代的帝王，考察其当时的活动。轩辕黄帝、少昊氏、虞舜、夏禹他们以前，那确实没得说的了；至于秦始皇、周穆王、汉武帝、魏明帝，高大的宫殿，华丽的建筑，奢侈到了极点，征收赋税刮干了天地之间，游玩的车辙遍及于全国各地，九州之广也没法适应他们的要求，江海之大也不能满足他们的欲望，覆灭败亡，不也是应该的吗！我追踪于百代帝王之后，在千载下驰骋想象，十分感慨地怀想古代，思念那些才识卓越的人。希望用尧舜的健康风气，荡涤秦汉的弊害，用黄帝时雄壮的乐曲，改变靡靡之音。这些从人情本身来要求，不是什么难办的事。所以，以“六经”的标准发展文教，按“七德”的要求建立武功。建筑只求能避免燥热潮湿，音乐只取它能使人神谐和，都要适中，不搞到过度。所以，水利灌渠也可以赏心悦目，何必到江河的岸边呢？藏有书史、画着功臣的楼阁可以赏玩，何必到崇山峻岭中间呢？忠臣良将可以来往，何必去寻求海上神仙呢？都邑街市可以游逛，何必到瑶池之上呢？放弃了实际去追求表面浮华，人被欲望牵着走，乱了治国大道，有道德的人认为是可耻的。因而写《帝京篇》以表明高雅的志趣。

【析评】

一个封建帝王，能满足于都城、宫室中的生活，观文教、阅武功，而不出外巡游扰民，这无疑是有利于国家与民众的。这篇序所阐发的思想，其意义就在此。文章写得阔大宏放，英气勃勃。角度上纵观百代，横绝四海，站在历史之上，着眼于国家兴废。结构上大开大阖，收放自如，是驾御材料、文字的大匠。语言上简练明快，自然无华，虽然采取一些骈偶句式，却一洗六朝初唐绮靡颓风。目光高远，襟怀宽广，表现了一个伟大政治家的风度。全文分三段。第一段是历史的总结。自己余暇读书是引子，轩、昊、舜、禹是陪衬，而秦皇、周穆、汉武、魏明是主要议述对象。他们奢侈腐化，巡游无度，招致覆亡，是惊心动魄的经验教训。第二段，写自己慷慨怀古，接受教训，游冶小事既关乎治乱，那么，从趋利避害的人之常情出发，就不难改变。第三段是主体所在，经第二段的过渡，写出要安居京都进行有益的活动，所以才写《帝京篇》。其中先用两个对偶句写出居处游乐原则，然后用四个排比句以比照手法写出满足于有益治理的娱乐，同时否定历史上帝王们的淫乐谬行。最后从否定历史上的昏君中点出《帝京篇》的意义所在。真是目无千古，卓然独立。

王 维

王维（701—761），字摩诘，太原祁（山西祁县）人，唐代著名的诗人、画家。开元九年中进士，做过大乐丞、右拾遗、给事中等官。“安史之乱”，长安沦陷，他曾在叛军中被迫受过官职，乱平后要治罪；但又由于写过怀念唐王朝的《凝碧池诗》以及弟弟王缙愿意削官代为赎罪，减轻处罚降为太子中允。后来做到尚书右丞，世称王右丞。晚年居住蓝田辋川，亦官亦隐，优哉游哉，更笃信佛教，念经谈道。王维前半生有一些积极进取精神，后期由于社会的黑暗和政治上的挫折，日益消沉。他的诗以山水诗为主，写得精美传神；他又是山水画的高手，被称为：“诗中有画，画中有诗。”著作收为《王右丞集》。散文并不出色，只有一两篇比较好。下面这篇以诗情画意、自然优美独具一格，曾被收进许多选本，可以一读。

山中与裴秀才迪书

近腊月下，景气和畅，故山殊可过[①]。足下方温经[②]，猥不敢相烦[③]。辄便往山中，憩感配寺[④]，与山僧饭讫而去。北涉玄灞[⑤]，清月映郭。夜登华子冈[⑥]，辋水沦涟[⑦]，与月上下，寒山远火，明灭林外。深巷寒犬，吠声如豹。村墟夜舂，复与疏钟相间[⑧]。此时独坐，僮仆静默，多思曩昔携手赋诗，步仄径、临清流也。当待春中，草木蔓发，春山可望，轻鲦出水[⑨]，白鸥矫翼[⑩]，露湿青皋[⑪]，麦陇朝雊[⑫]，斯之不远，倘能从我游乎？非子天机清妙者[⑬]，岂能以此不急之务相邀？然是中有深趣矣，无忽！因驮黄蘖人往[⑭]。不一。山中人王维白。

【题解】

裴迪（716—794），是王维的多年好友，关中（今属陕西）人，最初和王维等人一起隐居于终南山，天宝年间曾做蜀州刺史，和杜甫交游。后来又和王维在辋川往来，弹琴赋诗，过从甚密。这封书信是王维从“辋川别业”托人带给裴迪，告诉他冬天自己的生活情趣，并约他明春来玩的。选自《王右丞集》。

【注释】

①故山：王维晚年隐居在陕西蓝田县辋谷川口，原先诗人宋之问有“蓝田别墅”，被王维得到了，修建为“辋川别业”。这里山川景色很美，故山就指这里。　过：访，游。

②足下：对同辈人的尊称。　温经：温习经书。

③猥：自己的谦词。

④憩：休息。　感配寺：一名感化寺，在蓝田县东南。

⑤玄灞：黝黑的灞水。　灞：灞水，源出蓝田县东，与蓝水汇流后，折而向西北，辋水流入。

⑥华子冈：辋川胜景之一。

⑦沦涟：风吹的细小水波。

⑧相间：掺杂在一起。

⑨鲦（tiáo）：白鲦，一种细长而游动轻快的鱼。

⑩矫翼：举翼。

⑪青皋：青草坡。

⑫朝雊（gòu）：早晨野鸡的啼鸣声。

⑬天机：本性。　清妙：清雅高妙。

⑭驮黄蘖人：赶牲口运药材的人。黄蘖是一种药用植物，果实像豆，熟后发黑，可入药，茎的内皮可作黄色染料。

【今译】

近在腊月时节，阳光明媚，气候温和。旧日游过的辋谷山川是很值得一游的。您正在温习经书，鄙人不敢来扰乱。于是自己就往山里走，在感配寺休息了一下，和山里的和尚一起吃了饭再走。北面涉过了黝黑的灞水，清幽的月亮映照着城郭。夜里登华子冈，辋水的细波和月光一起上下晃动；寒山上远处的篝火，在树林之外一会儿明、一会儿暗。深巷里冷风中的狗，叫声像豹子似的；村落里晚上舂米的声音，又和慢悠悠的钟声互相间杂着。这时候独坐，童仆静默无声，想到许多过去的事：拉着手赋诗，走在乡间小路上，站在清清的流水旁观看啊。等到开春以后，草木拖蔓发芽，春天的山可好看了，轻快的白鲦跃出水面，白鸥展开矫健的翅膀；露水打湿了草坡，麦垄里早晨有雉鸣。这些不久就会到来的，是不是能跟我一起游玩呢？要不是你的天赋清雅高妙，哪能以这样的不急之务来邀请呢？然而这里面有深微精妙的情趣，不要忽略过去呀！借了驮运黄蘗的人到你那边去的机会，寄上此信，不多讲了。山中人王维白。

【析评】

这是一封隐居了的老人写给好朋友的信。不仅没有官气，也没有富贵气，简直没有烟火气。它只是生动地描写了自己隐居的山中景色之美，而自己恬静的心境、超尘绝俗的情趣、清淡的生活以及对老友的怀思全都表现出来了。书信只有两层意思，第一层讲冬景甚妙而你在温经不敢相邀，告知自己在山村有趣的见闻：月色波光，寒山远火，深巷犬吠如豹，舂声钟声相和，静默中怀想旧游。第二层描摹春天景色，草色染山，游鱼出水，鸥鸟翻飞，麦垄雉鸣，召请老友来共同一游。清新淡雅，自然有趣，谈吐娓娓，如话家常，描写得使人恍如置身其中，充满诗情画意。

李　白

李白（701—762），字太白，唐代伟大的浪漫主义诗人。祖籍陇西成纪（今甘肃秦安），其父在隋末流寓碎叶城（今俄罗斯巴尔喀什湖南面的楚河流域），李白在此出生。五岁时随父迁居绵州昌隆（今四川江油）青莲乡，后来自号青莲居士。他的父亲是个大商人，曾往来于丝绸之路，家里很富裕。李白幼年受过良好的文化教育，喜读书，好击剑，性格倜傥，才华横溢，豪放侠义。二十五岁离蜀，浪游天下。天宝元年（742）经道士吴筠推荐，被唐玄宗召至长安，供奉翰林，文章风采，名重一时。但因高傲狂放，得罪了权贵，政治抱负不能实现，便弃官而去，继续漫游。安禄山造反后，当了永王李璘幕僚；肃宗李亨打败李璘，李白被流放夜郎（今贵州桐梓），中途遇赦东还，死于当涂李阳冰处。他的诗表达了对统治者的强烈不满，也反映了人民疾苦；热爱祖国，维护统一，歌颂大好河山。诗风豪放雄奇，想象丰富，语言清峻，富有浪漫主义色彩。文章流传下来的不多，和他的人品诗风相同。有《李太白集》行世。

春夜宴桃李园序

夫天地者，万物之逆旅[①]，光阴者，百代之过客[②]，而浮生若梦[③]，为欢几何？古人秉烛夜游[④]，良有以也[⑤]！况阳春召我以烟景[⑥]，大块假我以文章[⑦]，会桃李之芳园，序天伦之乐事[⑧]。群季俊秀[⑨]，皆为惠连[⑩]；吾人咏歌，独惭康乐[⑪]。幽赏未已，高谈转清。开琼筵以坐花[⑫]，飞羽觞而醉月[⑬]。不有佳作，何伸雅怀？如诗不成，罚依金谷酒数[⑭]。

【题解】

“序”是写在书或文章前面，叙说原委的文字；和“赠序”不同。这里的“序”就是写在夜宴赋诗集前面的，这种“序”后已发展为记叙活动而可独立存在了。本篇叙写李白和他的堂弟们春夜宴会于桃李园的景况和心情。文章基调健康活泼，表现了对生活、对大自然、对天伦友情的热爱，当然也流露了一些道家的消极情绪。从写作技巧和气势风格上是可以给人许多教益的。选自《李太白全集》，《古文观止》亦收有此文。

【注释】

①逆旅：客店、旅馆。

②过客：路过的旅客。

③浮生：漂浮无定、短促无常的人生。

④秉烛：拿着蜡烛。《古诗十九首》：“昼短苦夜长，何不秉烛游!”写人生短暂，应及时行乐。

⑤良：确实，的确。　有以：有道理，有因由。

⑥阳春：春天阳光和暖，故称阳春。　烟景：烟雾朦朦的景色。

⑦大块：天地、大自然。　文章：古代青与赤谓之文，赤与白谓之章。(《周礼·考工记》)文章指美丽的图画。

⑧序：同“叙”。　天伦：旧时认为父子、兄弟，是天安排的伦次。这里指兄弟。

⑨群季：众兄弟。

⑩惠连：谢惠连，南朝文学家，工诗文，善书画，是大诗人谢灵运的族弟；二人齐名，被称为“大小谢”。这里用来赞美诸弟。

⑪康乐：南朝诗人谢灵运袭封康乐公，世称谢康乐。“独惭康乐”，自己惭愧没有谢灵运的才华和诸弟相匹敌，这里是自谦。

⑫琼筵：精美的酒筵。　坐花：在花丛中坐席开宴。

⑬羽觞：古代一种椭圆双耳酒杯。

⑭金谷酒数：三杯。晋朝豪富石崇，有金谷园，常常宴客其中，当筵赋诗，赋诗不成的罚酒三杯（见石崇：《金谷诗序》）。

【今译】

天地只是万物的旅店，光阴只是时间长河里的过路旅客。这当中短暂飘忽的人生像梦一样，欢乐的时光能有几多？古人掌着灯笼在夜里游玩，那的确是有道理的。何况阳光明媚的春天用烟雾迷蒙的景色召唤我们，大自然为我们提供了美妙的画图。于是聚会在桃李盛开的花园，叙一叙兄弟间的天伦之乐。众弟兄俊发聪慧，各个都是谢惠连；大家赋诗咏歌，独有我惭愧比不上谢灵运。欣赏幽美恬静的夜景还没尽兴，纵情畅谈变得更加清雅。摆上豪华的酒筵在花丛里坐席，频频传杯畅饮，酣醉在月下。没有好诗，怎么能抒写出高雅的情怀，如有做不成诗的，按金谷园的惯例，罚酒三杯。

【析评】

记叙桃李园兄弟夜宴赋诗的盛况，把抒情、议论都融在记事当中。虽然大意不过是浮生若梦、及时行乐，不过是天伦之乐、寄情诗酒，然而锦心绣口，采取映衬笔法写得情景交融、理实结合，潇洒自然，富有诗意。从天地悠悠、浮生若梦衬出应该及时行乐。然后以美景、良辰衬托天伦之乐。最后以人秀、谈清、宴美来逼出佳诗。风格清新俊逸，叙事婉转自如，语言优美，间以精彩的骈句对偶，一气呵成，更显得气韵生动，楚楚有致。

春于姑孰送赵四流炎方序

白以邹鲁多鸿儒[①]，燕赵饶壮士[②]，盖风土之然乎？赵少公才貌瑰雅[③]，志气豪烈，以黄绶作尉[④]，泥蟠当涂[⑤]，亦鸡栖鹤笼[⑥]，不足以窘束鸾凤耳。以疾恶抵法[⑦]，迁于炎方[⑧]。辞高堂而坠心[⑨]，指绝国以摇恨[⑩]。天与水远，云连山长。借光景于顷刻，开壶觞于洲渚。黄鹤晓别，愁闻命子之声[⑪]；青枫暝色，尽是伤心之树。然自吴瞻秦[⑫]，日见喜气。上当攫玉弩[⑬]，摧狼狐[⑭]，洗清天地，雷雨必作[⑮]。冀白日回照[⑯]，丹心可明[⑰]。巴陵半道[⑱]，坐见还吴之棹。令雪解而松柏振色，气和而兰蕙开芳。仆西登天门[⑲]，望子于西江之上。吾贤可流水其道[⑳]，浮云其身，通方大适[㉑]，何往不可？何戚戚于路歧哉[㉒]！

【题解】

这是一篇“赠序”。它与诗文前面的序（如李世民的《帝京篇序》）不同，但也是由此发展起来的。先是送别要写诗，诗前有序，后来独立成文了。它和同源发展起来的记叙某次活动的“序”如他本人的《春夜宴桃李园序》也不同，只是送别赠人的文章。姑熟，晋时地名，唐代叫当涂，属宣州，即今安徽歙县。唐代流行以姓氏加排行称呼友人。赵四，身世不详，当时是当涂县尉，大约触犯了豪门权贵而流放到炎热的南方，李白写了这篇序送他。选自《李太白全集》。

【注释】

①以：以为，认为。　邹鲁：春秋时代二诸侯国名，均在今山东省内。孔子是鲁人，孟子是邹人，邹鲁一带文教发达，集中了许多文士。　鸿儒：大儒，高级知识分子。

②燕赵：战国时二诸侯国名，指现在河北及山西的北部。相传燕赵之地多慷慨悲歌、敢做敢为的武士。　饶：多。

③赵少公：指赵四，因尚年轻，故称少公。　瑰雅：奇伟高雅。

④黄绶：黄色绶带，是低级官员佩带的系印的带子。

⑤泥蟠：扬雄《法言·问神》“龙蟠于泥，蚖（蝾螈，一种两栖小动物）其肆矣。”以龙蟠在泥浆里比喻贤人屈沉下僚，不得志。

⑥鸡栖（xì）：鸡窝，鸡埘。“栖”在这里作名词。

⑦疾恶：憎恨坏人坏事。　抵：触犯。

⑧迁：贬谪，流放。

⑨高堂：指父母。　坠心：指痛心流泪。江淹《恨赋》：“孤臣危涕，孽子坠心”，应是危心坠涕，因互文修辞法而颠倒，后世就沿用了。

⑩绝国：绝远的地方。　摇恨：牵动愁恨。

⑪命子之声：父母叮嘱的语声。

⑫瞻：抬头远望。　秦：指首都长安，原属三秦。

⑬上：皇上。攫（jué）：拿、执。攫玉弩：手执玉饰的弓弩，指统兵亲征。

⑭狼狐：指叛乱分子如安禄山辈。

⑮雷雨必作：指大赦天下。《易·解卦》象曰：雷雨作，解，君子以赦过宥罪。

⑯冀：希冀，可望。　白日：太阳，指天子。

⑰丹心：红心，忠心。

⑱巴陵：岳州，今湖南岳阳市，古称巴陵郡。　棹（zhào）：船桨，指船。

⑲仆：自己的谦称。　天门：天门山，在当涂县西南，长江从两山之间流过。今属马鞍山市。

⑳吾贤：我辈。

㉑通方：通于道。　大适：大彻大悟，看得开。　通方大适：弄通了宇宙人生的大道理，便能看开一切事，无所不适。

㉒戚戚：忧愁悲哀。　路岐：分别的岔路口，这句就是“无为在歧路，儿女共沾巾”（王勃《送杜少甫之任蜀川》）的意思。

【今译】

我觉得邹鲁之地聚集了博学的大儒，燕赵地方多有雄壮慷慨的武士，大约是风土的缘故吧？赵少公才貌奇伟俊雅，志气豪迈刚烈，只系着黄绶作县尉，等于蛟龙失水泥盘于当涂县，也是鸡埘鹤笼，不足以束缚住鸾鸟凤凰。由于疾恶如仇触犯法纪，流放到热带地方。告辞父母而心里悲痛，遥指要去的远方牵动愁恨。天水相接征程遥远，云山相连路途漫长。暂借顷刻的风光景色，在江边洲渚摆酒送行。早晨黄鹤见到离别情景，似乎听到父母叮嘱之声而怨愁；青枫林罩在暮色里，都是些看了就引人伤心的树木。然而从吴地瞻望长安，一天天看到了振兴的喜人气氛。皇上将要手执玉弩帅军亲征，摧讨狼狐之类叛乱分子，把宇宙清洗干净，那时一定会大赦天下。希望太阳的光辉照着你，你的一片赤胆忠心可以被看得一清二楚。从这到巴陵的半路上，就能见到你回吴的船只。让冰雪融解松柏现出苍翠，让气候和暖兰蕙飘香。那时我要西登天门山，眺望你从西江上顺流而下。我们这些人，应该把生活的道理看作流水一样，任其自然向前，把自身看作浮云一样，让他随处漂泊；只要通晓了宇宙人生的大道理，便会得到安适，到哪去不行呢？干吗要在分别的路口上凄凄惶惶呢！

【析评】

这篇临别赠文虽然还没有脱尽六朝赠序那种浮华夸饰、虚文客套的影响，但总的说来还是别开生面的。从对方的思想实际出发予以鼓励、引导、开解。送卑官去卑地，却无一句卑琐语，以真挚的感情，高远的眼光，倜傥的襟怀，华美的辞藻，成功了一篇漂亮的短文。全文共分四段。第一段以邹鲁多鸿儒，燕赵饶壮士为风土之然，规劝赵四：当涂小地方埋没人才，没有可留恋的，离开它到艰苦地方也未必不好。是从立志成事说起的，不屑作儿女之声。第二段，毕竟是送别，写分别之悲苦。但以“疾恶抵法”发端，便不是一味凄惶。第三段是用举国大势鼓励他。平叛以后大赦，皇帝回心转意，丹心可明，故里可归，那时送你的我将再去接你。第四段从哲理的高度开导对方，使他提高思想境界，豁达乐观，无往不适，不要留恋徘徊，戚戚难行，照应开头。本文虽是赠人之作，但却表现了作者崇高远大的抱负，洒脱飘逸的人品，以及和赵四共同的感受，不是一般的应酬文字。

陆　贽

陆贽（754—805），字敬舆，苏州嘉兴（今浙江嘉兴）人，唐代中期卓越的政论家。生在一个下级官僚家庭，十八岁中进士，应博学鸿词科，任郑县尉。德宗时为翰林学士。唐德宗在与藩镇的战争中举措失宜，一意孤行，引起部队哗变，逃出长安，先到奉天县，又到汉中。陆贽在左右起草文告诏书，仓猝奉命，挥笔即成，又曲尽其情，特别是为德宗起草的“罪己诏”，使“士卒皆感泣”。陆贽正直敢谏，经常用正道规劝浮躁猜忌的德宗，对当时唐王朝的恢复、安定起到一定的作用。由于唐中叶政治已经败坏，唐德宗又昏暗刚愎，陆贽发表的许多救时宏论，大多未得实行；后来他在德宗贞元八年（792）做了三年宰相，终因直言极谏，被德宗黜为太子宾客，又贬为忠州（今四川忠县）司马。居忠州十余年，闭门不出，集医方五十卷。陆贽奏议，切中时弊，识见精深，议论警辟，措辞得宜，有名于史。

驾幸梁州论进献瓜果人拟官状

伏以爵位者[①]，天下之公器[②]，而国之大柄也[③]。唯功勋才德所宜处之[④]，非此二途，不在赏典[⑤]。恒宜慎惜[⑥]，理不可轻；轻用之，则是坏其公器，而失其大柄也。器坏则人将不重，柄失则国无所恃。起端虽微，流弊必大。缘路所献瓜果[⑦]，盖是野人微情。有之不足光圣猷[⑧]，无之不足亏至化[⑨]。量以钱帛为赐，足彰行幸之恩[⑩]；馈献酬官，恐非令典[⑪]。谨奏[⑫]。

【题解】

由于诸镇节度使反叛，德宗调兵守东都，泾原兵五千路过京师哗变，德宗逃到奉天县。这时朱泚称帝，朔方军李怀光和朱泚通谋，唐德宗于兴元元年（784）又仓皇从奉天县逃往汉中（汉中古称梁州）。路上有人进献瓜果，德宗十分欢喜，已与宰相商定准备晋封官职。陆贽当时为翰林学士，考功郎中，随从左右，于是写了这篇奏状，反对德宗因馈赠微情随便封官。德宗说只是个虚名，无损于事。最后在陆贽的坚持下，终于作罢。选自《陆宣公奏议》。

【注释】

①伏：以下对上写奏章的谦词。　爵位：爵禄官位。
②公器：公共的重器。
③大柄：大权。
④宜：应该。
⑤典：制度、法则。
⑥恒：常。
⑦缘路：沿途。　盖：连词。
⑧圣猷：天子全局性的方略谋划。
⑨至化：最好的教化风俗。
⑩彰：表明，显示。　行幸：皇帝出行叫行幸。
⑪令：美、善。
⑫谨：表示郑重和恭敬。

【今译】

臣下我认为，官爵职位这种东西，是天下公共所有的重大器物，又是国家的大权所在。只是建有功勋和具有才能、美德的人，才应该处于其上。除了这两条途径，都不在奖赏制度之内。平常应该慎用它、爱惜它，在道理上不可轻看它；如果轻率地滥用它，那就是损坏了公共的重器，而丧失了大权啊！公器毁坏了，人们就不重视它了；权力丧失了，国家就没有凭借来号召了。开始虽然微小，流弊一定很大。沿途所奉献的瓜果，那是村野人们的小意思。有了它也不能够光大您的治国谋略，没有它也不能够损害您美好的教化。酌情用钱帛作为赏赐，足以表明皇上您行经此地的恩惠了。因为奉献物品而以官职酬答，恐怕不是好办法。恭敬而郑重地奏闻如上。

【析评】

唐德宗李适褊狭忌妒、刚愎自用。陆贽之所以能够在他身边时时切谏，对复国起到重大作用，除了忠直敢言以外，还在于诚挚善言。本文不仅持论公允正大，具有见微知著的远见卓识，而且议论得极有层次，逻辑性很强。这份古代公文，包含了目的、说明、主张三个方面，却灵活多变地分两层来写。第一层是从正反两面论说爵位的尊贵重要，是“公器”、“大柄”，跟整个国家的兴衰连在一起。统治者敬慎重视，按原则法规办事，那才可能激励人们立功，奇才盛德之士才愿意在位，国家才有所凭借号召。否则，像汉末那样“职方多如狗，都督满街走”，要拨乱反正、巩固统治是不可能的。这里正反两面相辅相成，写得庄重严肃，有高度，有深度。第二层才说到沿途奉献瓜果的事，又从“有之”、“无之”两个方面说明是“微情”，如果以公器酬赏则是轻重失宜，其后果在上文已经点明，这里避免直接指斥皇帝而难以接受，于是提出赏赐钱帛就足够了，然后才说以官爵酬答不合适。这一篇为赏赉小事的短短疏状，当然不能代表陆贽奏议成就的全貌，但是，也可以看出他的写作功底是很深厚的。

论岭南请于安南置市舶中使状

远国商贩，唯利是求，绥之斯来[①]，扰之则去。广州地当要会[②]，俗号殷繁[③]，交易之徒，素所奔凑[④]。今忽舍近而趋远，弃中而就偏，若非侵刻过深，则必招怀失所[⑤]。曾无内讼之意[⑥]，更兴出位之思[⑦]。玉毁椟中[⑧]，是将谁咎[⑨]？珠飞境外[⑩]，安可复追！《书》曰：“不贵远物则远人格[⑪]。”今既徇欲如此[⑫]，宜其殊俗不归[⑬]。况又将荡上心[⑭]，请降中使[⑮]，示贪风于天下，延贿道于朝廷[⑯]；黩污清时[⑰]，亏损圣化[⑱]，法宜当责，事固难依。且岭南、安南，莫非王土[⑲]，中使外使，悉是王臣[20]。若缘军国所须，皆有令式恒制[21]，人思奉职，孰敢阙供？岂必信岭南而绝安南，重中使而轻外使？殊失推诚之体[22]，又伤贱货之风[23]。望押不出[24]。

【题解】

广州是唐代一个重要商埠和外贸中心，为管辖岭南行政区的岭南节度使驻地。现在的广西、广东西南部和越南民主共和国北部，当时为安南，在交州特设安南都护府管辖；虽属岭南，但却有类似特别行政区的性质。当时中国通向西方有两条主要干道，一条是陆上的丝绸之路，一条就是由广州通海夷道，即从广州出航经越南、马来半岛、苏门答腊等地到印度、锡兰，再西到大食（阿拉伯）。广州市内贸易很盛，外国商船每年往来很多，狮子国（锡兰）船很大，来后全市都热闹起来。而中国海船最大，能顺利通过风急浪高的波斯湾，所以很多外国商品也用中国船装运。中国也出口大宗的丝制品、瓷器等。朝廷在广州设市舶使，专管收税，外商只要不违法，贸易很自由。中唐以后丝绸之路常受一些侵扰劫掠，海上这条通道更发达了。但这时岭南的广州市舶司却拼命抽税，想法克扣中外商人，于是商船便转道由安南口岸卸货，再运到内地。岭南节度使便于德宗八年（792）六月上书朝廷："近日海舶珍异，多就安南市易，欲遣判官就安南收市，乞命中使一人与俱。"唐德宗经过奉天之行的困窘以后，爱财货，攒私囊，准备答应。陆贽当时是宰相，坚决反对，认为这只能再把商人从安南赶走，而且要破坏与安南的羁縻关系，绝对不能用这种办法解决财政困难，便写了这份奏折。选自《陆宣公奏议》。

【注释】

①绥：安抚。　斯：乃，就。
②要会：重要都会，交通发达商旅会集之处。
③殷繁：殷实繁荣，富庶繁华。
④素：向来，经常。　奔凑：从各方跑来聚合在一起。
⑤招怀：招引怀柔，安抚笼络。

⑥内讼：自责。　曾：加强语气的副词。

⑦兴：产生。　出位：越出本位，指到安南的交州设使收税。

⑧椟（dú）：匣子。《论语·季氏》："虎兕出于柙，龟玉毁于椟中，是谁之过与?"孔子听说季孙要讨伐鲁的属国颛臾，批评季孙的助手冉有、季路，认为他们应该负责，用了这个譬喻。意思是老虎、犀牛跑出了笼子，龟甲宝玉在匣子里毁坏了，是谁的过错呢！暗指管理它的人。

⑨咎：罪责，加罪。

⑩珠飞境外：《后汉书·孟尝传》记载，合浦（即唐时安南）沿海产珠，宰守贪财，采求无限，宝珠便迁徙别的地方；孟任太守后，革去前弊，珠又复回。

⑪《书》：《书经》，即《尚书》。引文见《尚书·周书·旅獒》，原文作"不宝远物则远人格"，意思是不宝爱远地的物品，那么就不会去侵夺它，远地的人就会安服。

⑫徇（xùn）：曲从。　徇欲：为贪欲支配。

⑬殊俗：不同风俗的地方，指外国。

⑭荡：动摇。　上：皇上。

⑮中使：天子的使者。当时常以宦官充任，长安宫市就常派宦官为中使取物。

⑯延：延长。　贿道：行贿之途。

⑰黩（dú）污：玷污。

⑱圣化：天子的教化。圣，旧社会对皇帝的谀称。

⑲莫非：没有不是。《诗经·小雅·北山》"溥天之下，莫非王土；率土之滨，莫非王臣。"

⑳悉：全，都。

㉑令式：好的妥善的方式制度。　恒制：正常的制度。

㉒殊：极，很。　推诚：推诚心于人腹，指诚恳待人。　体：体统，规矩。

㉓贱货：不重财物。　风：风气、风俗。

㉔押：签押，审批。　"望押不出"《通鉴》作"望寝不行"，都是压下不批准的意思。

【今译】

远方国家来的商贩，只为追求利润，安抚他们就来，侵扰他们就离去。广州处于交通要道、商旅会集之地，一向号称富庶繁华，做买卖的人平常总是从四面八方聚集了来。现在突然放弃近处而跑到远方，放弃中心地区而去到偏僻地带，若不是侵吞剥削太过，那就一定是安排对待不当。可是主管官员不但没有自责反省的意思，反而产生了越出本位追到外地抽税的念头。宝玉在匣子里毁坏了，这要怪罪谁呢？珍珠飞到境外了，怎么能够再追回来？《书经》上说："不宝爱远地的物产，那么远地的人就认为不会侵害他们而安服下来。"现在既然被贪欲支使到这种地步，自然那些外国商人不肯回来，何况又要摇荡皇上的心意，要求派出天子的使者，把贪财的风气推广于天下，把贿赂之道招引到朝廷。玷污清明的时代，有损于天子的教化，按法律应该责罚，这种要求当然不能依从。而且岭南、安南都是皇上的领土，宫中使者和地方使者都是皇上的臣工。要是因为军队和国家的财政需要，那都有妥善的正常制度，人们都想着尽职，谁敢缺了供给？何必信任岭南而断绝安南，看重中央使臣而轻视地方官员？这就失去诚实待人的体统，又伤害了看轻财货的风气。希望压下不要批准。

【析评】

在军国需钱、皇帝贪财的情况下，对岭南要求在安南设使收税，要判断正误是要有洞察力的；要说服皇帝，是要有胆略有说服力的。这就需要分析、说理。这篇论辩奏议，上来第一句仅仅泛论外商来去之理。泛论而不泛，说的是常理，但"蕴奥毕宣，明快之至，警透之至"。下文议论都是由此而来。第二句分析广州的形势、历史，说明中外商人远徙交州是广州官方的责任，不是侵剥太深就是对待失宜。分析得透辟，洞见症结。第三句是分析岭南奏状，指明他们不仅不反省自己，反而要追到安南去盘剥，然后在一个排比句中用了两个典故，形象地说明奏状不可行，接着引经据典，直接了当地说商人走得有理，责任在于有司。这是反驳岭南奏状的第一条理由。

第四句进而指明奏状的副作用，将要摇荡皇上心意，败坏朝廷声誉和社会风气，这是反驳奏状的第二条理由。第五句再进一步讲政治上的副作用，区分中外、轻重，将引起离心不满。道理又是从正面讲出，采用《诗经·小雅·北山》中“溥天之下，莫非王土，率土之滨，莫非王臣”的句式，把名句、时事化在一起，堂堂正正地说明要一视同仁而不能有所偏私。全文五句中，第一、二句是一段，有针对性地分析事理；第三、四、五句，是第二段，具体反驳奏状。最后很简劲地用四个字，一句收尽。道理上以大体大局为出发点，分析切中弊情；结构上层层深入，句句紧扣，浑然一体；语言简当，警策透彻。全文充满了浩然正气和逻辑力量。

韩 愈

韩愈（768—824），字退之，河内河阳（今河南孟县）人，唐代的思想家、文学家。自称昌黎人，所以号韩昌黎；谥“文”，人称韩文公。他出生于中小地主家庭，幼失父母，由嫂嫂带大，刻苦自学，二十五岁中进士。曾任吏部侍郎，因而又称韩吏部。他生活在中唐时代，唐王朝正走向衰亡；藩镇割据和朝内争权成为当时的两大祸患；政治腐败、民生凋敝，佛教道教盛行。韩愈从正统的儒家思想出发，反对割据、维护统一，向往仁政，关心人民疾苦，反对佛教道教。曾因谏迎佛骨，差点被宪宗杀掉，一度被贬为潮州刺史。他思想上也有保守的一面，反对王叔文的政治改革，但却倡导了“古文运动”，反对六朝以来浮华文风和骈偶文体，主张“文以载道”，学习先秦两汉文章的质朴、实用、散化，使文体一变。他自己的散文也写得很好，受孟子影响较深，气势充沛，慷慨雄健，多采多姿，被称为“唐宋八大家”之首。有《韩昌黎集》行世。

答陈商书

愈白：辱惠书[①]，语高而旨深。三四读，尚不能通晓，茫然增愧赧[②]。又不以其浅弊无过人之识，且谕以所守[③]，幸甚。愈敢不吐露情实！然自识其不足补吾子所须也[④]。齐王好竽[⑤]，有求仕于齐者，操瑟而往，立王之门，三年不得入。叱曰：“吾瑟鼓之，能使鬼神上下[⑥]，吾鼓瑟合轩辕氏之律吕[⑦]。”客骂之曰[⑧]：“王好竽而子鼓瑟，瑟虽工，如王不好何?”是所谓工于瑟而不工于求齐也。今举进士于此世，求利禄行道于此世[⑨]，而为文必使一世之人不好，得无与操瑟立齐门者比与?文诚工，不利于求，求不得则怒且怨，不知君子必尔为不也。故区区之心[⑩]，每有来访者，皆有意于不肖者也[⑪]，略不辞让，遂尽言之，惟吾子谅察。愈白。

【题解】

陈商，字述圣，元和九年（814）进士，官秘书监。相传他做文章刻意追求艰深奇古，以尧舜时文章自诩，然而时人不喜，于是写信给韩愈抱怨，韩愈便回了这封信。

【注释】

①辱：谦词，承蒙的意思。　惠：敬词，赐的意思。

②赧：脸红。

③谕：旧社会以上告下之称，这里是作者自谦而用的。

④吾子：第二人称的亲昵称呼。

⑤竽：古代簧管乐器，形如笙而大，有二十二管，分前后两排。瑟：古代一种弹拨的弦乐器，通常有二十五条弦。

⑥能使鬼神上下：指技巧之高能感动鬼神。《周礼·大司乐》说，乐六变能使天神降，乐八变能使地祇出，乐九变能使神鬼出而受礼。

⑦律吕：我国古代记录音阶的十二律，是用三分损益法将一个八度分为十二个不是全相等的半音，奇数各律称“律”，偶数各音称“吕”，总称律吕。相传黄帝轩辕氏开始造律吕。

⑧工：善于，擅长。

⑨行道：实行自己的政治主张。

⑩区区：自己的谦称。

⑪不肖者：不贤的，没出息的。对自己的谦称。

【今译】

韩愈禀白：接到来信，话语高而含义深，读了三四遍，还不能明白什么意思，茫茫然只觉得惭愧脸红。您又不因我浅薄没有超人的识见，还告诉我，要求我回答。真有幸啊。我韩愈怎敢不将真情实话告诉你呢？可是我自己知道它不能满足您的需求的。相传齐王喜欢听竽，有一个要想在齐国找官做的，带着瑟就去了，立在齐王门外，三年没能进门，于是发怒大叫：“我的瑟弹奏起来，能感动鬼神从天上下来、从地里上来，我奏瑟合乎轩辕黄帝的乐律!”齐王的门客骂他说：“齐王喜欢听竽而你却弹瑟，瑟虽弹得好，可齐王不喜欢怎么办!”这就是所说的善于弹瑟而不善于求得齐王的赏识。如今你在这个社会上考进士，在这个社会上寻求功名利禄、实行自己的政治主张，而你做文章却下决心使全社会的人都不喜欢，这是不是和带着瑟立在齐王宫门那个人相类似呀？文章诚然是有功夫，可是不利于你自己的要求；要求达不到，就愤怒埋怨，不知有修养的人应不应该这么做呢？所以，我心想，凡是有来访求我的，都是瞧得起我的，就一点也不推辞谦让，把心里话全都说了，请你谅解。韩愈禀白。

【析评】

陈商的文章究竟如何？韩愈读了三四遍还茫然不晓。可见毛泽东批评的那种写文章下决心不让别人看的人，古已有之。韩愈是提倡古文的，但这“古”是有一定限度的，目的是恢复秦汉文章那种朴实、自然，有内容。要更好地“载道”，就要使人懂。陈商追求古，“古”到人家没法懂了，就失去了写文章的意义。韩愈本文就是解决陈商这个问题的。这是书信体，除了礼貌格式、专用语以外，它是一种谈话的形式。全文共分三段。第一段包含两层意思，一层是读后的印象是读不懂，一层是自己表示要说真话。第二段讲了一个齐王好竽而求仕者操瑟而往三年不得入的故事。这一个譬喻，似乎是岔了开去，实际正是筋节所在。因为陈商欲求胜人惊人，才写一种艰涩难懂的文字，直接说是难得说服他的。因此，齐门操瑟的譬喻立意很深，扣住他盲目自信的毛病。鬼神无形，谁见其上下？轩辕荒远，谁知其律吕？衬出陈商的荒谬好笑，让他自己体会。第三段把前两段捏到一起，指出陈商写文章既然是要举进士，求利禄，行道于天下的，首先得使人看懂，否则就跟操瑟立于齐门一样。至此，整个意思完全说明白了，然后说一句客气话结了尾。很难说清的道理，用一个譬喻，进而透彻地分析几句便说清楚了。这种写法，深得力于战国的争鸣、游说文章。

子产不毁乡校颂

我思古人，伊郑之侨①。以礼相国，人未安其教②，游于乡之校，众口嚣嚣。或谓子产：“毁乡校则止”③。曰：“何患焉！可以成美，夫岂多言，亦各有志④。善也吾行，不善吾避。维善维否⑤，我于此视。川不可防，言不可弭⑥。下塞上聋，邦其倾矣⑦！”既乡校不毁，而郑国以理。

在周之兴，养老乞言⑧。及其已衰，谤者使监⑨。成败之迹，昭哉可观。维是子产，执政之式⑩。维其不遇，化止一国。诚率斯道⑪，相天下君。交畅旁达，施及无垠。呜呼⑫！四海所以不理，有君无臣。谁其嗣之⑬，我思古人！

【题解】

这篇“颂”的本事“子产不毁乡校”，见于《左传·襄公三十一年》，记的是郑人游于乡校，以论执政，大夫然明建议国相子产毁乡校，子产不肯，说“其所善者，吾则行之；其所恶者，吾则改之。是吾师也，若之何毁之?”他还以防川为喻，“大决所犯，伤人必多”，“不如小决使导”，把议论纷纷当作治病良药。为什么韩愈想起要赞颂这一历史事件呢？贞元十四年（798），国子监司业（相当大学校长）阳城的学生薛约以言事得罪，牵连阳城，被贬为道州刺史，太学生一百六十人奔走呼天，稽首阙下，挽留未成。韩愈有感于此，写下这篇文章。执政决策者倾听民众的议论和批评是十分重要的。本文意义，经久愈新。选自《韩昌黎集》。

【注释】

①伊：那个。　侨：春秋末年郑国国相子产，名公孙侨，字子产。

②教：教化。

③或：有人。　乡校：乡之学校。

④亦各有志：也只是各说各的看法。《论语·先进》：“亦各言其志

而已矣。”

⑤维：发语词。

⑥弭（mǐ）：制止，堵塞。

⑦邦：国家。　倾：危险，倾覆。

⑧养老乞言：据说西周初，国家曾经养了一些老人，不时征求他们的意见，供周王治国参考。见《毛诗·大雅·行苇·序》和《礼记·王制篇》。

⑨监：监视。据《国语·周语》所记，周厉王无道，民众议论纷纷，他派卫巫监视，谁批评就杀头。

⑩式：榜样，楷模。

⑪诚：假如，果真。　率：遵循，沿用。

⑫呜呼：感叹词。

⑬嗣之：继承他。《左传·襄公三十年》记载，子产当政实行改革，民人不理解，写诗表示痛恨他；过了三年得到好处，又写诗歌颂他的德政：“我有子弟，子产诲之；我有田畴，子产殖之；子产而死，谁其嗣之。”

【今译】

我思念古人，郑国公孙侨。用礼治国，百姓还没适应他的礼教。聚会在乡校，众口议论纷纷。官员建议“取缔乡校，口舌就停止了。”子产说：“有什么不好？可以帮助政局清明。那不是枉言、废话，他们各有自己的看法。人们说好的我就推行，人们说不好的我就避免去做。究竟好不好，我在这里看。大川不可堵住，言论不可阻止。下面的嘴塞住说不出，上面就聋了听不见，国家一定要完蛋。”后来乡校没取消，而郑国被治理好了。

在西周兴盛的时代，供养老人征求意见。等到它衰落时，使人监视谁个说不满的话。成功和失败的实迹，清晰可见。这个子产，是执政的模范。可惜他没赶上时机，只治理好了一国。假如沿袭这一套办法，来辅佐天下的君主，交流意见的大路畅通、小道也畅达，施行起来也无处不到家。啊！天下所以治理很差，因为有君主而没有子产这样的臣下。谁来继承他？我思念古人啊。

【析评】

本篇为“颂”体。“颂”的意思是歌颂，也是传诵——能朗朗上口，句法整齐，并且要押韵。魏晋以后的“颂”前面可以有序，序不押韵，但押韵的颂辞是主体。歌功颂德的“颂”很难写好，本文成为传诵的名篇，是因为在当时它有现实的针对性，而其主题又是有永久启发性的。这就使一个历史故事产生了新的意义，在“颂”的形式下取得新生命。全文在赞颂子产倾听百姓的不同意见的主题下，分为两大部分。前面是“序”，“在周之兴”以后是颂辞。“序”讲叙事情原委，基本上是根据《左传》加以整理的，井然有序，句法基本整齐而又错落自然。颂辞部分，从周初养老乞言和周末使监者弭谤两相对比，得出历史规律，然后从历史规律的角度赞颂子产。这已经深化了一步，但却只是开始。下面又感叹他只用这办法治好了一国，要是用来治理整个天下就好了。又深入一步。然后再往下引，现在天下没治理好，是没有子产这样的大臣（韩愈当然不敢直接批评皇帝）。结尾处发出诘问，谁来继承子产？没有人，所以我思古人，想念子产。结尾与开头连在一起看，余意无穷，所谓“言止而意不止”（苏轼语）就是这样。

杂　说（之四）

世有伯乐[①]，然后有千里马。千里马常有而伯乐不常有。故虽有名马，只辱于奴隶人之手[②]，骈死于槽枥之间[③]，不以千里称也。马之千里者，一食或尽粟一石；食马者不知其能千里而食也[④]。是马也，虽有千里之能，食不饱、力不足，才美不外现[⑤]，且欲与常马等不可得，安求其能千里也！策之不以其道[⑥]，食之不能尽其材[⑦]，鸣之而不能通其意[⑧]，执策而临之曰：[⑨]“天下无马！”呜呼！其真无马邪？其真不知马邪[⑩]？

【题解】

韩愈写过一组寓言性的杂论，共四篇，题为《杂说》，这是其中的第四篇。内容是以千里马为喻，谈论人才问题，故而有些选本以《马说》为题。韩愈有才能有抱负，以千里马自许，但宦海沉浮，始终得不到施展。本文借千里马难遇伯乐的评说，抒发了自身怀才不遇的感慨，进而为一切受压抑的人才鸣不平，曲折地讽刺了统治者既无识才之见又无爱才之心的昏聩腐朽，揭露和控诉了埋没人才的社会现象。他把识别人才的意义提到新的高度，至今还有现实意义。

【注释】

①伯乐：名孙阳，字伯乐，相传是春秋时期善于识别良马的人。

②辱：辱没。　奴隶人：低贱凡庸的仆役。

③骈死：和凡马一同成批地死去。　槽枥：马槽。

④食：饲，喂养。

⑤见：现。

⑥策：马鞭，这里作动词用，即鞭策。指使用。　道：指使用千里马的规律、办法。

⑦食：饲。　不能尽其材：不能按它的才能给料，它吃不饱而不能尽才。

⑧鸣之而不能通其意：它鸣叫也不知是什么意思。相传有一匹千里马拉盐车上坡，因为吃不饱而白汗交流，伏于车下不能前进，见到伯乐而嘶鸣，伯乐知道是千里马，抚之落泪。这里指不知其志在千里也。

⑨执策：拿着马鞭。　临：面对，到它跟前。

⑩邪（yé）：通“耶”，疑问语气词。“其……其……”是表选择的句式。

【今译】

世上有了识别千里马的伯乐，然后才有千里马。千里马常有，可是伯乐却不常有。因此虽然有千里马，也只是辱没在凡庸的仆役的手里，和普通的马一同死在马槽之间，不能以日行千里而著称。马当中能日行千里的，一顿可能要吃一石粮食，喂马的人不知它能日行千里而应按千里马来喂养它。这样的马呀，虽然有日行千里的才能，可是吃不饱、力气不足，能力和优长不能表现出来，要想跟平常的马一样，也做不到，怎么能要求它日行千里呢？驾御它不用对待千里马的正确方法，饲养它不按它的才能给料，听到它嘶鸣不懂它的意思，只是手执马鞭对待它，说：“天下没有好马！”唉呀！是真的没有好马呢？还是真的不会识别好马呢？

【析评】

这是一篇寓言性的议论文，属于杂文之类，它不同于寓言那样说一个故事表达作者的思想，而是对原有寓意的故事发表有寓意的评论，言在此而意在彼，宜于发表不好直说的论点。韩愈当时直接指斥当权者压抑摧残人才是不行的，他自己还希望被重用，所以采用了围绕千里马和伯乐的关系问题来论述。结果含蓄深刻，发人深思，反觉如果直接论述便会太露，而耐人寻味之力或将顿减。全文由三段组成。第一段，上来就提出有伯乐才有千里马，这是“立片言以居要”为本篇主脑所在。接着从另一面包抄过去，正因为伯乐不常有，所以千里马虽常有，而只辱没于奴隶人之手，与平常马死在一起，人们也就不知道它是千里马。第二段写千里马辱没的因由。千里马要“千里”之食，饲马者不是伯乐，所以不了解这一点，结果使得千里马连平常马也不如，埋没沉沦了。第三段写饲马者的愚笨，有了千里马却不会使用，不会饲养，不懂其意，却又鞭打它、污辱它，认为天下无马。作者句句讲的是千里马与伯乐，句句又是讲的人才与识拔任用者。寓意言志，说理精辟深刻；托物抒情，委曲婉转而又淋漓痛快。郁郁不平之气溢于言外，感慨悲愤，声泪俱下。是一篇文情并茂的杂论。

送董邵南序

燕赵古称多感慨悲歌之士[①]。董生举进士[②]，连不得志于有司[③]，怀抱利器[④]，郁郁适兹土[⑤]。吾知其必有合也[⑥]，董生勉乎哉！夫以子之不遇时[⑦]，苟慕义彊仁者[⑧]皆爱惜焉；矧燕赵之士[⑨]，出其性者哉！然吾尝闻，风俗与化移易，吾恶知其今不异于古所云邪⑩？聊以吾子之行卜之也⑪，董生勉乎哉！吾因之有所感矣。为我吊望诸君之墓⑫，而观于其市，复有昔时屠狗者乎⑬？为我谢曰⑭：明天子在上，可以出而仕矣。

【题解】

董邵南，寿州安丰县（今安徽寿县）人，隐居行义，无人荐举，只好自己出而应试，却又多次不中，失意之下要到藩镇割据的河北找出路。韩愈作为董邵南的友人，很同情他的遭遇，写过《嗟哉董生行》的诗，感叹以他的人品学问而“刺史不能荐，天子不闻声。”这次董离京赴河北，写了这篇序送他。本文很有名，为多种选本如《古文观止》所选。

【注释】

①燕赵：古代诸侯国名。燕为西周封国，领地在今河北北部与辽宁西端。赵为战国“三家分晋”之一，领地包括现在的河北南部和山西、河南一部分。　感慨悲歌之士：指慷慨激昂、重义轻生的豪侠武士。

②董生：指董邵南。举进士：为乡里推荐到长安参加进士科的考试。

③有司：主管部门或主管官员。

④利器：锋利的兵器，比喻用世的才能。

⑤郁郁：郁闷、忧愁的样子。

⑥合：遇合。

⑦时：时机，时势。

⑧苟：只要，假如。慕义彊（qiǎng）仁者：仰慕追求仁义的人。

⑨矧（shěn）：何况，况且。

⑩恶（wū）：怎么。

⑪聊：姑且。　吾子：第二人称的亲昵称呼。　卜：原是占卜，引申为验证、揣度的意思。

⑫望诸君：乐毅，战国时燕昭王筑黄金台从赵国请来的才士，拜为大将，率军攻齐，下七十余城，燕惠王即位，中了齐人的反间计，让庸人代替他，他只好回到赵国。赵封他于观津（今河北武邑东南），号

"望诸君"。

⑬屠狗者：指高渐离。战国末年荆轲到燕国都城，与燕市屠狗的高渐离为友，一起饮酒悲歌。后荆轲应燕太子丹的要求行刺秦王未成被杀，高为他报仇未遂而死。

⑭谢：致辞。

【今译】

燕赵自古以来号称多有慷慨悲歌的豪侠义士。董生考进士，多次卡在主考官那里不被录用，于是怀抱一身本领，郁闷地要到这个地方去。我知道这次一定会遇到知己的，董生努力吧！以你的不遇时机的情况，只要是仰慕仁义的人，都会同情爱戴你，何况燕赵那里的豪侠之士，仁义是出于他们的本性呢。然而我也曾经听说过，风俗是随着教化而改变的；怎么能知道那里现在和古人所说的情况没有两样呢？那就姑且以您此行去验证一下吧。董生努力呀！我又因此而产生了一些想法。请代我凭吊一下望诸君的坟墓，再到那里街市上看看，还有没有过去高渐离那样自隐于屠狗贱业的人了？代我对他们说：现在是圣明天子在位，可以出来做官做事了。

【析评】

这一篇"赠序"，是临别赠人的文章。这种文体在古文大家韩愈手里，不仅改变了骈偶的格式，而且一洗六朝的浮靡客套、恭维不实的恶劣文风。它有的放矢、有为而发，内容充实，感情真挚，语言简约，错落有致。作者既同情远行的友人，但又并不愿意也不相信他能为藩镇所用，所以着眼于能与在野的感慨悲歌之士相合，以此相慰。全文共分三段，第一段，首句提出燕赵古来多感慨悲歌之士，接着再说董生怀才不遇而去，两两相求，必有投合的朋友，行文相应地成为一段，落在劝勉他努力上。第二段，开首接上段生发开去，说像你这样的人，只要仰慕仁义的都会爱戴，何况燕赵之士本性仁义，似乎去后际遇不成问题。然而笔锋一转，风俗随教化改变，现在怎么样我就说不准了，照应开头埋伏的"古称"二字，透露了对当时藩镇不抱希望，又提醒董生，现在那里也未必能施展抱负，此行未卜，要有所准备。那么为什么又以“勉乎哉”结句呢？正因为怕他受挫沮丧而失去信心。第三段，进而写自己的感想，但又不直接写，而是通过让董生凭吊乐毅之墓，看看市上有无隐于贱业者而劝他出仕来表达。上接第二段下半，告诫董生，那里并非能够施展抱负的乐土，同时也是劝勉，言外之意是那里不好还是可以回来的。通篇糅合古今，写法多变，波澜起伏，曲折隽永，婉转地表达出对人才不能为朝廷所用而外流藩镇的惋惜之情；对于人才难被发现和难有作为，流露了愤慨和寄予了希望。清人评论这篇短文说：“转折顿挫，意态淋漓，篇愈短意愈长，字愈少味愈多。”真是不错。

柳宗元

柳宗元（773—819），字子厚，河东解（今山西运城县解州镇）人，人称“柳河东”。唐代思想家、文学家。德宗贞元九年二十一岁时中进士，曾为蓝田县尉，监察御史里行（见习监察御史）。参加王叔文革新集团，任礼部员外郎。革新因受世族地主和宦官权贵反对而失败，他被贬为永州司马。十年后改任柳州刺史，所以人称“柳柳州”，后死于柳州。政治上柳宗元是进步的，主张改革政治，在中唐腐朽的政界是少数清醒有为的官员之一。哲学上是一个唯物主义思想家，主张“元气”是物质的，“元气”之外不存在主宰事物的意志；他的《天说》、《天对》等无神论著作在中国哲学史上占有重要地位。文学上是“古文运动”的参加者，影响不及韩愈，而创作实践上稍胜一筹，所以“韩柳齐名”。他的文章深刻痛切，富有社会意义，论述逻辑性强，山水游记富诗情画意，是“唐宋八大家”之一。

咸　宜

兴王之臣，多起污贱[①]，人曰：“幸也[②]！”亡王之臣[③]，多死寇盗，人曰：“祸也[④]！”余咸宜之。当两汉氏之始[⑤]，屠贩徒隶出以为公侯卿相，无他焉，彼固公侯卿相器也[⑥]，遭时之非是以屈，独其始之不幸，非遭高、光而以为幸也[⑦]。汉晋之末[⑧]，公侯卿相劫戮困饿伏墙壁间以死[⑨]，无他焉，彼固劫戮困饿器也，遭时之非是以出[⑩]，独其始之幸，非遭卓、曜而为祸也[⑪]。彼困于昏乱，伏志气，屈身体，以下奴虏，平难泽物之德不施于人[⑫]，一得适其傃[⑬]，其进晚尔[⑭]，而人犹幸之；彼伸于昏乱，抗志气，肆身体[⑮]，以傲豪杰，残民兴乱之技行于天下，一得适其傃，其死后耳，而人犹祸之。悲夫！余是以咸宜之。

【题解】

这篇杂论，选自《柳河东集》。作者以朴素的辩证唯物主义历史观，解释了开国兴王的臣僚，多出身于下层，而丧邦亡国之臣，多死于非命的历史现象，对传统的世俗的“幸也”“祸也”的唯心史观，进行了反驳。作者认为这些现象是历史的必然结果，是他们的素质和所作所为应得的结局。所以叫做“咸宜”——都合适。这不仅是评论历史，也是唐王朝中衰的结论，是对中唐君臣的警戒。

【注释】

①污贱：指社会地位低贱，卑微。

②幸：幸运，侥幸。

③亡王：亡国丧君。

④祸：灾难，倒霉。

⑤两汉氏：指刘邦建立的西汉，刘秀建立的东汉。

⑥彼：他。　固：本来就是。　器：材料，人才，才能。

⑦高：西汉高祖刘邦。　光：东汉光武帝刘秀。

⑧汉：指刘氏建立的东汉王朝。　晋：司马氏建立的西晋王朝。

⑨劫戮困饿：抢劫、杀戮、困苦、饥饿。

⑩出：显露、突出。

⑪卓：董卓（？—192），字仲颖，陇西临洮（今甘肃岷县）人，东汉末年西凉军阀，在宦官贵戚的争斗中，乘机入关，彻底毁坏了洛阳、长安。为了夺权篡位大杀官僚士族。董卓死后，余党再次大杀朝官。汉献帝逃出都城时带的官员，多半饿死或被杀。曜：刘曜（？—329），字永明，西晋末年匈奴族军阀，刘渊所建的汉国的大将，曾率军攻下洛阳，俘虏晋怀帝；攻下长安，俘虏晋愍帝。两次都大杀官员，把宫殿烧作白地。后来做了前赵的皇帝。

⑫平难（nàn）：平息灾难。　泽物：润泽生物。　施：加。

⑬适：适合、适宜。　傃（sù）：素常，本来面目。

⑭进：提拔进用，高升。

⑮抗：高。　肆：放肆，放纵。

【今译】

开国兴王的臣子，多数是起于微贱底层的，人们说，这是幸运啊！亡国丧王的臣子，多数死于盗寇，人们说，他们多倒霉啊！我却认为这都是该当如此，完全适合。在两汉开始的时候，屠户、小贩、服役的犯人出来当了公侯卿相，没有别的原因，他们本来就是公侯卿相的材料，遭遇不公道的时代而委屈沉沦了，只是当初不幸，并不是遇到汉高祖、光武帝而得以侥幸。东汉和西晋的末年，公侯卿相受到抢劫、杀戮、劳累、饥饿，爬在断墙颓壁之间而死，没有别的原因，他们本来就是受抢劫、杀戮、劳累、饥饿的材料啊，遇到不公道的时代才居于高位，这是他一开始侥幸了，并不是遇到董卓、刘曜而倒了霉。前面那一种人困窘于昏乱的时代，藏匿志气，委屈身体，以处于奴虏之下，消弭灾难润泽万物的恩德不能施加给别人。一旦得以还他本来面目，适合他的原本的素质，他的进用高升是晚了的，而人还以为幸运呢；另一种人舒展在昏乱之中，浮夸逞气，放纵欲求，用来傲视豪杰，把他们残害百姓引发变乱的伎俩实行于天下，一旦还其本来面目，得以适合他的原本素质，他们的死还真算是晚了的，可是人们还以为倒霉呢。可叹呀！我认为这都是相称合宜的。

【析评】

这是一篇以逻辑思维的方式说服人的议论性杂文。作者用二百余字，说清楚了一个震世骇俗的道理。全文共分三段。第一段提出问题，亮明矛盾所在：人们把开国之臣起于下层看作侥幸，把亡国之臣多死于非命看作倒霉。而作者认为是：事有必至，理有固然，都适合！第二段以两汉初与东汉西晋末作例证，讲下层上升，上层沉沦，都是他们本来才能的体现，只是原先因为时代不公被颠倒了。两相比较，纵横相联，严密无懈。第三段进而阐述在颠倒了是非的时代兴王之臣被压抑，一旦还其本来面目，超拔进用还算晚了，人们还说幸运；亡国之臣残民兴乱，一旦还其本来面目，死得还晚了，人们却说倒霉。真是可悲可叹。文章又进了一层，于是在结句又重复第一段的结论，整篇文章首尾相接，钢钉铁锁似的扣严了。

送薛判官量移序

仕于世，有劳而见罪[①]，凡人处是[②]，鲜不怨怼忿愤[③]，列于上[④]，诉于下，此恒状也[⑤]；异于恒者，其道宜显[⑥]。薛生司货贿于军兴之际[⑦]，兵乱不去，然得以不犯[⑧]，由太行以东皆传道之，可以为劳矣，而竟连大狱，以至于放[⑨]。不慼于貌，不悱于心[⑩]，乐以自肥，而未尝尤于物[⑪]，其有异于恒矣哉！朝廷施恩泽，凡受谪者，罪得而末薄[⑫]，乃命以近壤[⑬]。薛君去连而吏于朗，是其渐于显欤？君子学以植其志，信以笃其道[⑭]，有异于恒者，充而大之，苟推是以往[⑮]，虽欲辞显难矣。

【题解】

薛判官，名巽，原是河北军的参佐官员，有功劳还没奖赏，因为儿子犯罪受到牵连，被贬到连州（今广东连县）为判官。后来“量移”（即由于新的文件或考虑而改变贬所）到朗州（今湖南桃源东）。当时柳宗元被贬在永州，薛巽从连州到朗州经过永州，柳宗元便写了这篇“赠序”送他。序中肯定和鼓励薛的豁达开朗，有柳柳州个人当时的意绪在。一个人一辈子不受委屈是难的，何以自处呢？本文反映了哲学家柳宗元的见地。

【注释】

①见：被。

②是：这，这些境地。

③鲜：很少。　怼：怨恨。

④列：条列、陈布，摆出来陈述。

⑤恒状：常态，一般的情况。

⑥道：这里指思想品德。　显：显达。

⑦生：古代对知识分子的称呼。　司货贿：主管物资钱财。　军兴

之际：用兵的时候，指在河北军当僚佐。

⑧犯：侵犯、损失。

⑨放：流放，这里指贬官边远之地。

⑩悱：悲愤，堵得慌。

⑪尤：怨恨、归咎、怪罪。

⑫末薄：轻微。

⑬近壤：近地。

⑭信：诚实。　笃：深厚、厚实。这里做动词用，深厚地培育。

⑮苟：只要。

【今译】

在世上做官，有功劳却被判了罪，大凡人们处在这种境地，很少有不怨恨气愤的，向上面陈述，在下边诉说，这是平常人一般的现象；如能不同于这一般人的，那么他的作为必定能使他显达。薛生在用兵打仗的时候主管财务，兵荒马乱中坚守不离，从而使国家的物资钱财没有受到损失，太行山以东的地区都在传诵称道这事。可以作为功劳了吧？然而竟被牵连到大的案件里去了，以至于贬官到边远地区。可是他脸上不露出愁苦，心里不堵得慌，能够心宽体胖，而不曾怨恨外界。这就是不同于常情啊！朝廷施恩，凡是受到贬谪的人，罪过轻微，就任命在近地。薛君离开连州而到朗州去，是他开始逐渐显达了吧？有修养的人用学习来培植志向，以诚实来培育道德品质，不同于常人常态的地方，充实而光大发扬它，只要把它推行到以后的岁月里，即使你不想显达要推辞也是难的呀！

【析评】

一个人受了不公正的待遇而贬谪，在他稍稍减轻处分调到较好的地方时，对他说什么呢？同情，容易更使他怨愤；鼓励，容易流于肤泛。这篇赠序，柳宗元抓住了对方开朗乐观、并不感慼于往事的特点，使文章有了新路子，有了血肉。本文共三段。首段先泛述世人受了委屈冤枉都要怨愤诉说，能够有异于此的将会显达、得到重任。这里的委屈冤枉的具体内容“有劳而见罪”是针对薛判说的，

"异于恒者"又是薛判独特的表现，这泛论就不泛，为下文张本。古代的俗话说："宰相肚里能撑船"，如果心胸狭小，一点委屈受不得，没完没了地纠缠个人是非，那是做不成事业的。这道理是本文说薛判能显达的基础。中段扣住首段泛论的两点，概括回顾薛判"有劳见罪"，而又能"异于恒状"的具体事实。而在叙述中表现了作者的同情与公道。因为作者肯定了薛判不纠缠个人是非功过，然而是非功过还是要分清的；个人不纠缠，并非别人不应说公道话。这里透露了一点柳宗元自己的愤懑。特地以发自内心的赞叹点出"其有异于恒矣哉！"末段，先以两句话，也只用两句话说到这次"量移"，而且说出这大约是渐渐开始显达吧。光是豁达心宽而没有真才实学也是不会显达的，受了委屈一味的不上诉不说话，也会流于矫伪，所以接着以学、信相勉励，让他把自己异于世俗的优点发扬光大、推广到日后，自然会显达。结句从反面的角度下结论说：你就是想推辞高官重任也推不掉！句法变化，而又避免了说人家想做高官显宦的嫌疑。作者思路细密如此！

永州龙兴寺息壤记

永州龙兴寺东北陬有堂[①]，堂之地隆然负砖甓而起者[②]，广四步[③]、高一尺五寸。始之为堂也，夷之而又高[④]，凡持锸者尽死[⑤]。永州居楚越间，其人鬼且禨[⑥]；由是寺之人皆神之，人莫敢夷。《史记·天官书》[⑦]及《汉志》有地长之占，而亡其说[⑧]。甘茂盟息壤[⑨]，盖其地有是类也[⑩]。昔之异书有记[⑪]：洪水滔天，鲧窃帝之息壤以湮洪水[⑫]；帝乃令祝融杀鲧于羽郊。其言不经见[⑬]。今是土也，夷之者不幸而死，岂帝之所爱耶？南方多疫[⑭]，劳者先死；则彼持锸者，其死于劳且疫也，土乌能神！余恐学者之至于斯，徵是言而唯异书之信[⑮]，故记于堂上。

【题解】

龙兴寺在永州（今湖南零陵）城东南。柳宗元在永贞革新失败被贬永州时，最初就借住在这里。寺里有一块“息壤”，就是能不断地生长的土壤，这是自然界地壳运动的现象，却被本寺人当成了神。柳宗元作为地方官深恐由此传播轰动，惑乱人心，因此撰写本文，刻在现场，以破除迷信，避免滋事。文中充满唯物主义观点，内容笔法俱佳。选自《柳河东集》。

【注释】

①陬（zōu）：角落，方隅。

②隆：凸起。负：背负。　甓（pì）：砖。砖甓，这里是指铺地的砖。

③步：五尺为一步。广四步：方圆四步。

④夷：铲平。

⑤锸（chā）：铁锹、铁锨。

⑥鬼且禨：相信鬼神和吉凶征兆。《吕氏春秋》和《列子·说符》都有“楚人鬼而越人禨”一类的话。“鬼”是迷信鬼，“禨”是相信吉祥的征兆。

⑦《史记·天官书》：司马迁《史记》中八书之一，讲天文、天象的，保存了许多古代天文资料。其中讲到“水澹泽竭，地长见象”，意思是水池干涸是土地长高的征象。《汉志》：东汉班固所作《汉书·天文志》，它说：“水澹地长，泽竭见象”，意思同于《史记·天官书》。占：预测方法。

⑧亡：亡失。

⑨甘茂：战国时秦武王的宰相，武王命他伐韩，他与武王盟于息壤，使别人不能进谗离间，果然大败韩国，攻下宜阳。息壤：这里指秦国一都邑，名叫息壤。

⑩有是类：有这类事，指“水澹地长”之事。

⑪异书：指《山海经·海内经》及《淮南子》等书。

⑫鲧（gǔn）窃帝之息壤：古代传说，大禹的父亲鲧奉命治水，他偷了上帝生长无限的“息壤”来湮洪水，天帝令祝融把鲧杀死在羽山之郊。羽山在今山东地方。

⑬不经见：不常见，没有事实根据。

⑭疫：时疫，瘟疫。

⑮徵：证明，引证。

【今译】

永州龙兴寺的东北角有座佛堂，佛堂的地面顶着砖地凸出来一块，方圆四步，高出一尺五寸。刚开始修建佛堂时，铲平了又高起来，凡是拿锹干活的人都死了。永州地处楚、越之间，这里的人们迷信鬼神和吉凶征兆，因此寺里的人都拿它当神，谁也不敢去平它。《史记·天官书》和《汉书·天文志》都有土地长高的预测方法，可是那理论根据已经亡佚了。秦国甘茂和武王盟誓于息壤县，大概那地方有这一类现象吧。过去的异书有记载：洪水滔天，鲧偷了天帝那生长不息的“息壤”，用来填湮洪水，天帝就命令祝融把鲧杀死在羽山下。这记载人们不常见。现在这块土地，铲平的人不幸而死去，难道是因为它是天帝所爱惜的“息壤”吗？南方多传染病，劳累的人得病先死，那么那些持锹干活的人，是死于劳累和传染病喽。土地怎么能有神灵呢！我怕有读书人到这里引证上述这句话，而完全相信异书上的说法，所以做了这篇记刻在堂上。

【析评】

这是一篇以说明为主，结合叙议的题记文，是题在一个特异现象的现场，针对迷信说法而进行科学解释的。全文共分四段。第一段说明龙兴寺息壤的状况和由来。第一句写了息壤的方位、大小。第二句追述建堂时持锹平地的人都死了的事实。第三句说由于当地的迷信传统，都以为是神。三句话把现象、原委都讲清楚了。第二段引证了两类书，说明这一怪异现象。前半引历史著作对这种现象的记载，理论说明虽已不存，证以地名并不罕见。后半引志怪的异书记载的神话传说，而断言这种说法不常见，无根据。无根据为什么要引呢，因为它可能成为迷信说法的根据。第三段是作者以发议论作说明。首先他接神话提出问题：鲧窃息壤被杀，这块土地难道是天帝所爱才使平它的人死了吗？作者对此是不相信的，所以下边直讲是劳累和时疫致死，土不能为神。神话不能成为迷信的依据。第四段说明写本文的原因，就是深恐半通不通的读书人引证异书而使迷信说法更为昌炽。短短小文，说明这么复杂的现象和问题，具有无可辩驳的说服力，是很值得琢磨一下的。

小石潭记

从小丘西行百二十步。隔篁竹[①]，闻水声，如鸣珮环[②]，心乐之。伐竹取道，下见小潭，水尤清冽，全石以为底，近岸卷石底以出，为坻为屿，为嵁为岩[③]。青树翠蔓，蒙络摇缀[④]，参差披拂。潭中鱼可百许头，皆若空游无所依。日光下澈，影布石上，佁然不动，俶尔远逝[⑤]，往来翕忽[⑥]，似与游者相乐。潭西南而望，斗折蛇行[⑦]，明灭可见，其岸势犬牙差互[⑧]，不可知其源。坐潭上，四面竹树环合，寂寥无人，凄神寒骨，悄怆幽邃[⑨]，以其境过清[⑩]，不可久居，乃记之而去。同游者吴武陵龚古、余弟宗玄，隶而从者崔氏二小生[⑪]，曰恕己，曰奉壹。

【题解】

永贞元年柳宗元因参加王叔文革新失败，被贬为永州司马，一住十年。这当中，他寄情山水，排遣愤懑抑郁之情，写下一组著名的山水游记《永州八记》（实为九篇，八篇是连贯的）。文中胜景都是他自己发现的。作者以高雅的情趣，生花的妙笔，描绘山态水势、草木虫鱼，寄托自己的幽思感慨，构成了一幅幅优美的山水画。本篇就是《永州八记》的第四篇，原题名为《至小丘西小石潭记》，因为第一篇记的是始得西山，第二篇是记西山西面的钴鉧潭，第三篇是记发现钴鉧潭西小丘，本篇是发现小丘西一个小石潭，所以有“至小丘西”字样。柳宗元是山水游记的鼻祖，成就很高，这里选了一篇，见《柳河东集》，许多选本都选过。

【注释】

①篁竹：竹林、竹丛。

②珮：玉佩。环：玉环。

③坻（chí）：水中露出的高地。 屿（yǔ）：小岛。 嵁（kān）：嵁岩，峭壁。 岈：岩石。

④蒙络摇缀：遮掩、下垂、摇晃、连缀。

⑤俶（chù）尔：忽然、突然。

⑥翕（xì）忽：即“倏（shū）忽”，轻快的样子。

⑦斗折：曲折。因古代画北斗七星用线连起来，形成折角很直的曲线。蛇行：像蛇游动那样折角圆活的曲线。

⑧犬牙差互：犬牙交错。

⑨悄怆（chuàng）：沉寂得让人感到凄怆。 幽邃（suì）：幽暗深邃。

⑩过清：过分凄清。

⑪崔氏二小生：姓崔的两个小学生，即柳宗元堂姐夫崔简的两个儿子。

【今译】

从小土山往西走一百二十步，隔着丛生的竹林，听到流水声，好像玉佩玉环碰击的声音，心里很喜欢。于是砍伐竹丛开出一条通道走过去，看到下面有个小水潭，水比钴鉧潭更清凉。整块石头作了它的底，靠近岸边石底卷起来露出水面，成了高地、小岛、峭壁、崖石，青树翠蔓，蒙盖着、悬垂着、摇曳着、连缀着，参差披拂。潭里的鱼约有百多条，都像是在空中游动没有凭依。日光直射水底，鱼影布列在石上，一动不动，忽然又远远地游开，往来迅疾轻快，好像和游人一样，彼此都很高兴。沿着潭水向西南望去，溪流曲折游动，明灭可见。两岸形势像犬牙交错，看不出源头在哪里。坐在潭上，四面竹树环抱交合，寂寥无人，凄情入心寒意彻骨，悄森伤怀幽暗深邃。因为这里环境过于凄冷，不可长时间地停留，就记下它来离开了。同游的人：吴武陵龚古、我弟弟宗玄，跟着来的，崔氏姐家的两个小学生，一个叫恕己，一个叫奉壹。

【析评】

柳宗元被贬在永州，流连自然，潜心观察，对于山水风物有深刻独到的体会，把自己的整个感情寄托在这里；再加上他高深的文化修养，使他的山水游记别开生面，达到出神入化的境地。本文记一个小小水潭，信手写来，若不经心，而描摹精微传神，不仅写出了山水的个性特征，而且把作者的思想境界感情趣味都融进景色，情景交融，如诗如画。且文笔洁净优美，情趣幽雅素淡，具有一种恬静的美。

全文分五段。第一段写怎样找到这个小石潭。因是一组散文中的一篇，接小丘往下写，西行不远闻水声，先声夺人。心乐之而需伐竹取道，可见其清幽；中心是写潭水，砍开竹丛后便把潭水突出出来，点出它的清冽。水清是石底的缘故。下面便描写石底的形状，点明潭的特点在于是“小石潭”。因为水清石底，所以水声才如鸣佩玉。那么只是个秃石潭吗？不，潭边有青树翠蔓装点着呢，那是一片翠绿，沁人心脾。第二段写水里的鱼，从写鱼来写水的清冽，从写水的清冽来写鱼的姿态情趣，水清鱼乐，鱼和水密不可分。鱼的头数可见，类若乘空，影布石上，是用传统的写法写水清；而水清，鱼的活泼欢快才能历历在目。作者看鱼之乐又通过鱼似与游者相乐透露出来。暗用了庄子惠子濠上鱼乐争论的典故，又自然流露出“智者乐水”的心境，富有诗意。第三段写潭水来源的小溪。“斗折蛇行”是写溪水，因而明灭可见；“犬牙差互”是写石岸，全用譬喻。第四段，写潭上景色，不仅写出“竹树环合、寂寥无人”的环境，而且写出幽静邃深、凄神寒骨的气氛。这个境界又以游者不可久留渲染了一下，而这渲染把作者终还是凄凉的心境也表现出来。第五段记下同游者。

蝜蝂传

蝜蝂者[①]，善负小虫也。行遇物，辄持取[②]，昂其首，负之背。愈重，虽困剧不止也[③]。其背甚涩，物积因不散，卒踬仆不能起[④]。人或怜之，为去其负，苟能行[⑤]，又持取如故。又好上高，极其力不已，至坠地死。今世之嗜取者[⑥]，遇货不避[7]，以厚其室[8]，不知为己累也，唯恐其不积。及其怠而踬也[9]，黜弃之，迁徙之[10]，亦以病矣[11]。苟能起，又不艾[12]，日思高其位，大其禄，而贪取滋甚，以近于危坠，观前之死亡不知戒。虽其形魁然大者也，[13]其名人也，而智则小虫也，亦足哀夫！

【题解】

传，本是人物传记。原是历史家记述人物生平事迹的记实性文字，后来受"志人小说"影响，取人物作原型经文学加工而成为传记文学。再后又产生了为花鸟虫鱼作传的寓言性文章，本篇就属这一类，所以以"传"名篇。这里是借蝜蝂这种小虫讽刺针砭当时王侯、官吏、绅商贪财货、向上爬的社会现象。因为短小警策，为后人传诵。选自《柳河东集》。

【注释】

①蝜（fù）蝂（bǎn）：一种爬行小虫，黑色，背部隆起，上面著物不易脱落。

②辄（zhé）：就，即，总是。

③困剧：疲惫极了。

④卒：终于，最后。踬（zhì）仆：跌倒。

⑤苟：只要，刚刚。

⑥嗜取者：贪得无厌的人。

⑦货：财物。

⑧厚：富厚，作动词用。 "以厚其室"：使其家富厚。

⑨怠：疲倦。

⑩迁徙：贬谪流放。

⑪病：困苦。

⑫艾：停止。

⑬魁然：高大的样子。

【今译】

蝜蝂，是一种善于背负东西的小虫。爬行时遇到东西，就抓住

不放，昂起头，把东西负在背上。这样越来越重，虽然疲累极了也不停止。它的背上很涩，因此东西不会散落而越聚越多，终于跌倒起不来了。有的人可怜它，给它去掉负担，可它只要能行走了，又像原来那样抓捞。又爱上高，用尽了力量还不停，以至于掉在地上摔死了。现在社会上那些贪取不止的人，遇到财物从不放过，用来充实富厚自己的家庭，不知道是给自己增加麻烦拖累，唯恐积聚不多。等到疲惫不堪摔了跤，废黜罢免被废弃不用，贬降流放到偏远地区，都是为此而困苦受罪啊。可是刚刚能起来，又不停手了，一天天想提高地位，增加利禄，而贪婪得更厉害，以致又近于危险坠落，看到前面死亡那些人也不知引以为戒。虽然他的形状高大，名字叫“人”，而他的智慧只跟小虫一样，也真够可悲的啦！

【析评】

这是一篇寓言性的杂文。虽是游戏笔墨，却寓以劝惩。它不同于一般寓言说一个故事，让人们自己去理解含义，而是说一个比喻，然后明确说明自己指的是什么。所以它的结构只有两部分。第一部分完全讲蝜蝂的特征，当然这些特征都是与后文有关的——好持取、好上高，无关的则不谈，如黑色、几足等。第二部分是挂上并挑明自己要讲的本意，对讽喻的对象极尽形容笑骂，使之丑态毕露，然而其用心却是悲天悯人的，想警诫这些贪婪爬高的人。通篇写得很有趣味，发人深思，可谓“嬉笑怒骂皆成文章”！

刘禹锡

刘禹锡（772—842），字梦得，洛阳（今河南洛阳）人，自己说系出中山（今河北）无极，唐代著名的进步思想家、文学家。他在唐德宗贞元九年（793）中进士，又登博学鸿词科，做了监察御史。他眼看“安史之乱”后唐王朝政治腐败、经济凋敝，很想在政治上有一番作为，成了王叔文革新集团的重要人物。革新失败后被贬为朗州（今湖南桃源县东）司马，后升迁为连州（今广东连县）刺史，又徙到夔州、和州。晚年才被召回首都，任太子宾客，分司东都（洛阳），人称刘宾客。最后官做到检校吏部尚书。他的哲学思想是进步的，著《天论》三篇，否定天能干预人事，反对因果报应和天人感应的谬说，主张客观世界之理是可以认识的。文学成就也相当高，诗写得很好，特别是从民歌吸取营养，诗风通俗清新，反映了民间疾苦，寄托了政治抱负。散文也有成就。作品编为《刘宾客集》。

陋　室　铭

山不在高，有仙则名[①]。水不在深，有龙则灵[②]。斯是陋室[③]，惟吾德馨[④]。苔痕上阶绿，草色入帘青。谈笑有鸿儒[⑤]，往来无白丁[⑥]。可以调素琴[⑦]，阅金经[⑧]。无丝竹之乱耳[⑨]，无案牍之劳形[⑩]。南阳诸葛庐[⑪]，西蜀子云亭[⑫]。孔子云：“何陋之有![⑬]”

【题解】

这是一篇脍炙人口的短文。采用了古代“铭”的文体。铭，原是刻在金属器物或碑上的，后来发展成为一种文体。内容多是赞颂功德或劝勉鉴戒，形式上简练押韵。它的分支也很多，像器物铭、座右铭、墓志铭、山川之铭等。刘禹锡的这篇铭文别具一格，以陋室为题自述己志，近于器物铭。选自《刘宾客集》，许多古文选本也都曾选过。

【注释】

①名：著名，出名。

②灵：神奇灵异的色彩。

③斯：这。　陋室：简陋的屋子。

④馨：香，比喻美好。

⑤鸿儒：渊博的学者，名人。

⑧白丁：没有名望、知识的俗人。

⑦素琴：没有藻绘的琴。

⑧金经：用泥金书写的佛经。

⑨丝竹：弦管乐器。这里用来代替乐器所发出的声音。

⑩案牍：官府的文书。

⑪诸葛庐：指蜀汉诸葛亮隐居南阳邓县隆中的茅庐。

⑫子云亭：指汉代扬雄在成都写《太玄经》的地方，被称为“草玄堂”或“玄亭”。扬雄（前 53—18），字子云，蜀郡成都人，西汉末年大学者、辞赋家。

⑬语出《论语·子罕》：“子欲居九夷，或曰：‘陋，如之何?’子曰：‘君子居之，何陋之有!’”

【今译】

山不在于高，只要有了仙人就会出名；水不在于深，只要有了蛟龙就会显灵。这虽是一间简陋的小屋，但我的品德学问却四处飘香。苔藓布满台阶一片碧绿，草色映进帘内满室青葱。在这里谈笑的都是博学的名士，往来进出的没有一个粗俗的庸人。可以在这里弹奏没有雕饰的古琴，也可以在这里翻阅用泥金书写的佛经。没有管弦乐队来刺激耳鼓，也没官府公文来劳累身心。好像南阳诸葛亮的草庐，又好像西蜀扬子云的玄亭。孔子说过：“有什么陋可言呢!”

【析评】

我国古代有志之士，身居陋室而保持了高尚的志趣和道德情操，古书中多有记载。本文以铭文形式写这一主题，把描写、议论、抒情有机地结合在一起，抓住一个“陋”字做文章，隐隐把自己的“陋室”和那些卑污奢华的朱门高楼相比照，极力写“陋室”的佳处。以陋室里清雅高尚的生活，写主人心地恬静、品德高尚、志趣优雅，以及不肯与世同流合污的气节。铭文是用韵语写的，押韵、对仗，但却清新、简洁、自然、开朗，字句整齐而又有变化，风格俊逸潇洒。全篇可分三段。第一段，起语便高，用山不在高有仙则名，水不在深有龙则灵的俗语式比兴开头，映衬出居室虽陋，主人却有品德声望，铺垫下不陋的结论。接着以兴高采烈的笔调，以怡然自赏的情绪，对陋室进行了描绘。先写它清雅的环境，再写这里进出的都是高人学者来谈笑的，并非庸人俗客来请托苞苴的，然后写它内部的生活是弹琴阅经的雅事，而没有雅得那么俗的丝竹乐舞，没有煞风景的官衙文书来劳苦。“吾德之馨”已经扑面而来了。第三段，用了三个典故，先以诸葛亮胸怀天下的草庐和扬子云潜心著述的玄亭来比拟陋室，写出自己的高情逸韵，将第二段具体描写的意义烘托出来，安处陋室并非苟且偷生。最后借孔子一句话做结，孔子这话是讲君子可以住陋室的。“君子居之，何陋之有”，这里把“君子居之”略去，实际就是讲君子居之的意思，却显得含蓄，显得好像孔子说的就是这陋室似的。结语冷隽，余味无穷。读了这篇短文，再看历史上那些亭台楼阁，虽有乐声盈耳、绮罗满眼，虽有古董名画、山珍海错，真跟粪土一样；一时屈居陋室却照样可以有崇高的理想和人格！人们见得多了，不是吗？

李　肇

李肇，生卒年月及字号、籍贯不详。中唐人，元和年间做中书舍人。著《国史补》三卷，三百零八事，记载了唐代玄宗开元至穆宗长庆百余年间的史实，自言取法刘悚的《传记》，自序中所谓："续《传记》而有不为：言报应、叙鬼神、征梦卜、近帷箔（床第间事），悉去之；纪事实、探物理、辨疑惑，示劝戒，采风俗，助谈笑，则书之。"作者态度严肃，事信辞雅，从中可见当时的社会习尚、人物风貌以及制度沿革等，是记叙的佳作。我们选了两篇，思想内容和文笔情致很可借鉴。

刘颇偿瓮直

渑池道中①，有车载瓦瓮，塞于隘路②。属天寒③，冰雪峻滑，进退不得。日向暮④，官私客旅群队，铃铎数千⑤，罗拥在后⑥，无可奈何。有客刘颇者，扬鞭而至，问曰："车中瓮直几钱⑦？"答云："七八千。"颇遂开囊取缣⑧，立偿之。命僮仆登车断其结络⑨，悉推瓮于崖下。须臾⑩，车轻得进，群噪而别。

【题解】

本文选自《国史补》，记载一次交通堵塞和旅客刘颇果断慷慨出资解决堵塞的过程。

【注释】

①渑（miǎn）池：地名，在今河南渑池县，为东西交通要道。
②隘路：山涧间狭窄的道路。
③属（zhǔ）：正赶上。

④向暮：将晚。

⑤铃铎：驾车的骡、马颈下带的铃铛，这里代指车马。铎（duó）：敞口悬舌大铃。

⑥罗拥：罗列拥挤。

⑦直：值，价值。

⑧缣（jiān）：一种丝织细绢，当时可作货币用。

⑨结络：捆瓮的绳结。

⑩须臾：一会儿。

【今译】

渑池道上，有车子装载着瓦瓮，堵塞在险峻山腰的窄路上。正赶上天寒地冻，冰雪中又险又滑，进退不得。天将晚了，公私客旅成群结队，车马数千拥挤在后面，没有办法。有个旅客叫刘颇的，扬鞭骑马走到这里，问道："车里的瓦瓮值多少钱?"回答说："七八千文。"刘颇于是打开皮包取出缣帛，马上偿付。命令仆人上车，割断捆绑的绳网，把瓦瓮全推到山崖下面去了。一会儿，车轻了能够前进了，大家成群结伙地喧哗着向前离开了这里。

【析评】

这篇文章记叙了古代一次严重交通堵塞及其解决的全过程。只用了一百零一个字就记得清清楚楚。第一段用三句话把堵塞的严重情况描述出来。第一句写明地点在渑池道中，塞路的车辆载的是瓦瓮，怕打破。第二句写明天寒冰滑进退不得，扣上文瓦瓮怕打破，开下文堵住车马群。第三句日晚堵住数千车马，心急火燎而无可奈何。这就把当时矛盾摆出来了。第二段叙述解决办法及其过程，也是三句话：第一句来了个客人叫刘颇，一来就问瓦瓮值多少钱，写出价值。第二句写刘颇开囊取缣买下瓦瓮。第三句才写出刘颇的解决办法是将瓦瓮推到崖下，由前面怕打破而"进退不得"引出的，以打破来解决怕打破的矛盾。其中瓦瓮价值与堵塞道路造成的损失相比微乎其微，在刘颇问价中顺便带出，写刘颇非只写其慷慨，而且写其胸有成算。这一段只按事情顺序写来，最后才把办法挑明，豁然开朗。第三段只一句，堵塞一下解决了，“车轻得进，群噪而别，”轻松的情绪跃然纸上，文气也如开闸之水，顺流而下。这件小小的棘手难办之事是以快刀斩乱麻的办法解决的。刘颇的智慧、魄力、果断固然对我们有启发，但文笔的利落干脆也是难得的。如果能用这等简明的文字起草简报，那将是功德无量的事。

崔昭行贿事

裴佶常话[①]：少时姑父为朝官（不记名姓），有雅望[②]。佶至宅看其姑，会其朝退[③]，深叹曰：“崔昭何人[④]，众口称美！此必行贿者也。如此安得不乱?”言未竟[⑤]，阍者报：“寿州崔使君候谒[⑥]!”姑父怒呵阍者[⑦]，将鞭之。良久，束带强出[⑧]。须臾，命茶甚急[⑨]，又命酒馔，又令秣马饭仆[⑩]。姑曰：“前何倨而后何恭也![⑪]”及入门，有得色[⑫]，揖佶曰：“且憩学院中。[⑬]”佶未下阶，出怀中一纸[⑭]，乃昭赠官绝千匹[⑮]。

【题解】

选自《国史补》。写一个封建官僚在贿赂面前的表现，刻画出伪君子两面派的嘴脸，反映了中唐时期官场的腐败。

【注释】

①常：通“尝”，曾经。

②雅望：清正美好的声望。

③会：刚好碰上。　朝退：上朝回来。

④何人：算个什么人!

⑤竟：完。

⑥阍（hūn）者：门房、守门的。　寿州崔使君：寿州（今安徽寿县）崔刺史。当时崔昭为寿州刺史。古代对州郡长官尊称为“使君”。谒（yè)：进见，下级求见上级。

⑦呵：呵斥。

⑧束带：指更衣，由便装换官服。 强：勉强。

⑨命茶：命人端茶奉客。

⑩秣（mò）马：喂马。 饭仆：招待仆人吃饭。

⑪倨（jù）：傲慢无礼。

⑫得色：得意之态。

⑬憩（qì）：休息。

⑭出怀中：省略了主语，即为朝官的姑父从怀里拿出。

⑮官絁（shī）：能当钱用的标准绢绸。

【今译】

裴佶曾经说：年轻时姑父在朝中做官（不记载他的名姓了），有清正美好的声誉。裴佶去看姑姑，正赶上他上朝回来，深有感触地说："崔昭是什么东西！众口说好！这一定是行贿送礼的人呀！这样天下怎么能不乱呢?"话还没说完，门房报告："寿州崔使君等候进见!"姑父发脾气呵斥门房，要鞭打他。好长时间，才换上官服勉强出去了。一会儿，非常急迫地命人端茶敬客，又命人准备酒席，又命人给客人喂马，招待跟来的仆人吃酒饭。姑姑说："前一段怎么那么傲慢而后一段怎么又这么恭敬呀!"等到姑父进门来，脸上很得意的样子，向着裴佶拱手说："暂时请到书房休息会儿。"裴佶还没下台阶，姑父就从怀中掏出一张纸，原来是崔昭赠送的标准绢绸一千匹的礼单。

【析评】

这篇记叙文是以记言的形式记事的。它的主题是反映中唐时期吏治腐败、贿赂公行的状况。但它不是全面概括叙述，而是采用典型人物的典型事件来表现的。因是历史散文，不是文艺作品，不能用虚构来塑造典型，而只能从生活中选取典型。它所记下裴佶说的这件事是很有典型意义的，文笔也相符。开头先记"裴佶常话"，是实事求是的记法，有真实感，也定下了叙述的角度和范围，都是裴佶口说自己耳闻眼见的。本文分三段。首段先交待裴佶姑父"为朝官，有雅望，"深深感叹于崔昭行贿而众口称美。中段，崔昭说到就到，朝官先不爱理，后来突然命茶甚急，又命酒馔，又命秣马饭仆，连续“三命”写出发生了一个戏剧性的变化，并以姑姑的话存了个疑问在这里。末段揭晓了，态度变化的契机正是受贿，而且面有得意之色，等不及裴佶下阶就拿出赠物单据来看，撕下了正人君子的假面，露出了卑鄙贪财的灵魂。前后通看，相映成趣；首尾呼应，满盘皆活。当时有雅望的人尚且如此，一般官员不问可知。通过一件事写一个人，通过一个人，反映了社会。语言上蕴藉幽默，刻画入微。

来 鹄

来鹄，一作来鹏，生平、字号不详。晚唐时豫章（今江西南昌）人，家住徐孺子亭边，林园自乐，学习韩愈、柳宗元的“古文”，写了不少诗文。宣宗大中（847—860）和懿宗咸通（860—874）年间，才名很大，曾看到《穆宗实录》而写了一篇颂，被称为“乡校小臣”，未得任用。他才高志大，而又家贫不达，深知社会弊端，因此忿忿不平，诗文多所讥嘲触忤，为当时的官吏所忌恨厌恶，几十次上书、考试都被黜落。只有尚书韦宙很赏识他，请作幕宾，带他游蜀，又想纳为女婿，极力推荐他。可后来又因诗句冒犯禁忌，未成，遂致坎坷终生。僖宗广明年间遭乱，避于荆襄；中和年间死在维扬（今扬州）旅店。有诗一卷，现已佚。留存了一些单篇诗文，犀利不凡，很有见地和文彩。

俭不至说

剪腐帛而火焚者[①]，人闻之，必递相惊曰[②]：“家之何处烧衣邪？”委余食而在地者[③]，人见之，必递相骇曰：“家之何处弃食邪？”烧衣易惊，弃食易骇，以其衣可贵而食可厚[④]，不忍焚之弃之也。然不知家有无用之人，厩有无力之马[⑤]。无用之人服其衣，与其焚也何远[⑥]；无力之马食其粟，与其弃也何异？以是焚之，以是弃之[⑦]，未尝少有惊骇者。公孙弘为汉相[⑧]，盖布被，是惊家之焚衣也，而不能惊汉武国侍奢服；晏子为齐相[⑨]，豚肩不掩豆[⑩]，是骇家之弃食也，而不能骇景公之厩马千驷[⑪]！

【题解】

“说”是古代议论文的一种文体，比“论”、“辩”要显得随便一些，自由一些，相当于现在的“谈谈”。俭不至，是节俭得不是地方的意思。文章论述了世上只注意在衣食方面小的地方节俭，而忽略了大的浪费，认为这种大处不算小处算的节俭，从治国者、社会管理者的角度看，是不在点子上的。选自宋代姚铉编的《唐文粹》。

【注释】

①腐帛：朽败了的布帛。帛，丝织品。　焚：烧。

②递相惊：一遍一遍地相互惊叹。惊，惊怪，惊讶。后文引申为注意、重视的意思。

③委：丢弃，弃置。　余食：吃剩下来的食物。

④可厚：可宝爱，值得珍惜。

⑤厩（jiù）：马棚。

⑥何远：有多远呢，指没有多远。　何异：有什么不同，指没有不同。皆反问句。

⑦是：这。以是：用这种方式、这种办法——指养不做事的人，不出力的马。

⑧公孙弘（前201—前121）：淄川（今山东淄博）人，西汉前期经学家。汉武帝元狩五年（前124）为宰相，封平津侯。主张“人主病不广大，人臣病不节俭”。一生盖布被，每顿只有一个肉菜。

⑨晏子：晏婴（？—前500），字平仲，春秋时齐国国相，历灵公、庄公、景公三世，以节俭著名，每餐不吃两个以上的肉菜，家里妾不穿帛，不用好车马，不肯换大房子住。

⑩豚（tún）肩：猪肘。　豆：古代盛食品的器皿。豚肩不掩豆，是说祭品很俭薄，猪肘很小，不能盖住食器。晏子豚肩不掩豆，见《礼记·礼器》。

⑪驷：四匹马。古代是四匹马拉一辆车。景公厩马千驷，根据《论语·季氏》。

【今译】

剪下腐朽的布帛用火烧了，人闻到了必然要相互惊叹说：“家里哪儿烧了衣裳了？”丢弃了剩饭在地上，人见到了，必定会相互惊叹说：“家里哪个抛掉食物了？”烧了衣服容易惊动人，抛掉食物容易使人惊讶，这是因为衣服可贵而食物值得珍惜，不忍心烧了它、扔了它呀。然而却不知道家里有没用的人，马棚里有没力气干活的马。没有用处的人穿那衣服和把它烧了有多大差别呢？没有力气干活的马吃那粮食，和把它扔掉了有什么不同？而用这种方式把它“烧”了，用这种方式把它“扔”了，不曾稍有惊讶奇怪的。公孙弘做汉朝的宰相，盖布被子，正像是家里烧了衣服能引起他的注意，而汉武帝把整个国家都用来奢侈享受，倒没有引起他的注意；晏婴为齐国国相，祭祀时肘子小得装不满祭盘，正像是家里抛洒了食物引起他的震惊，而齐景公私人马棚里养四千匹马却引不起他的震惊。

【析评】

这篇议论文指斥节俭的不是地方。经营管理时“大处不算小处算”，为一般人所不觉，然而关系重大，直到国之兴亡，所以这主题很有意义，而且是作者独到之见。作者不是采用长篇大论，而是采取比较自由的“说”体，从小处、眼前说起，引而申之，最后说到国家大事。这样，一个看来似乎很小的问题，不做惊人之笔，只用譬喻来说道理，重大意义全显现出来了，读者不能不点头称是。全篇就写了三段，第一段忽然而来，写焚朽衣弃剩饭引起人们惊怪。第二段承接一转，深入一步，写无用之人、无力之马，空费衣食等于焚衣弃食而人们并不惊怪。这就从人们能看出的问题引到人们常见而看不出的问题上，见地高出一筹。第三段再承接一转，写到治国者“俭不至”，用了两个历史上肯定的人物公孙弘、晏婴为例，更是一般人所想不到的，新意盎然，发人深思。而汉代衰落也确实是从汉武极盛时的奢侈开始的，齐国骄侈而亡也确在景公时就已显露了端倪。这篇文章很有针对性，却不点明便戛然而止，留下了让读者掩卷而思的余地。

第五辑

范仲淹

范仲淹（989—1052），字希文，苏州吴县（今江苏苏州）人，北宋时的政治家、文学家。真宗祥符八年（1015）中进士，为官清廉正直，有政绩。仁宗天圣年间任西溪盐官时，曾建议修建捍海堰；宝元三年（1040），任陕西经略安抚招讨副使，加强了对西夏侵扰的防御，被称为“胸中自有数万甲兵”。仁宗庆历三年（1043），出任参知政事，条陈十事，要求改革整顿，包括择长官、裁官吏、限恩荫、重农桑、修水利、修武备、减徭役等，与富弼、韩琦推行“庆历新政”。一年后失败，出为陕西四路安抚使。后来死于赴颍州道上。范仲淹诗文有相当高的成就，传下来反映边塞生活的五首词，写得明朗雄健；他的文章是为政治主张服务的，《岳阳楼记》的“先天下之忧而忧，后天下之乐而乐”，成为千古传诵的名句。死后谥“文正”，有《范文正公集》传世。

严先生祠堂记

先生，光武之故人也[①]，相尚以道。及帝握赤符[②]，乘六龙[③]，得圣人之时[④]，臣妾亿兆[⑤]，天下孰加焉[⑥]？惟先生以节高之[⑦]。既而动星象[⑧]，归江湖[⑨]，得圣人之清[⑩]，泥涂轩冕[⑪]，天下孰加焉？惟光武以礼下之。在蛊之上九[⑫]，众方有为，而独“不事王侯，高尚其志”，先生以之。在屯之初九[⑬]，阳德方亨，而能“以贵下贱，大得民也，”光武以之。盖先生之心，出乎日月之上；光武之量，包乎天地之外。微先生[14]，不能成光武之大；微光武，岂能遂先生之高哉[15]！而使贪夫廉、懦夫立，是大有功于名教也[16]。仲淹来守是邦[17]，始构堂而奠焉[18]，乃复为其后者四家以奉祠事[19]。又从而歌曰：云山苍苍，江水泱泱[20]，先生之风，山高水长。

【题解】

严先生是严光，又名严遵，字子陵，东汉初年余姚（今浙江余姚）人。早年曾和光武帝刘秀一起游学；刘秀当了皇帝，他改名隐居，不肯出仕。后来刘秀派人找到他，授官谏议大夫，他辞不受命，回富春山隐居终老。刘秀很尊重他，始终以礼相待，在《与严子陵书》里说："朕何敢臣子陵哉！"又说："箕山颍水之风，非朕敢望。"范仲淹在严光故乡严州任职，为严光修了一座祠堂，本文就是为祠堂写的"记"。收在《范文正公集》里。

【注释】

①光武：东汉的光武帝刘秀（前6—57），字文叔，南阳蔡阳（今湖北枣阳东南）人，西汉末农民起义时，他起兵加入绿林军，力量逐渐扩大，在公元25年即位建立东汉王朝。

②赤符：即"赤伏符"，刘秀军在鄗邑（今河北高邑）时，有个儒生叫疆华从关中带来赤伏符献上，大意是刘秀起兵，其时正合恢复汉室。这被看作天降瑞祥，刘秀即时称帝。

③六龙：指《周易》乾卦六爻。《易》以阳爻、阴爻共三条组成八卦，八卦重叠组成六十四卦。乾卦是六条阳爻组成，被比拟为六龙，《易经·乾》："时乘六龙以御天。"解释为国君凭借六爻阳气来统治天下。

④得圣人之时：得到为圣人的时势。语出《孟子·万章下》："孔子，圣之时者也"。

⑤臣妾：男女奴仆。亿兆：古代十万为亿，十亿为兆，亿兆即千百万的意思。臣妾亿兆，即以亿兆为臣妾，统治亿万人民。

⑥加：超越。

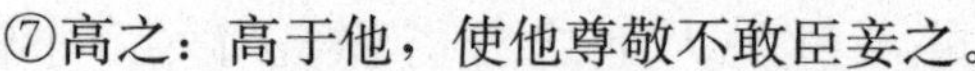

⑦高之：高于他，使他尊敬不敢臣妾之。

⑧动星象：惊动天象。《后汉书·严光传》记载，刘秀和严光睡在一张床上，梦中严光把脚搁在刘秀身上了，第二天太史报告夜观天象“客星犯帝座甚急。”这是一种迷信的说法。这里动星象是说严光和刘秀以主客朋友之礼相待。

⑨归江湖：不受官而归隐。

⑩圣人之清：圣人才能达到的那种不为富贵所动的清高境界。语出《孟子·万章下》：“伯夷，圣之清者也。”

⑪泥涂轩冕：把表示官爵的轩（有帷幕的车）、冕（官帽）看作污泥浊水。

⑫在蛊之上九：蛊为《易》之卦名，上九是指该卦从下数第六条是阳爻。蛊卦前五爻都是作事的征兆，唯有第六爻上九的爻辞是“不事王侯，高尚其事，”这里指不做官隐居。　以之：与之相应。

⑬在屯之初九：屯，易经卦名，“初九”指卦中第一爻是阳爻，其象辞是“以贵下贱，大得民也”，当是为君之象。君属阳，阳德方亨，于君有利。

⑭微：无，没有。

⑮遂：完成。

⑯名教：封建社会中和等级制度联系的名分、礼教。

⑰是邦：本郡，指严州，今浙江桐庐。

⑱构：建。　奠：祭奠。

⑲复：免除徭役。

⑳泱泱：深广浩大的样子。

【今译】

先生是光武皇帝的旧友，彼此从道义的角度相崇敬。等到光武帝得到“赤符”、驾御六龙、获取了做皇帝的时势机缘，统治亿万人民，天下谁能超过他呢？只有先生以自己的节操使他感到更高。后来先生拿皇帝做朋友对待而震动星象，又不受官爵归隐江湖，达到圣人那种清高的境界，把高官厚禄视同泥土，天下谁能超得过呢？惟有光武以礼相待使他不能不屈身与之交游。在蛊卦的上九爻，其他各爻都显示有侍奉的事做，唯有这一爻显示“不奉事王侯，保持志节的高尚”。先生的作法正与之相应。在屯卦的初九爻，阳德正亨通，显示了“以贵人之体而屈身交结地位卑下的人，大得民心，”光武帝的作法正与之相应。可以说先生的思想品德，比日月还高远；光武帝的气量，比天地还广大。没有先生，就不能反映光武帝气量的宏大；没有光武帝又怎能显示先生品德的高尚呢！先生能使贪鄙的人清廉起来，使懦夫勇敢起来，对于名分礼教是有大功的。我范仲淹来到本州为太守，才开始建造祠堂来祭祀先生，就免除先生四家后代的徭役让他们来管理祭祀的事。于是又作了一首歌，道是：云山郁郁苍苍，江水浩浩荡荡，先生的道德作风，更比山高水长。

【析评】

作者建祠堂、写“记”文的目的，是歌颂古代严光不慕荣利、保持气节的高贵品质，以提倡人品风操，针砭当时官场的狗苟蝇营、卑污贪鄙的恶劣倾向。写法上是以严光和光武相比并，严光为主，光武为辅，严光为实，光武为虚，互相衬托，虚实相生，相反相成，相得益彰。与此相应的是采取了排比的修辞方法和对偶句式。全文共三部分。第一部分以严光与光武的关系写严光的高尚。开首从严光说起，从光武角度说严光，两者便挂在一起，一路对应比照说下去，而“相尚以道”是其纽带。极写光武称帝之高贵，“惟先生以节高之”一句便衬出了严光；极写严光节操之清高，“惟光武以礼下之”，便衬出光武，但主体还是严光。第二部分，连用三个对应的排比句，以严光与光武映衬，节节相生，层层深入。所引易象爻辞今天不很好懂，但当时是凡读书人都读过的经典，引经相证，使文章增加了变化，使得排比不显呆板。“而使”二字，使两相比照独归严光，主次分明，于是何以要建祠的意思便写出来了。第三部分交代建祠事宜，最后以歌作结，是“嗟叹之不足则咏歌之”的意思，打破了对偶排比结构，显得活泼生动，余音袅袅。据记载，原稿是“先生之德，山高水长。”后来给李觏（字泰伯）看，李给改成“风”，范仲淹叹服。因为改成风，暗用了“君子之德风，小人之德草，草上之风必偃”（《论语·颜渊》）的典故，更说明修祠砭时的用意。而“风”比“德”生动形象，与“山高水长”相合，且带有感化别人的意思，因而更蕴蓄丰富。所以有人评价说，“此字真值千金矣!”

包　拯

包拯（999—1062），字希仁，庐州合肥（今安徽合肥）人，宋仁宗天圣五年（1027）举进士，曾知端州（今广东高要），廉洁无私，端州产名砚，包拯一块不取。后来曾做过监察御史，天章阁待制、知谏院，龙图阁直学士，权（代理）知开封府等官。他的官阶不高，但是为人峭直刚毅，清正忠厚，直言敢谏，不畏权贵；又爱护百姓，反对苛刻，被民众目为清官。当时京都开封有谚语说："关节不到，有阎罗包老"。死后赠礼部尚书，谥号"孝肃"。元代以后，在戏剧小说中，被塑造为公正无私的清官典型，流传民间，极受爱戴。有奏议十五卷，现有《包拯集》行世。

乞不用赃吏疏

臣闻：廉者民之表也①，贪者民之贼也②。今天下郡县至广，官吏至众，而赃污擿发③，无日无之。洎具案来上④，或横贷以全其生⑤，或推恩以除其衅⑥，虽有重律，仅同空文，贪猥之徒⑦，殊无畏惮。昔两汉以赃私致罪者，皆禁锢子孙⑧，矧自犯之乎⑨！太宗朝⑩，尝有臣僚数人犯罪，并配少府监隶役⑪，及该赦宥⑫，谓近臣曰："此辈既犯赃滥，只可放令逐便⑬，不可复以官爵。"其责贪残、慎名器如此⑭！皆先朝令典，⑮固可遵行。欲乞今后应臣僚犯赃抵罪，不从轻贷，并依条施行，纵遇大赦，更不录用，或所犯若轻者，只得授副使上佐⑯。如此，则廉吏知所劝，贪夫知所惧矣。

【题解】

宋朝官僚队伍的庞大、对官吏的优待和对官吏犯罪的宽宥，都是空前的，因而吏治腐败、赃赂公行也极突出。北宋到了仁宗时代，表面上平安无事，内里却也尽上来了，招权纳贿，日炽一日。号称清官的包拯，在任监察御史时，写了这篇奏疏上给仁宗皇帝，要求对赃官严加惩处，永不叙用。选自《包拯集》。

【注释】

①表：表率，楷模。

②贼：蟊贼，一种害虫，这里指危害人民的人。

③擿（tì）发：揭发。

④洎（jì）：等到。　具案：立案具卷。

⑤横：不由正道，不按正理。　贷：宽免，饶恕。　横贷：不按正理地宽恕开脱。

⑥推恩：扩大特殊恩典。　衅：罪名。

⑦贪猥之徒：贪污卑劣的家伙们。

⑧禁锢：限制不许做官。

⑨矧（shěn）：况且。

⑩太宗朝：宋太宗赵光义在位的时候（976—997）。

⑪配：发配，流放。　少府监：主管制作宫中衣服、器用的机关。　隶役：隶属服役，被看管劳作。

⑫赦宥（yòu）：赦免。

⑬放令逐便：放回去让他们自便。

⑭名器：等级名位及其应有的仪仗车服。慎名器，即不轻易以名器与人，指严肃地对待授官与爵，维护其尊严。

⑮令典：好制度。

⑯副使：副职，属官。　上佐：辅佐官员。

【今译】

为臣听说：清廉的官员是人民的表率，贪赃的官吏是百姓的蟊贼。现在天下郡县非常广大，官吏非常众多，而被揭发的贪污受贿的罪行，没有一天没有。等到立案写成公文送到上级部门，有的假借名目来保全他的生命，有的推广特殊恩典来开脱他的罪行，虽然有严峻的法律，只是等同一纸空文，贪污卑鄙的家伙们，实在没有什么畏惧的。过去西汉东汉时期以贪赃营私犯了罪的，都限制子孙做官，何况自己犯罪呢。我朝太宗在位期间，曾有几个大臣犯了罪，一起发往少府监管制服役，等到该赦免的时候，太宗对身边的臣子说："这些家伙既然是犯贪赃罪，只应该放回去让他们自谋生路，不可再恢复官爵。"他的责罚贪官民贼，对待名位爵禄就是这样严肃不苟。这些都是过去好的典章制度，完全可以遵守行施的。我想要求今后一切官员犯赃抵罪，不得从轻宽免，都要按法律条文来办事，即使遇到大赦，也不录用他们；有的犯罪很轻的，只能够任命为副职或辅佐官吏。这样，清廉的官吏就会得到鼓励，贪鄙的人也知道有所畏惧了。

【析评】

怎样才能有效地制止贪赃枉法，这是包拯本篇奏疏的主旨。他分三个层次来说明这个问题：第一层，从两面概括廉、贪在治民中的不同作用，提出当时官吏贪污而又不受惩处的情况到了何等严重的地步。第二层，引先朝盛世行之有效的做法。先叙两汉先例，后引本朝旧惯。第三层，自然引出主旨，解决民贼贪官的办法就是严惩不贷，依律定罪，纵遇大赦，更不录用。然后以这种做法在廉贪两种官吏引起的效果作结，扣住开头。

论诏令数改易疏

臣窃见朝廷凡降诏令[①]，行之未久即有改张，故外议纷纭，深恐于体不便[②]。且诏令人主之大柄[③]，而国家治乱安危之所系焉，可无慎乎！缘累年以来，此弊尤甚：制敕才下[④]，未逾月而辄更；请奏方行[⑤]，又随时而追改。民知命令之不足信，则赏罚何以沮劝乎[⑥]？臣欲乞今后朝廷凡处置事宜，申明制度，不可不慎重。或臣僚上言利害，并请先下两制集议[⑦]。如可为经久之制，方许颁行；于后或小有异同，非蠹政害民者[⑧]，不可数有更易[⑨]。如此，则法存画一[⑩]，国有常格[⑪]。伏望少留圣意[12]，天下幸甚。

【题解】

这是包拯在皇祐年间做天章阁待制、知谏院时，上仁宗皇帝的奏疏。针对以皇帝名义下的诏令经常改变，分析出一番道理，提出自己的建议。选自《包拯集》。

【注释】

①窃：谦词。　朝廷：指皇帝。　诏令：皇帝使用的一种公文，即向臣民发布的命令、告示。

②体：指政体。

③柄：权柄，权力。

④制敕（chì）：皇帝所下诏令。制，汉以后曾只用来颁布制度法规，后一般诏书也可称“制”。敕，原指凡上级对下级的书面指示都可称“敕”，六朝以后为皇帝专用。

⑤请奏：请示奏议。

⑥沮（jǔ）：阻止。　劝：勉励，提倡、推动。

⑦两制：指中书和枢密两院，亦称二府。

⑧蠹政：损害政权，损害国家。

⑨数：屡次、多次。

⑩画一：即“划一”，一致。

⑪常格：一定的规格制度。

⑫伏：公文中常用的谦词。　圣：对帝王的敬词。“旨”称为“圣旨”，“意”称为“圣意”。

【今译】

为臣我看到朝廷所发布的诏令，执行不久就有改变，以致社会上议论纷纷，深怕对于政体不利。而且诏令是人主的大权，又是与国家治乱安危直接有关的事，难道可以不慎重吗！可是多年以来，这种弊病更厉害了：政策法令刚刚颁下，没过月就更改了；请示奏议刚刚批准施行，紧接着就变动了。老百姓知道政策法令不值得信，那么政策法令所规定的赏罚怎么能够制止或推动他们的作为呢？我想请求今后朝廷凡处置事务、申明制度，不可不慎重。大臣官员上书建议兴利除弊，都要先发到中书省、枢密院两府，集中有关官员讨论。如果可以作为一个长时期的制度法规，才允许颁布实行；以后如果小有不同意见，只要不是损害国家、坑害百姓的，不可屡次更改变易。这样，则法令政策就统一了，国家就有了一定的准绳。希望您稍稍注意一下这个问题，那天下百姓就非常幸运了。

【析评】

法令数改、政策多变，自古就是为政的大忌，包拯此疏，甚有见地。而他的文字能力又足以表达出来，二百字里能够提出问题，分析问题，提出解决办法。全文分三段。第一段开门见山提出朝廷政策法令多变，从道理上看应该慎重。一是外议纷纭，要引起混乱，对政权不利；二是那属于皇帝的神圣大权，是关系国家命运的。第二段，接着讲近年多变的严重情况及其后果：老百姓无所适从，政令失去了效力。第三段提出自己的解决办法，有三层意思，首先是皇帝要慎重，这是第一关；其次制定时要慎重，讨论妥当才许颁发，这是第二关；最后，颁行以后不要听风就是雨，不是损国害民的不能轻易变动，这是第三关。按照这个办法改革的结果会怎样？用一个判断句概括起来作了结尾。封建社会科举出身的官吏在起草文件方面都受过严格训练，包拯不是文学家，但章表公文写得很好。

论百官致仕疏

伏以人臣之义[①]，七十致仕，著在《礼经》[②]，卓为明训[③]，所以优假老成[④]，遂其安逸。既不违达尊之教[⑤]，且开知足之端。历代所钦[⑥]，治宜敬切[⑦]。本朝典故[⑧]，尤所重之。凡曰“引年，”[⑨]莫非延世[⑩]，推之半禄[⑪]，待以优恩。其于惇劝之方[⑫]，可谓至乎其至也[⑬]。然而近岁寖成敝风[⑭]，搢绅之间[⑮]，贪冒相尚[⑯]，但顾子孙之计，殊忿羞恶之心[⑰]；驰末景于桑榆[18]，负厚颜于钟漏[19]，不知其过，自以为得，诚非朝廷所以待士大夫之意，又非士大夫所以遵礼义之常也[20]。臣思及此，悚然汗下[21]。伏望特降指挥御史台[22]，将文武班簿检会[23]，应臣僚年及七十，并令台牒讽其致仕[24]；如牍举后三两日内[25]，未见抗章祈请[26]，乞自朝廷降令致仕，所贵稍遏趋营之弊[27]，颇惇廉耻之风。

【题解】

致仕，又称“致事”，即告老辞官。宋朝由于官吏待遇优厚、吏治腐败，不按制度致仕的人很多，就是所谓“恋禄”，致使效率降低，人才之路堵塞，年轻有为之士上不来。包拯知谏院时，写了这篇奏疏给仁宗皇帝。选自《包拯集》。

【注释】

①伏：公文中以下对上的谦词。　义：按道理应该做的。

②《礼经》：即《礼记》，相传为孔子弟子所记，是儒家经典，所以叫《礼经》。《礼记·内则》说，男子“七十致事”，到了七十岁“致其事于君而告老。”

③卓：高远，突出。　训：法则。

④假：宽容。　老成：年纪大、阅历多，指老年人。

⑤达尊：儒家所说天下共同尊敬的。《孟子·公孙丑下》：“天下有达尊三：爵一，齿一，德一。”天下共同尊敬的东西有三样，一是爵位，二是年高，三是有德。达尊之教这里指尊重老年人。

⑥钦：重。

⑦治：办理。　敬：不怠慢。　切：恳切、迫切。

⑧典故：典制掌故。指已有的制度和已行的事例。

⑨引年：告老，年老退休。

⑩延世：延年益寿。

⑪推：推恩。　半禄：领取一半俸禄。

⑫惇：重视。　劝：提倡。　方：方术，办法。

⑬至乎其至：到了头了。第二个“至”是极致，顶端的意思。

⑭近岁：近年。　寖（jìn）：同“浸”，浸润，逐渐。　敝风：坏风气。

⑮搢（jìn）绅：高级官吏的装束是“搢笏垂绅”，即插着笏板，垂着宽腰带，所以用作官宦的代称。

⑯尚：夸，自负。

⑰愆：丧失。

⑱桑榆：指日落余光所在的地方，比喻人的垂老之年。

⑲钟漏：钟鸣漏尽的省词，意思是晨钟已鸣，夜漏将尽，比喻年已迟暮。《三国志·魏志·田豫传》：“年过七十，而以居位，譬犹钟鸣漏尽而夜行不休。”

⑳常：常情，常态。

㉑悚（sǒng）：恐惧。

㉒御史台：宋朝的监察机关，因为主官为御史中丞，下设监察御史，所以亦称御史台。

㉓检会：汇集检验。

㉔牒：公文、证明。　讽：讽示，用委婉的语词劝告、暗示。

㉕牍：文牍，公文。　举：提出。

㉖抗章：上书。　祈请：请求，要求。

㉗趋营：趋奉营私。

【今译】

我认为人臣应遵奉道理，七十岁退休明明写在经典《礼记》上，卓然成为正确法则，用来优待年高有德的人，遂顺他安逸的需要。这既不违反尊敬老人的教训，而且开了知足的好风气。历代所看重的事，办起来应该敬慎切实；本朝已有的典章制度和已行的惯例，更应特别重视。凡说“引年”，无非是为延年益寿，推恩仍发一半俸禄，用优厚的恩礼对待。这作为重视提倡退休的办法，可以说是到了顶了。然而近年来逐渐养成一种坏风气，官宦们之间，贪财冒滥不按时退下而互相夸耀，只顾为子孙打算，完全丧失了羞恶之心；垂老之人奔走钻营，迟暮之年了还厚颜无耻，不认为是过错，反自以为得计，确实不符合朝廷用以对待士大夫的意图，也不是士大夫遵守礼义应有的常态。我想到这里，恐惧得流下汗来。我希望特别降旨给御史台，将文武各班的履历表汇集检查，臣僚凡年龄到了七十岁的，一律让御史台发文讽喻他退休，如果文件提出两三天内，还没见到他们上书请求的，希望朝廷下令让他们退休，这样做的好处是稍稍遏制一下趋利营私的社会弊病，很好地倡导一下讲究廉耻的风气。

【析评】

这一篇论百官致仕疏，有胆有识，有理有情，有虚有实。说有胆有识，是作者看到年老居位的危害，主要在于不遵礼义之常，造成社会风气的恶化，而提出这个问题要得罪一些高官显宦；说有理有情，是作者从经典根据、国家制度、个人生活各个角度讲出了致仕的道理。而对那些为了子孙而恋位奔走的，很气愤地发了几句诛心之论；说有虚有实，是指讲了道理之后实实在在地分析情况，提出解决办法。分析情况时并不具体指谁，提出的办法却是具体易行的。全文共分三段。第一段从《礼经》的根据说起，讲“致仕”的合理性，又从历代过渡到本朝，指出本朝制度、待遇更为合理。第二段，实指近年风气渐坏，官员们贪禄恋位，为子孙利益而奔走活动着不退休，违背了“致仕”的初衷。第三段，提出自己为此震动，想出一套有步骤、有区别的办法。这样一个复杂棘手的问题，我们今天要写一个报告，三百字怕也是下不来的。所以本文除了在思想内容上的借镜教化作用之外，文字、写作上也是很值得琢磨一番的。

欧阳修

欧阳修（1007—1072），字永叔，号醉翁、六一居士，吉水（今江西吉安）人，北宋时期的史学家、文学家。幼年丧父，在贫困的生活里坚持苦读。仁宗天圣八年（1030）中进士，做过谏官，支持范仲淹改革政治，反对保守的宰相吕夷简，因而受到打击，被多次贬官。后历任翰林学士、枢密副使、参知政事。晚年趋于保守落后，反对王安石变法。文学方面他主张革新，重视内容、反对浮靡，崇尚实用，奖掖后进，居于文坛领袖地位，领导了宋代诗文革新运动。他的文章写得很好，有丰富的政治内容，风格畅达自然，其中文艺性散文以跌宕旷远，神韵悠扬，富于感情闻名。是“唐宋八大家”之一。诗词也有相当的成就。死后谥“文忠”，有《欧阳文忠集》。他又是大史学家，曾与宋祁合修《新唐书》，并且独自撰写了《新五代史》，“褒贬善恶，为法精密”，有很高成就。

非非堂记

权衡之平物[①]，动则轻重差，其于静也，锱铢不失[②]。水之鉴物[③]，动则不能有睹，其于静也，毫发可辨。在乎人，耳司听[④]，目司视，动则乱于聪明[⑤]，其于静也，闻见必审[⑥]。处身者不为外物眩晃而动[⑦]，则其心静，心静则智识明，是是非非[⑧]，无所施而不中。夫是是近于谄，非非近乎讪[⑨]，不幸而过，宁讪无谄。是者，君子之常[⑩]，是之何加？一以观之[⑪]，未若非非之为正也。予居洛之明年，既新厅事，有文纪于壁末[⑫]。营其西偏作堂，户北向，植丛竹，辟户于其南[⑬]，纳日月之光。设一几一榻，架书数百卷，朝夕居其中。以其静也，闭目澄心[⑭]，览今照古，思虑无所不至焉。故其堂以非非为名云。

【题解】

宋仁宗明道元年（1032），欧阳修在洛阳重修使院时，建了一间书房，取名“非非堂”。这篇厅堂记，就是记叙建堂经过和说明取名用意的。非非，第一个非做动词用，第二个非做名词，意思是否定错误，以得到正确的结论。敢于否定和批判错误的东西，无疑是必要的，特别是在当时是非莫辨、众说纷纭、人皆明哲保身的情况下，要做到不容易。但是肯定正确和否定错误，是相反相成缺一不可的，过分强调否定、批判也会产生片面性，读本文时不可不察。选自《欧阳文忠集》。

【注释】

①权衡：秤。权是秤砣，衡是秤杆。

②锱铢：古代很小的计量单位。锱，一两的四分之一。铢为一两的二十四分之一。

③鉴：照。

④司：主管。

⑤聪明：耳聪目明。耳朵灵敏叫聪，眼睛看得清晰叫明。

⑥审：确实，真灼。

⑦处身者：处世立身的人。　外物：身外之物，指名誉地位、财物美色之类。　眩晃：炫目耀眼。

⑧是是：肯定正确的。第一个是作动词，第二个作名词。　非非：否定错误的。

⑨谄（chǎn）：阿谀奉承。　讪（shàn）：诽谤、中伤，讥讽。

⑩君子之常：有道德修养的人一般的常态。

⑪一以观之：综合起来考察。

⑫有文纪于壁末：天圣九年（1031）欧阳修到洛阳任职，第二年即明道元年，重修使院大堂，写了一篇《河南府重修使院记》，刻石于壁下。

⑬辟户：开凿窗户。

⑭澄心：使心地平静下来而清澈明净。　澄：澄之使清。

【今译】

用秤来称东西，摇动了就不准了，平静不动，一丝一毫也不差。用水来映照物体，动荡了就不能看到，等到它平静了，毫毛头发也能看清楚。拿人来说，耳朵管听，眼睛管看，动，就扰乱了耳聪目明；而在安静时，听、看一定很真灼。立身处世的人，不因为身外的名利地位炫耀晃眼而动摇，那么他的心就平静，心静那么智慧识见就明澈，肯定正确的，否定错误的，不论看待什么事都没有不中肯的。肯定正确近于阿谀奉承，否定错误近乎诽谤中伤，不幸而过分了一点，宁肯是诽谤嘲讽而不要是阿谀奉承。正确的言谈行为，是有道德修养的人的平常事，肯定它，对它的正确能增加什么呢？总的说来，不如否定错误那样正确呀。我到洛阳任职的第二年，修了办公议事的厅堂，这件事有一篇文章刻在堂壁之下。又在大厅的西侧营建了一间堂室，门朝北，种了一丛竹子，南面开了窗户，采纳太阳和月亮的光亮。里边设置了一个条案一张床，架上放了几百卷书，早晚呆在里面。因为它安静，闭目清心，观察当代、考查古代，没有什么不可以思索考虑的。所以这间堂室就以“非非”做名字了。

【析评】

这篇厅堂记，一上来却偏偏不写厅堂，而讲似乎与厅堂无关的道理，即某些事物在静的状态胜于动的状态。这个道理又是分几层说下来的。起笔突兀，用秤物作譬，动则失准，静则不差；接着用水作譬，动则不能映物，静则可鉴毫发；然后用人的耳目为证，动则乱于聪明，静则闻见必审；最后引到为人处世，心静则“是是”、“非非”无不中。这是第一段。由远而近，由浅入深，丝丝入扣，带着读者沿着自己的思路走下来。由谈物理而谈到人的认识。第二段，接着人类认识的“是是非非”，来论证“非非”这种方法的正确性。这里则已经由格物转入处世，针对当时的谀佞风气，应该宁讪无谄，因“是是”近谀，“非非”近讪，所以“非非”更正确，更重要。第三段才写到建堂，从外部竹树写起，从辟户采光写到室内，一几一榻，架书数百，朴素安静的环境适合冷静地考虑问题，抚今追昔，无不可想。在思考当中“是是”呢？还是“非非”？前面两段，静之为用，“非非”之理，都收束在这里。篇末点题，以“非非”为堂名，又含蓄地表明在这里是以否定错误，批判古今为己任的。结构的巧妙，语言的自然，思路的开阔，考虑的深刻，都很难得。可见，任何题目都可写出好文章的。

与田元均论财计书

修启：承有国计之命[①]，朝野忻然。引首西望，近审已至阙下[②]。道路劳止[③]，寝味多休[④]，弊乏之余[⑤]，谅烦精虑[⑥]。建利害[⑦]、更法制甚易，若欲其必行而无沮改[⑧]，则实难；裁冗长、塞侥幸非难[⑨]，然欲其能久而无怨谤，则不易。为大计既迟久而莫待，收细碎又无益而徒劳。凡相知为元均虑者，多如此说，不审以为如何，但曰冀公私蒙福尔。春暄[⑩]，千万为国自厚。不宣[⑪]。修再拜。

【题解】

田元均，名田况（1003—1061），冀州信都（今河北冀县东）人，仁宗皇祐二年（1050）由蜀召还京都，任给事中判盐铁、度支、户部三司，总理财政。这时仁宗希望恢复庆历改革以前的政策、状况，田况虽有改革整顿的愿望和抱负，但要做起来，上下都有阻力，是很棘手的。欧阳修当时任应天府知府兼南京（河南商丘）留守司事，他希望田况改革，但又深知积重难返，便写了这封信告诉他当时的形势、情况，与之议论财计（财政经济）的可否、易难，要他有思想准备，以免躁进碰壁。选自《欧阳文忠集》。

【注释】

①承：承闻，即听说。　国计：计指财政经济，因为理财要计算，所以称为“计”。当时田况被召回主管“三司”，宋代“三司”掌国家财计，所以称“国计”。

②审：知悉。 阙下：宫门之下，指朝廷。

③劳止：劳累、劳苦。止，表确定的语气词。《诗经·大雅·民劳》："民亦劳止，讫可小休"（百姓劳苦，差不多可以休息一下了）。

④寝味：宿食。 寝味多休：指睡眠吃饭都要注意。

⑤弊乏：积弊而困乏。

⑥谅：料想。 精虑：仔细考虑。

⑦建利害：建言利害，议论怎样好，怎样不好。

⑧沮改：因挫折而改变。

⑨裁冗长：裁减冗杂多余的官吏。 塞侥幸：堵塞后门上来的。

⑩春暄：春天乍暖。

⑪不宣：旧时书信套语，话未说尽的意思。

【今译】

欧阳修启告：听说你有主管国家财政的任命，朝廷内外都很高兴。翘首向西遥望，最近得知您已经入朝。一路上劳顿，寝食多注意。现在社会经济困乏已久，料想要耗费些精神思虑。议论利害、变更法制很容易，若是想让这些意见、改革贯彻执行而不受挫或走样，那实在是很难的；裁减冗杂多余的官吏、堵塞后门不难，然而要长久坚持下去而没有人怨恨诽谤，那是不容易的。从事方针大计方面的改革，需要很长时间而一时见不到效果。可是小修小补又没有多大益处，白白出了力。凡是知心朋友为您元均考虑的人，大多这样说，不知您到底以为如何，大家只是每天希望公私都能蒙受福泽而已。春天乍暖，千万为了国家而自己保重身体。书不尽言。欧阳修再拜。

【析评】

这是一篇与主张改革而即将上任的友人讨论财政改革的书信，写得有见地，有感情，有层次。除了开头结尾寒暄之外，一百多字讲了四层意思。第一层讲元均道路劳顿要注意吃住，因为财政经济积弊已久，是要耗费精神思考的。第二层指明，提出建议、改革制度、精简机构、堵塞后门是容易的，要真能坚持下去是不容易的。

修辞上用了排比句进行比照，引起他重视，暗中让他作好受阻挠、破坏，被怨恨、诽谤的思想准备。第三层则更深地考虑从何下手的问题，抓总体大计一时不易见效，抓具体小事则无益徒劳。用了对偶句，两个方面都说了，让他考虑完全之策。第四层告诉他许多同道友人都这样讲，提醒他而且勉励他，希望给公私两方都带来好处。四层意思一层接一层，一层扣一层，紧凑、深刻，从难处讲，把困难讲透，以引起警惕，使之注意效果，注重公私蒙福，这才是“诤友”，是“谠（直）言”。开头结尾的寒暄也并不是套话，是引起和收束全文。其间个人的关怀都跟国家利益结合在一起，他们的关系是志同道合要把财计搞好的关系，近千年以前能这样是难能可贵的。

周敦颐

周敦颐（1017—1073），字茂叔，道州营道（今湖南道县）人，北宋时著名的哲学家。他虽然未离仕途，却并不热衷富贵利禄，而用了很大精力讲学。他在庐山莲花峰下小溪边盖了一所小房，以家乡濂溪命名，所以世称濂溪先生。死后谥号“元公”。他的哲学思想是唯心主义的，善于讲《易》，受道家和道教思想以及纬学的影响很深；他的言行政事，又本于儒家的六经；他的道德人性学说本于孟子。他的主要著作是《太极图说》和《通书》等。他的学说当时不很有名，后被弟子发展为濂溪学派，对以后理学有很大影响。他的文笔简练，被奉为道学家经典文献的《太极图说》也不过二百余字。现存诗文很少。有《濂溪周元公先生集》。

爱莲说

水陆草木之花，可爱者甚蕃[①]。晋陶渊明独爱菊[②]；自李唐来[③]，世人盛爱牡丹；予独爱莲之出于淤泥而不染，濯清涟而不妖[④]，中通外直，不蔓不枝，香远益清，亭亭静植[⑤]，可远观而不可亵玩焉[⑥]。予谓菊，花之隐逸者也；牡丹，花之富贵者也；莲，花之君子者也。噫！菊之爱，陶后鲜有闻[⑦]；莲之爱，同予者何人？牡丹之爱，宜乎众矣！

【题解】

爱莲说，意思是谈谈喜爱莲花的道理。这是一篇咏物言志的杂文，属论说文的范围，借说爱莲的道理，表现自己的人格情操。它不同于寓言那样借拟人手法编一个故事表达自己的思想感情，也不是一味地影射、象征，而只是一种有寓意的作品。他说的莲、菊、牡丹就是莲、菊、牡丹，但在说的当中表现了自己的志趣，所谓

“烟云泉石，花鸟苔林，金铺锦帐，寓意则灵”（王夫之：《夕堂永日绪论》）。本文收入《濂溪先生集》，是一篇名文，曾被选进古今多种选本和课本。

【注释】

①蕃（fán）：通“繁”，繁多。

②陶渊明（372—427）：又名潜，字元亮，浔阳柴桑（今江西九江）人，东晋大诗人，做过祭酒、参军，彭泽令等小官，因不满黑暗现实，弃官隐居。性爱菊花，有“采菊东篱下，悠然见南山”的名句（《饮酒》第五首）。

③李唐：指李渊、李世民建立的唐朝，因皇帝姓李，所以称李唐。

④濯（zhuó）：洗。　妖：妖艳，美丽但不正派。

⑤亭亭：直立的样子。　植：竖在那里、立着。

⑥亵（xiè）：不庄重的亲近。

⑦鲜（xiǎn）：少。

【今译】

水中陆上草本木本各种各样的花，可爱的太多了。晋朝陶渊明单单喜爱菊花；从李唐以来，世上的人时兴爱牡丹；我唯独喜爱莲花那种从污泥里生出来而不受污染，在清澈的水里沐浴而不显得妖媚，（茎）中心是通透的，外部是挺直的，不拉拉扯扯地牵蔓，也不横生枝节，香气在远处闻着更清，亭亭静立在那里，可以远远地观看而不可轻慢地玩弄。依我说，菊花是花里面的隐逸人；牡丹是花中间的富贵人；莲花是花当中的君子啊！对菊花的喜爱，陶渊明以后就很少听说了；对莲花的喜爱，和我相同的还有谁呢？对于牡丹的喜爱，当然人就很多了。

【析评】

本文是一篇杂论，通过对热爱莲花的道理的阐述，表现了作者理想的人格和品德。寓物言志，以莲花自况，表示自己不肯追名逐利、与世沉浮，也不肯隐遁避世，而要做具有崇高人品、坚贞气节的用世君子。文章精悍简洁，描摹生动，具有严谨的结构。全文只有四句，却包括四层意思。第一句开头开得很宽，有议起来的充分余地。“水陆草木之花”包括了所有的花，也暗含了自己论到的三种，爱它们都有道理。爱花各有道理是贯穿全文的意脉。第二句，以渊明独爱菊，李唐众爱牡丹，引出自己爱莲，并且一气说出爱莲的原因。意脉贯下来，花与人联系起来了。以菊与牡丹一清一艳来衬莲，以渊明与李唐世人一雅一俗来衬自己。然后连用七个短语从各方面细致地形容莲花的特点，形神兼备，说明自己为什么爱莲。这七个方面都是作者心目中理想的人品和自我写照，但都只说莲，而毫不落牵强痕迹。第三句，照应第二句，本来想讲什么人爱什么花，却从什么花像什么人来写。隐逸者爱菊，菊是花中隐逸；盛唐富贵者爱牡丹，牡丹是富贵花；君子爱莲花，莲花是花之君子。用隐喻来点明三种花的含义。花与人品浑然为一。三方同讲而主次分明，重点仍在莲花、君子。第四句，从爱莲的道理发出感慨，说花实是说人。爱菊在陶后很少听到了，真的隐士太少了；像我一样爱莲花，以君子自期的还有谁呢？不好说只有自己，而这种写法又发出求友之声。牡丹之爱，追求富贵、随大流的俗人，那应该是很多的，语多讥刺、感叹，又反衬爱莲之可贵。这篇文章具有引人走向高尚不流于庸俗的内在魅力。这是它流行不衰的原因。

王安石

王安石（1021—1086），字介甫，晚年号半山，因封荆国公，世称王荆公，死后谥曰“文”，抚州临川（今江西临川）人，亦称王临川。北宋时期的政治家、思想家、文学家，“中国十一世纪的改革家”。生在官僚地主家庭，二十二岁中进士，任地方官十多年，有政绩。仁宗嘉祐三年（1058）上万言书，主张改革。神宗熙宁二年（1069）被任命为参知政事，第二年拜相，实行变法，推行青苗、农田、水利、免役、均输、市易、保甲保马等新法；以经世致用为中心，改革教育和科举制度，抑制大地主的兼并压榨，以缓和阶级矛盾，富国强兵，但因受到大地主富商政治代表的反对而失败。熙宁九年（1076）罢相，晚年闲居江宁（今南京）。王安石诗文都有很高造诣，思想深刻、洞察时弊、敢揭矛盾，体现了他的政治主张和文化修养。他的政论文雄健峭拔，严谨洗练，逻辑性强。在“唐宋八大家”中占有重要地位。有《王临川集》。

读《孟尝君传》

世皆称孟尝君能得士①，士以故归之，而卒赖其力②，以脱于虎豹之秦③。嗟乎！孟尝君特鸡鸣狗盗之雄耳④，岂足以言得士！不然，擅齐之强⑤，得一士焉，宜可以南面而制秦⑥，尚何取鸡鸣狗盗之力哉！鸡鸣狗盗之出其门，此士之所以不至也！

【题解】

本文是《史记·孟尝君传》的读书杂论。作者善于读书，有独到的见解，他细心地体察到司马迁在“孟尝君传论赞”中所表露的不满的“微词”，因而，这不是一篇翻案文章，而是针对世俗的驳论。一般人认为孟尝君好客得士，门客三千，皆为其用。作者却从政治家的角度，认为那些鸡鸣狗盗的任侠“奸人”，不是国家的栋梁之材。从中反映了一个改革家进步的人才观和敢于冲破传统观念的独创精神。

【注释】

①孟尝君：战国时齐国贵族，名田文，是靖郭君田婴之子，封于薛，号孟尝君，为齐国相，招纳贤士，有食客三千人，是战国以养士著名的四公子之一。　得士：得士之心。

②卒：最终。

③脱于虎豹之秦：因为秦国凶猛残暴，战国以后的历史学家把它比作虎豹。孟尝君到秦国为相（实是人质），秦昭王听谗言囚禁并准备杀害他。孟尝君托人求昭王宠姬说情，宠姬提出要一件孟尝君送给昭王那样的狐白裘。孟的一件已经送了昭王，恰好一个门客会狗盗之术，便去秦宫盗回狐裘献给宠姬。宠姬说服秦王放了孟尝君。孟尝君连夜逃走，到了函谷关天还没亮，关法规定鸡鸣开关，有门客会鸡鸣之术，一声啼叫，群鸡皆鸣。门吏开关。这时秦昭王已反悔，派人追至关口，孟尝君已经逃出去了。这就是“鸡鸣狗盗”，“脱于虎豹之秦”的事。

④嗟乎：感叹词。　特：不过，仅仅是。

⑤擅：拥有。

⑥宜：应该。　南面：古代帝王面南而坐，臣子面北而朝。这里指自已成为帝王制服秦国，使之北面称臣。　制：制服。

【今译】

世人都称赞孟尝君能得士人之心，士人因此都投奔他，最后到底靠了他们的力量，逃离了虎豹一样凶暴的秦国。唉呀，孟尝君只能说是鸡鸣狗盗之徒的头子，怎么能谈得上得士呢？倘若不是这样，依靠齐国的强大，得到一个士，就完全可以南面称王制服秦国，还用得着鸡鸣狗盗这一套吗？鸡鸣狗盗的一伙出入他的门下，这正是真正的士所以不去他那里的原因呀！

【析评】

改革家心目里的“士”，应该是经邦济世、雄才大略的政治家和各种人才，而不是只能应一时之急的歪门邪道的人。本文借读史杂感驳斥世俗的人才观，透露了自己的抱负和主张。作者抓住了这一主题，大处着眼，用快刀斩乱麻的办法，大起大落，层层紧逼，反复批驳。结构上，抓住主题一贯到底，却又注意转折和照应，所谓笔笔转、字字转、句句转，分层反驳而层层驳法都不同。浩瀚阔大，波澜起伏，极尽吞吐变化之妙，有千军万马的气势。在不满百字的篇幅里，只用四句话，便把世人千年不移之见驳倒。第一句概述世人观点，准确简练之极。不改变原意，不导向荒谬（那是无力批驳的表现）。“皆称”二字为下文作了伏笔。第二句，以感叹起，文气一转，既感慨于“皆称”的不公，又感叹孟尝君之不济。然后下断语驳世人，世人赞颂孟尝君的那些事只说明他是鸡鸣狗盗之雄，不足言得士。真是奇兵突起，一语破的，是横扫千军的写法。所以人们说作者“长于扫”，“只下一二语，便可扫却他人数大段，是何简贵！”（刘熙载：《艺概》）第三句，以“不然”开头再一转，从背后包抄过去，从反面论证孟尝君没有得士，否则还用鸡鸣狗盗之徒干么！只在大处着眼，用驳论法再驳。第四句，分析孟尝君不能得真士的原因，恰恰在于鸡鸣狗盗出其门，有志之士便不与为伍。抓住鸡鸣狗盗这条线，把思想引向深化，又照应了世俗所谓“卒赖其力以脱虎豹之秦”的称颂，断得干净有力，而又余味无穷。真是回兵一战，回马一枪！这篇小文反映了作者的识见、胸襟、魄力和文字修养。

知　人

贪人廉，淫人洁，佞人直[①]，非终然也，规有济焉尔[②]。王莽拜侯[③]，让印不受；假僭皇命[④]，得玺而喜[⑤]，以廉济贪者也。晋王广求为冢嗣[⑥]，管弦曷密，尘埃被之；陪扆未几[⑦]，而声色丧邦，以洁济淫者也。郑注开陈治道[8]，激昂颜辞，君民翕然[9]，倚以致平[10]，卒用奸败，以直济佞者也。于戏！“知人则哲，惟帝其难之”[11]，古今一也。

【题解】

政治家改革必须善于使用人才，其基础在于了解人。透过假象，识别贪人、淫人、佞人是其中一个重要问题。王安石总结历史经验，写了这篇短文。选自《王荆公全集》，题目为原有。

【注释】

①佞人：曲意奉承、拍马屁的人。

②规：打算，规划。　济（jì）：成功。　焉尔：罢了。

③王莽（前45—23），字巨君，西汉孝元皇后的内侄，元帝时以外戚任大司马，把持朝政。当时伪装为谦恭下士，封侯时推让不就。但在平帝元始五年（5），发动宫廷政变，立孺子婴，他做“摄皇帝”，后又伪造汉高祖的遗书，让他代汉自立，国号“新”。　拜：授给。

④假：代理。　僭：非分篡夺，不合法地占据（指帝位、帝号）。

⑤玺：皇帝的玉印。

⑥晋王广：隋文帝的二儿子杨广，封晋王，因文帝喜欢朴素，他就假装不好声色，文帝到他那里见到琴弦是断的，落满尘土，就废长子杨勇，立他为太子。等到他做皇帝以后，却荒淫无度，失去天下。　家嗣：指太子。

⑦陪扆（yǐ）：带屏风的宝座，指帝位。

⑧郑注（？—835），绛州翼城（今山西翼城）人，唐文宗时任工部尚书充翰林侍讲学士，政见是进步的，曾帮助文宗除宦官。后被杀，受到诬蔑。王安石因受史书影响，把他看作奸臣。　开陈：陈述。　治道：治理国家的办法。

⑨翕（xī）然：一致倾向的样子。

⑩致平：使天下太平。

⑪引语，见《尚书·皋陶》。

【今译】

贪图禄位的人表现出廉让，邪恶秽乱的人表现出高洁，阿谀奉承的人表现出正直，不是本来如此，只是打算捞到好处罢了。王莽封侯时，推让大印不接受，等到代理和篡夺帝位的时候，得到皇帝的玉玺高兴得不得了，这就是用廉来达到贪的目的。晋王杨广谋求当太子时，不肯接触管弦歌舞，尘埃都盖住了乐器，做了皇帝不久，便贪恋声色丧失了国家，这就是用洁来达到淫的目的。郑注陈述治国的大道理，态度和言辞都慷慨激昂，君主和百姓一致赞成，倚靠他来建立太平盛世，最后还是因为奸诈而失败，这就是用正直来达到奸佞的目的啊。唉呀！“能识别人那是最明智的，就是尧舜那一类的帝王也难以做到。”古今的道理是一样的。

【析评】

这一篇短论，逻辑性很强，正确的道理以符合思想规律的次序表达出来，表现在文章写作上就是顺理成章，结构严谨。全文分三段，三段接榫很严密。第一段没有帽子没有引子，劈头提出三种人的三种假相，点出其本质是别有用心、另有目的。这是了解人时所碰到的一大难题，读者是否能接受呢？第二段，举出三个历史人物作例证，进行分析，这三个例证扣住第一段的三种人，有力地说明了第一段的结论。三个排比句中都用了对比的手法，结语上挂第一段结论，显得丝丝入扣，而没有呆板之感。第三段引经典著作《尚书·皋陶》的话，以知人难的感慨作结，把如何识别人的问题留给读者思考，余意不尽。作者的感叹是有道理、有切身体会的。他也没解决这个问题，用人不当是他革新失败的原因之一。作者主张为文“以适用为主，以刻镂绘画为之容”，这一点他是做到了。

司马光

司马光（1019—1086）字君实，陕州夏县（今山西闻喜）人，北宋时著名的政治家、史学家。仁宗宝元初年中进士，做过并州通判、开封府推官，神宗熙宁初年做到翰林学士、御史中丞。当时王安石变法，司马光是保守派的首领人物，代表着大地主、大富商的利益，顽固地反对新法。后又任天章阁待制兼知谏院。哲宗即位的第二年（1086），司马光当政，便把王安石的新法全部废除。他也就死在这年。他的主要成就在于主持编写了上起战国、下至五代一千三百六十二年（前403—959）的编年通史《资治通鉴》，在史学上有巨大贡献。司马光本人廉洁俭朴，忠信正直，未曾妄语，口不言钱，是封建社会里清正的官吏，死后谥“文正”，赠太师，温国公。有《温国文正司马公文集》，文笔朴实，简洁流畅。

谏院题名记

古者，谏无官，自公卿大夫，至于工商，无不得谏者。汉兴以来，始置官。夫以天下之政[①]，四海之众[②]，得失利病萃于一官[③]，使言之，其为任亦重矣！居是官者，当志其大[④]，舍其细，先其急，后其缓，专利国家而不为身谋。彼汲汲于名者[⑤]，犹汲汲于利也，其间相去何远哉！天禧初[⑥]，真宗诏置谏官六员[⑦]，责其职事；庆历中[⑧]，钱君始书其名于版[⑨]；光恐久而漫灭，嘉祐八年刻著于石[⑩]。后之人将历指其名而议之曰[⑪]：某也忠，某也诈，某也直，某也曲。呜呼，可不惧哉[⑫]！

【题解】

谏院是宋代谏官的衙署，主管向皇帝提批评建议的。要求属官直言敢谏公道无私，当然其中也有阿谀承旨、追名逐利的人。宋仁宗嘉祐八年（1063）司马光为天章阁待制兼知谏院，开始将谏官名字刻于石上，并写了这篇记文。目的是通过刻名于石留待后人品评，促使谏官爱护声誉，忠于职守。选自《司马温公集》。

【注释】

①天下之政：天下的政务。

②四海：指全国。

③萃：集中、聚集。

④志：记。

⑤汲汲：急急。

⑥天禧：宋真宗年号（1017—1021）。

⑦真宗：宋真宗赵恒。

⑧庆历：宋仁宗年号（1041—1048）。

⑨钱君：当指钱彦远，字子高，举进士后，又举贤良方正、能直言极谏科，曾为右司谏，迁起居舍人、直集贤院、知谏院。性豪迈，任言官，有许多好的批评建议。

⑩嘉祐：宋仁宗年号（1056—1063）。

⑪历指：一个一个地指着。

⑫惧：惧怕。是引人警惕的意思。

【今译】

古代进谏之事，没有设专门官职，从公卿大夫直到工人商贾，没有不可以进谏的。汉代兴起以来，才开始设置官员专司其事。以天下的政治，全国的民众，得失利弊的评价都寄托在一个官员身上，由他向皇帝说出来，他的责任也真够重大的了！做这个官职的人，应当记住大事，丢开那些小事、细节，先提当务之急，后讲可以从缓办理的，专为国家谋利，不为自身考虑。那种急切地追求声誉的人，跟那种急切地追逐利禄的人是一样的，他们之间的差别能有多远呢！天禧初年，真宗下诏令设置六员谏官，责成他们尽职言事。庆历年间，钱君开始把谏官名字写在木板上；我怕时间久了姓名磨灭，在嘉祐八年开始把言官的名字刻在石头上。将来的人会一个一个地指着他们的名字议论：某某人忠，某某人奸，某某人直，某某人邪。啊！难道能不警惕戒惧吗！

【析评】

谏院里把历任谏官的名字刻著在石头上，是为什么呢？是表示光荣，也是表示鉴戒。作者记叙这件事从谏官责任的重大说起，以留待后人品评，告诫谏官，留下美名还是骂名，全靠自己。作者自己也是谏官，是兼管谏院的，所以以警戒为主。全文共有三段。第一段从古谈起，概括谏官设置的始末沿革，重点指出责任重大。第二段，写职责对谏官的要求，用三个排比句写出应该做什么，不应该做什么。收束一句，特别指出必须名利双戒。当然，追求声誉和爱护名声不是一回事儿，与末段相应而相成。第三段，讲谏院在宋朝的沿革和题名缘起。钱君把谏官名字写到板上，自己又刻在石头上。鼓励将来的谏官留下美名，点明题名意义。全文写得曲折、全面，以古人开头，以无限的将来结尾，令人戒惧。立论凛然正大，语言简洁质实，风格严肃端庄，与题目相称。

沈　括

沈括（1031—1095）字存中，钱塘（今杭州）人，北宋著名的科学家、政治家。仁宗嘉祐八年（1063）进士，曾任司天监（天文台长）、三司使（掌管财政的度支、盐铁、户部三司长官）、龙图阁待制等，参加王安石变法。他的政治主张是进步的。在与辽邦的外交议界活动中曾保全过疆土，任地方官时兴修水利，在延州时，收溃兵，督民习武，加强国防，有相当的政绩。他学问渊博，对于文学、艺术、天文、地理、律历、医药、历史、考古，无所不通，特别是科学技术，有很深的造诣和突出的成就。此外，他已认识到管理的科学性更应引起关注并给予高度评价。王安石变法失败后，他也受到打击排斥。晚年定居在润州（今江苏镇江）的梦溪园，将一生积累的经验学问、科学成果、技术资料、劳动人民的发明创造以及政治、经济、哲学、军事、历史、杂事掌故等，写成笔记，这就是著名的《梦溪笔谈》。这部著作不仅内容丰富，蕴蓄深厚，而且文笔晓畅，记事翔实，语言简练，议论精当，是难得的短文精品。

一举三役济

祥符中[①]，禁火[②]。时丁晋公主营复宫室[③]，患取土远，公乃令凿通衢取土[④]，不日皆成巨堑[⑤]。乃决汴水入堑中[⑥]，引诸道竹木排筏及船运杂材尽自堑中入至宫门[⑦]。事毕，却以斥弃瓦砾灰壤实于堑中，复为街衢。一举而三役济[⑧]，计省费以亿万计。

【题解】

本文选自《梦溪笔谈》，记叙的是宋真宗祥符年间宫中大火以后，丁谓在主持重建宫室的过程中，通盘考虑，创造了一个有效措施，巧妙地同时解决了三个难题。具有科学头脑的沈括所以推崇这件事，是因为它科学，而科学管理能产生效益。现在看来，丁谓是运用了朴素的运筹学原理。各种工程主事者要有科学知识，学一点运筹学，想出事半功倍的办法，才能加速建设进程，降低成本。

【注释】

①祥符：宋真宗年号“大中祥符”（1008—1016）的简称。

②禁火：宫禁中失火。指大中祥符八年，宋王元俨宫室失火，火势蔓延，烧了皇宫的殿堂和库房。

⑧丁晋公：丁谓（965—1037），字谓之，一字公言，下邳（今江苏邳县）人，官至同中书门下平章事，封晋公。

④通衢（qú）：大路。

⑤不日：不几天。　巨堑（qiàn）：大沟。

⑥汴水：河名，流经汴梁（今河南开封）城内。

⑦诸道：各路。

⑧一举：一项措施。

【今译】

大中祥符年间，宫中失火。那时丁晋公主持重建宫室，忧虑取土太远，他就下令挖掘大马路取土，不几天都成了大深沟，就扒开河堤放汴水到深沟里，引导各路竹筏木排以及运杂材的船只，都从深沟里直接进到宫门口。工程完后，却以无用的瓦砾、灰土填在深沟里，又成为街道马路了。一项措施，完成了取土、运料、处理废物三项任务。全部节省的费用要以亿万来计算。

【析评】

百字短文，五句话，五层意思，记下了一个干练的官员在修复宫室中科学施工的一件事。文中倡导的是因地制宜、思路创新；写法却是只写事实，引而不发。第一句话是开头，交代为什么要复营宫室。第二句讲丁某主持工程，因取土远，就地凿衢成堑，解决了取土问题。第三句讲引水入堑运料，节省运料的时间人力。第四句讲最后把废物填堑，节省了运废料的工时。第五句总结，一个高招儿三个方面都得了好处，解决了问题，节省开支数目巨大。有头有尾，清清楚楚，简朴无华。

刘晏计物价

刘晏掌南计[①]，数百里外物价高下，即日知之。人有得晏一事，予在三司时尝行之于东南[②]。每岁发运司和籴米于郡县[③]，未知价之高下，须先具价申禀[④]，然后视其贵贱：贵则寡取，贱则取盈。尽得郡县之价，方能契数行下[⑤]；比至[⑥]，则粟价已增。所以常得贵售。晏法则令多粟通途郡县，以数十岁籴价所籴粟数高下各为五等，具籍于主者（今属发运司）[⑦]。粟价才定，更不申禀，即时廪收[⑧]。但第一价则籴第五数，第五价则籴第一数，第二价则籴第四数，第四价则籴第二数。乃即驰递报发运司。如此，粟贱之地自籴尽极数，其余节级各得其宜[⑨]，已无极售。发运司仍会诸郡所籴之数计之[⑩]：若过于多，则损贵与远者；尚少，则增贱与近者。自此粟价未尝失时[⑪]，各当本处丰俭。即日知价，信皆有术。

【题解】

注意市场信息和随时调整价格，是近年来人们开始重视的现代管理科学的内容。但我国历史上已经有人在实践上运用过，唐代的刘晏（715—780），字士安，曹州南华（今山东东旺）人，为一代大经济学家，领度支、盐铁，租庸、常平等使，同中书门下平章事。安史之乱以后，经济破坏很大，他在肃宗、代宗、德宗三朝执掌理财大权，使国力民生逐渐复苏。他重视信息、注意调整价格的一些做法，开现代科学管理之先河。沈括注意到他的成就，不仅采取了而且进行了理论上的初步总结；当然，由于缺乏理论高度，后来又由于社会原因未能得到发展，但这篇短文是很值得重视的。选自《梦溪笔谈》。

【注释】

①南计：计，财政经济。国家财政叫国计，刘晏做三司使多年，时国用渐依东南，故称掌南计。

②三司：盐铁、度支、户部为三司，设三司使，主管天下财政。沈括在神宗熙宁年间官翰林学士、代理三司使。

③发运司：发运使衙门，主管计划开发山泽财货，调度淮、浙、江、湖六路米粮，往首都运输。 和籴：官家出钱买米，即“收购”的意思。

④具：陈述、开列。 申禀：向上级陈述禀报。

⑤契数：定下数量。 行下：发下公文到各郡县。

⑥比至：等到到达了。

⑦具籍：开列簿籍、造表。 主者：主管部门。指本地的主管部门。

⑧廪收：收购储存。

⑨节级：等级，指上文所说籴价、粟数所分五等。

⑩会：会总。

⑪失时：耽误时候，错过时机。

【今译】

刘晏执掌财政经济，几百里外的物价高低当天就知道。有人得知刘晏的一件事情的处理办法，我在三司使任上曾经在东南一带推行过。每年发运司在各郡县收购大米，不知价格高低，得先由各地开陈价格向上禀报，然后看米价贵贱：贵了就少购，贱了就多购。这样就得完全得知各郡县的价格以后，才能确定数量，用公文通知下面郡县；等到行文到达，米价已经涨了，所以常常得花高价收购。刘晏的办法却是让米多、运输又方便的郡县，按几十年收购价和收购数的高低各分为五等，造表送给主管部门（现在属发运司所管）。米价在市场上刚定，根本不用申报中央，马上就收购入库。只要是第一等价格，就收购第五等的数量；第五等价格，就收第一等数量；第二等价格就按第四等的数量收，第四等价格按第二等数量收购。

马上报给发运司。这样，米贱的地方自然就收购到最高数，其余的各价格等级的地方收购的数量各个都合适，再也没有花高价和收多了的问题了。发运司就汇总各郡所收购的数量计算一下，若谷物过多了，就减少价格高、距离远的地方的收购量，若是还不足，就增加收购价格低、地方近的。从此以后米价再也没有耽误时机、畸高畸低，而是都和本地收成好坏相当。当天就能确定合适的价格，确实是什么事都有科学方法的。

【析评】

本文写的是财经中关乎国计民生的粮食价格和收购时机的调整方法。它通过记述唐代刘晏的成功经验来反映科学道理。内容无疑极为重要、难得，而在叙事当中要把所叙事情本身的道理同时说明白，是要有一定文字能力的。特别是这么一个古代的牵扯到市场预测、信息传递和及时进行价格调整，以达到产购适当、价格合理的复杂管理技术，在三百字以内便说得清楚明白，是很不容易的。除了能抓住这个有价值的问题又精通管理技术等先决条件外，写作能力要求得更高。文章开头便介绍刘晏能即日知数百里外物价，其中之一法自己曾经行之有效。第二段介绍不用晏法的弊病，手续纷繁，道路往返，等中央主管部门批下之后，米价就涨了。第三段介绍刘晏的办法，经调查以后以价格与购量分等，自动调整，立即收购，立即驰报，发运司再作综合调整。第四段叙述实行刘晏法的好处，能使收购量与价格高低、收获丰俭自动调整得适宜，收购的价格合理、数量适宜，而且即日知价。笔记之文，既有文艺性的随笔，记畸人异行、韵事佳景，以至狐鬼不经之言，但其大宗，不论记人、记事、记言、记物，应当客观质实地叙写。有人以为，似乎只有虚构的、风趣的、描写风华雪月的文艺小品才能见出作者的才情和技巧，这种看法是不全面的。这篇记实短文，文笔精当，叙事清晰，道理深入浅出，有力地表现了作者写作方面高超的技艺和深厚的功底。

苏　轼

苏轼（1037—1101）字子瞻，号东坡，眉山（今四川眉山）人，北宋时著名的文学家、书画艺术家。他和父亲苏洵、弟弟苏辙，都是散文家，号“三苏”，同属“唐宋八大家”之列。他在仁宗嘉祐年间中进士，任过翰林学士，曾出知杭州、颍州，官至礼部尚书。但他一生仕途并不得志。神宗时王安石变法，朝廷形成新旧两党，苏轼坚持独立见解，不依附任何一党，所以，他在新旧两党反复较量中总是失意，最后被贬谪到儋州（在今海南岛）。死后谥“文忠”。他的思想基本属儒家，政治观点偏于保守，在地方官任上做了一些修水利、赈灾荒等好事。同时也受佛教思想影响，在宦海沉浮中时有消极处世之想，这使他能在逆境中保持平静心态、安然度过，而且活得有滋有味，在许多方面留下许多文化遗迹和佳话。苏堤、东坡肉就是例证。他的诗、词、文成就都很高，散文自然而富变化，气顺体畅、汪洋恣肆，在八大家中独树一帜，其策论为旧时学者所崇，其笔记小品亦有特殊成就。有《苏东坡集》。

乞擢用林豫劄子

元祐七年十月日[①]，龙图阁学士左朝奉郎守兵部尚书苏轼劄子奏：臣窃谓才难之病[②]，古今所同，朝廷每欲治财赋，除盗贼，干边鄙[③]，兴利害，常有临事乏人之叹。古人有言，宽则宠名誉之人[④]，急则用介胄之士[⑤]，所用非所养，所养非所用，此古今之通患也。臣伏见承议郎监东排岸司林豫[⑥]，自为布衣[⑦]，已有奇节，及其从事[⑧]，所至有声[⑨]。其在涟水[⑩]，屏除群盗，尤著方略[⑪]。其人勇于立事[⑫]，常有为国捐躯之意。试之盘错之地[⑬]，必显利器。伏望圣慈[⑭]，特与量才擢用，若后不如所举，臣等甘伏朝典[⑮]，取进止[⑯]。

【题解】

这是一篇荐举林豫的奏折。宋代把奏折称为劄（zhá）子，或劄文、奏劄。林豫，字顺之，仙游（今福建莆田）人，熙宁进士，历任七郡地方官，都有善政美称。是苏轼、苏辙兄弟的好友，一向受到苏氏兄弟的器重，所以这里极力推荐他。后来因为这篇荐举劄子，他被划入元祐党人中，为“新派”所排挤。本文选自《苏东坡奏议集》。

【注释】

①元祐：宋哲宗的年号（1086—1094）。元祐七年，即公元1092年。苏轼以本年八月回京。

②才难：人才难得。这话出于《论语·泰伯》：“才难，不其然乎?”

③干：古代盾牌叫干，引申为捍，作动词用，捍卫的意思。　边鄙：边疆。

④宽：宽闲、宽裕。

⑤急：紧急，急难中。　介胄：即甲胄，披甲戴盔。介胄之士，即武士、勇将，军事家。

⑥承议郎：官衔。　监东排岸司：官名。宋代司农寺下设排岸司，管水运，官名是监××排岸司。

⑦布衣：平民，指做官以前。

⑧从事：做官理事。

⑨声：声誉、声望。

⑩涟水：涟水县，在今江苏省东北部，林豫曾任那里的地方官。

⑪方略：计谋策略。

⑫立事：开创事业。

⑬盘错：盘根错节。树根盘绕，枝节交错，不易砍伐，比喻恶势力互相勾结、复杂难办之地。《后汉书·虞诩传》：“不遇盘根错节，何以别利器乎?”此处就是用这个典故。

⑭圣慈：对皇帝的谀称。

⑮朝典：朝廷刑法。

⑯进止：去留、进退、升降。　取进止：领取留用或贬斥的责罚。

【今译】

元祐七年十月×日，龙图阁学士左朝奉郎守兵部尚书苏轼具劄子上奏：为臣个人认为，人才不易得到的困难，古今是共同的，朝廷每当要想整顿财赋，扫除盗贼，捍卫边疆，兴利除害，常有面临要事而缺乏人才的感叹。古人有这样的话：宽闲的时候就宠爱名声好的人，危急之中却需要披甲戴盔能统兵作战的武士，所用非所养，所养非所用，这是古今的通病。为臣我看到承议郎监东排岸司林豫，在做官以前已经有很突出的志节，等到他从政理事以后，所到的地方都有声望。他在涟水，驱除群盗，策略谋划更为突出。他的为人勇于开创事业，常有为国家牺牲自己的意愿。把他放在盘根错节那样难办的地方，一定会显示出他快刀斩乱麻的才能。希望皇上破格提拔量才使用，若是以后证明他不像我荐举说的那样，我心甘情愿按朝廷法令受降职免官等处分。

【析评】

这篇推荐人的奏劄，有识人的见地、举人的胆略、也有荐人的文才。全文除开头一句说明何时何人上奏以外，共分四段，写法上有一些特色。它并不是开门见山说推荐什么人，而是先讲道理、发议论。第一段概括议论遇事缺乏人才的弊病。第二段进而具体议论平时宠用的是文名、才气很大的人，一有危急却用的是战阵韬略的武将，这是“用非所养，养非所用”。这两点是当时的积弊，但他不正面说，却以“古今所同”、“古今之通患”来表达，既说了道理，又不喧宾夺主，以致因指斥时政而影响了荐举。说道理是为了荐人，荐人是为了解决现实问题。这两段讲的需要人才，需要什么人才，并非泛论，是为下面荐人作准备的。第三段便提出人来，以几个层次全面进行介绍：为布衣时有奇节，从政所至有声，涟水除盗显示军事才略，勇于立事以身报国，这不正是国家所需要的人才吗？于是，很自然地提出，要能放在艰难的岗位上试用，便不难脱颖而出。第四段“曲终奏雅”，要求量才擢用，并且以身作保。二百多字的文章，有议论有叙述有说明，层次清楚，逻辑性强，语言上恰当地使用了一些排比、对偶的修辞方法，而基本上用的是散化的句式，音节铿锵有力。

记承天寺夜游

元丰六年十月十二日①，夜，解衣欲睡，月色入户，欣然起行。念无与为乐者②，遂至承天寺，寻张怀民③。怀民亦未寝，相与步于中庭。庭下如积水空明，水中藻荇交横④，盖竹柏影也！何夜无月，何处无竹柏？但少闲人如吾两人耳⑤。

【题解】

苏轼有一本随笔叫《东坡志林》，又名《东坡手泽》，是元祐、绍圣年间二十年中随手所记。有各地见闻、生活琐事、读书心得，抒怀感愤，也有一些短小史论、政论、文论。以苏轼之修养造诣，信手拈来，反觉比有意为文要情真意长，自然有趣。在散文发展史上，是晚明小品的先驱。本文就选自《东坡志林》，是被贬在黄州（今湖北黄冈）时所作。当时他处在逆境中，却能自我排遣、自适自安，保持一个乐观恬静的心境，撷取一个生活片断，借助于月光松竹，构写出一幅情景交融、清新美妙的画图。

【注释】

①元丰：宋神宗年号（1078—1085）。元丰六年，即1083年，当时苏轼被贬黄州已经快满四年了。

②无与为乐者：没有可以共同领略月夜乐趣的人。

③张怀民：名梦得，当时也被贬谪在黄州，暂居城南承天寺（故址在今湖北黄冈县南），因与苏轼同病相怜，经常往还。

④藻：水草名，即水藻。　荇（xìng）：多年生水草，叶紫赤色，正圆，直径一寸大小，浮水面。

⑤闲人：苏轼当时贬为团练副使，官衔上加“本州安置”，所以没有公事可办，只是挂名；与一般的降调使用而仍有职守不同；但他又不属于本州受命监束之例，所以比较清闲。

【今译】

元丰六年十月十二日，夜晚，准备解衣安睡，看见月色射进屋来，很高兴地想出去走走。琢磨着周围没有什么人能够一起领略月夜乐趣，于是就到承天寺找张怀民。怀民也没睡，一起在院里溜达。庭堂下面的月色好像积满清澈透明的水，水里面各种水草交错横陈，那是竹柏的影子啊。哪天晚上没有月亮？哪天晚上没有竹柏？只是没有清闲的人像我们俩而已。

【析评】

游记，似乎总要出门到远地方，或是没有去过的地方才能写作，其实何地无景色？何地不可游？这便是要有闲空，有闲心。我们不赞成整月整年地闲适个不了，游个没完。但是也不反对在忙碌之后无事之时的闲游，对古人更不必苛求，也不必在本文的闲适中找出背后隐藏的不得用世与失意的痛苦。它只是记下一次月夜小游。这一生活片断很自然地表露了闲适的生活与心境。因是信笔记游，开头就写下年月日，夜里。本来没想去游，月光吸引乘兴而起，点出月来；但“无与为乐者”，才去承天寺找张怀民，“怀民亦未寝”，找到同调，接“无与为乐者”，便见何等欢快，但亦不必远去，只在闲庭信步。接着用一段写月，夜游自然是玩月，伸手不见五指则无所游，但写月不见“月”字，只用比喻来写，以“庭下如积水空明”写月色，进而用“水中藻荇交横”来描写月影竹柏，天趣盎然，富有诗画感。最后以夜月竹柏无人玩赏作结，感叹世人辜负了良宵美景，反衬二人自得其乐，再次点到“月”。夜游为赏月，月下美景，景中心境，以写“月”字，透一个“闲”字；中庭步月流连，感叹世人无闲赏月，景情水乳交融，自然洒落满纸。整个意境中，蕴涵着道家思想对作者的影响。在与大自然和谐相处、与人和谐相处中，忘忧脱俗，达到内心和谐安适。人生难免坎坷、挫折、失意、落寞，何以自处呢？这篇短文打开了另一扇窗户，透出一片清澈宁静的天地。

岳　飞

岳飞（1103—1141），字鹏举，相州汤阴（今河南汤阴）人，南宋初抗金的民族英雄。生长在农民家庭，从小爱读书，喜欢《左传》、孙吴兵法，又爱习武，能开硬弓。宣和四年（1122），十八岁从军，因战功提升为承信郎、秉义郎等小军官。南宋高宗赵构即位后，准备向江南撤退，他上书切谏，被免职。于是投奔河北招讨使张所，转战于太行山一带。后随宗泽守开封，因对兵法运用灵活而受到器重。建炎三年（1129），金兀术渡江南侵，岳飞在广德、宜兴一带抗击甚力，第二年收复建康（今南京）。绍兴十年（1140），大败金兵于偃城（今属河南），进兵朱仙镇，逼近开封。被投降派赵构、秦桧用十二道金牌调回，任枢密副使。因主张抗战，终于被秦桧诬陷，绍兴十一年（1141）十二月被害。孝宗时平反，谥“武穆”，宁宗时追封鄂王，理宗朝谥“忠武”。诗、词、文留存很少，但情真意切，凛凛有生气。他的孙子岳珂曾收集一些编入《金陀粹编》，后人又编为《岳忠武集》。

上高宗皇帝书

陛下已登大宝[①]，黎元有归[②]，社稷有主[③]，已足以伐虏人之谋[④]。而勤王御营之师日集[⑤]，兵势渐盛。彼方谓我素弱[⑥]，未必能敌，正宜乘其怠而击之。而黄潜善、汪伯彦辈不能承陛下之意[⑦]，恢复故疆，迎还二圣[⑧]；奉车驾日益南[⑨]，又令临安、维扬、襄阳准备巡幸[⑩]。有苟安之渐，无远大之略[⑪]，恐不足以系中原之望[⑫]。虽使将帅之臣戮力于外[⑬]，终无成功。为今之计，莫若请车驾还京[⑭]，罢三州巡幸之诏，乘二帝蒙尘未久[⑮]、虏穴未固之际，亲帅六军[⑯]，迤逦北渡[⑰]，则天威所临[⑱]，将帅一心，士卒作气，中原之地，指顾可复[⑲]。

【题解】

宋钦宗靖康二年（1127），金兵打下开封，俘虏了徽宗赵佶和钦宗赵桓。5月，康王赵构在父兄被掳走以后于南京（今河南商丘）即位，改元建炎，就是南宋高宗。他任用黄潜善、汪彦伯等，即位后立即派翁彦国作江宁（今南京）知府，修缮城池宫室，准备退避江南。主战派李纲等谏争无力。岳飞当时已由直属康王转隶宗泽部下，作秉义郎（下级军官）。在这种形势下，他不顾一切上书赵构，反对退兵，主张抗战。书上之后以“越职言事”的罪名免职。本文被收在《金陀粹编》中，《宋史·岳飞传》说上书数千言，只摘了几十字，可能是根据《金陀粹编》题为“书略”说的；现在既未发现全文，而这篇又很完整，可能就是原文，至少可以看作一篇短文。

【注释】

①陛下：对皇帝的敬称。　大宝：指帝位，见《易·系辞下》：“圣人之大宝曰位”。

②黎元：民众百姓。　归：归依。

③社稷：社为祭土神的坛，稷为祭谷神的坛，土谷为国家之本。因此以社稷指代国家。

④伐：打击，挫败。　虏人：对金朝贵族的蔑称。

⑤勤王：国家产生变乱，地方主动起兵帮助国家平乱，叫勤王。御营：国王统率之军。

⑥彼：指金政权。　素弱：一向懦弱。

⑦黄潜善（？—1129），字茂和，邵武（今属福建）人，当时为右仆射兼中书侍郎。　汪伯彦，当时为同知枢密院事。二人主持朝政，迎合赵构意旨，主张南逃。“不能承陛下之意”是一种不罪君父的策略说法。

⑧二圣：指宋徽宗赵佶和宋钦宗赵桓。

⑨车驾：指皇帝的车马，这里代指高宗。

⑩临安：今浙江杭州。　维扬：今江苏扬州。　襄阳：今湖北襄樊。　巡幸：皇帝到各地视察游玩叫巡幸。这里因要去的地方不是国

都，所以叫巡幸。

⑪略：谋略，计划。

⑫系：悬系，维系，遥慰。

⑬戮（lù）力：尽力。

⑭京：东京，今河南开封。

⑮二帝：即徽宗、钦宗。　蒙尘：指被俘。

⑯六军：周朝军事制度，天子六军，诸侯大国三军，中等国二军，小国一军，每军一万二千五百人。

⑰迤逦：本义是曲折连绵，这里指长驱。　北渡：北渡黄河。

⑱天威：指帝王的军威。

⑲指顾：手一指眼一看之间，指很短的时间，很快。

【今译】

陛下已登帝位，众百姓有了归依，国家有了君主，这就足以打击金朝狂虏的侵吞阴谋。而各地来保卫天子和属天子指挥的军队一天天聚集起来，军事力量逐渐强盛。敌人以为我方一向软弱，未必能对抗，正应该乘其懈怠不备而攻击他们。可是黄潜善、汪伯彦之流不能按照陛下的意旨，恢复原有疆土，迎回二帝，却簇拥着您一天天向南撤，又命令临安、维扬、襄阳三州准备迎您去住。有苟且偷安的端倪，没有远大的计划考虑，恐怕要辜负中原人民的期望。这样，即使作为将帅的大臣在外面尽力杀敌，最后也不会成功。当前最有利的安排，莫如请您的车驾回到京都汴梁，收回要去三州巡幸的诏令，趁着二帝被俘不久，敌人的巢穴还没巩固的时机，亲自率领天下各路军马，长驱北渡。那么天子的军威所到之处，就会使将帅同心、战士鼓劲，中原大地在短期内即可恢复。

【析评】

一腔“精忠报国”的热血，使一个小小的秉义郎，胆敢上书皇帝，指斥大臣，批评时政，筹划国策。所以文章遒劲奔放，气势充沛，完全是爱国热情喷薄而出。但它又不仅仅是热情的产物，而是经过周密地观察与思考，反映了民众的情绪，所以理直气壮。第一段，分析敌我双方形势，指出我方新天子登基，兵势渐盛，而彼方轻敌懈怠，是出击的好时机。这里以登帝位唤起高宗的政治责任感；以兵力分析，增强其自信心。第二段，矛头指向黄、汪投降派，实际讽谏高宗，不可南巡避战。这里以断送已有成果作为儆戒。第三段，提出自己的主张，劝高宗还京北伐，必将取得胜利，言辞间充满乐观与信心。本文表现了非凡的远见卓识和把握全局的才能，文字亦好。作者从小用功，文武全才。他“经年尘土满征衣”（岳飞诗句），诗文不过余技末事，但却都写得很好。可见，时间紧的人，也是可以写好文章的。

五岳祠盟记

自中原板荡①，夷狄交侵②，余发愤河朔③，起自相台④，总发从军⑤，历二百余战；虽未能远入荒夷洗荡巢穴⑥，亦且快国仇之万一。今又提一旅孤军，振起宜兴、建康之城⑦，一鼓败虏⑧，恨未能使匹马不回耳。故且养兵休卒，蓄锐待敌，嗣当激励士卒⑨，功期再战。北逾沙漠，蹀血虏廷⑩，尽屠夷种⑪，迎二圣归京阙⑫，取故地上版图，朝廷无虞⑬，主上奠枕⑭，余之愿也。河朔岳飞题。

【题解】

本文是岳飞在五岳祠中盟誓的题记。这里说的五岳祠在江苏省宜兴县。1129 年金兵渡江，岳飞移军宜兴抗战；1130 年收复建康后，又驻军宜兴，在祠里盟誓，写了这篇题记以明心志。

【注释】

①板荡：《诗经·大雅》的两首诗，开头一句是“上帝板板，下民卒瘅”和“荡荡上帝，下民之辟”。所以题目就叫《板》、《荡》，写周厉王无道，使天下混乱失常，后来就用“板荡”指混乱失常的局势。

②夷狄：古代统治阶级对少数民族的蔑称，这里指建立金朝的女

真族。

③河朔：黄河北面的地方。宋代汤阴属柏州，属河北路。

④相台：指铜雀台，汉末宰相曹操所建，在临漳县，宋时属岳飞家乡柏州。

⑤总发：指少年时代。古代男子未成年时把头发扎在顶上，叫总发。

⑥荒夷：古代对僻远的少数民族聚居地的蔑称。

⑦建康：现在的南京。

⑧一鼓败虏：指 1130 年岳飞打败金兵收复建康。虏，对金兵的蔑称。

⑨嗣（音 sì）：接续，接着。

⑩蹀（音 dié）血：践踏着鲜血。蹀血虏廷，指在金朝的宫殿里把敌人杀死，践踏着敌人的鲜血。

⑪夷种：对金朝的女真族的蔑称。

⑫二圣：指宋徽宗、宋钦宗，当时被金朝俘虏了。　京阙：京都皇城。

⑬无虞：没有忧患祸害。

⑭奠枕：安枕。指不再忧虑失眠，而能睡个安稳觉。

【今译】

自从中原混乱失常，外族交相入侵，我发愤于河北家乡，奋起于相台之地，少年从军，经过二百多次战斗，虽然没能深入荒远的地方扫荡敌人巢穴，也可暂时洗雪国仇的万分之一。现在又率领一支军队，奋起在宜兴、建康，一鼓作气打败敌人，只恨没能使他们一个也逃不回去。于是暂且在这里休整部队，养精蓄锐，接着就要激励将士，准备再战取胜立功。要向北一直越过沙漠，在敌人的朝廷上短兵相接，杀尽夷种，将二圣迎回京都，收复失地使之再上大宋的版图，使朝廷不再有忧患，使得皇上安枕，这就是我的志愿啊！河朔岳飞题。

【析评】

血管里流出的总是血，爱国者抒写出的总是爱国激情。岳飞此文本是在五岳祠盟誓的题记，他发愿不是求富贵寿考，不是求子孙蝇营，而只是功期再战，恢复故土，雪国耻报国仇，重振河山。全文结构共分三段，第一段从开头到“万一”，回顾以往，国家失常，外族侵入和自己从军抗敌的经历。第二段，自“今又”至“匹马不回耳”，写当时自己的部队所处的抗敌形势。第三段写将来自己的志愿打算：整顿军队，准备战斗，扫荡入侵者，收复失地，重整大宋河山。通篇只有二百字，写了过去的经历，当今的形势，将来的愿望。笔墨酣畅，气势雄放，流露了真挚的爱国热情和忠诚坚贞的精神品格，真可以感天地泣鬼神，告慰人民，流芳百世。

刘子翚

刘子翚（1101—1147），字彦冲，自号病翁，崇安（今福建崇安）人，南宋初的学者、理学家。曾经做过兴化军通判，仕途不得志，品格还高尚；后来在家乡的屏山隐居，授徒讲学多年，被称为屏山先生。他是个爱国知识分子，南渡偏安以后，时时愤慨国事，不忘恢复故土。他是埋学家朱熹的老师，但他的诗文豪爽明朗，较少理学家的“头巾气”。诗中以《汴京纪事》二十首更具特色，散文写得也很好，有《屏山集》流传下来。

试梁道士笔

善将不择兵[①]，善书不择笔，顾所用如何耳[②]！南渡以来[③]，毛颖乏绝[④]，幔亭黄冠以笔遗予[⑤]，玉表霜里[⑥]，视之，皆触藩之柔毳也[⑦]。束缚精妙，驱使如意，亦管城之亚匹焉[⑧]。因念神州赤县半没埃秽中[⑨]，或言南兵剽轻不足仗者[⑩]，而春秋吴楚之霸[⑪]、六朝晋宋之捷[⑫]，不闻借锐于他方、选徒于处境[⑬]。昔人云：“京口酒可饮，兵可用。”[⑭]岂用之自有道也？书生过计[⑮]，推此理于试笔之间，庶几毚毚之裔不专美于旧谈[⑯]，组练之军或有为于今日[⑰]。

【题解】

一个人执著地追求和关怀什么事，就会像一块心病，看到任何事物，谈到任何事物，都会要联想到这件事。刘子翚这个爱国者，在宋朝失去半壁河山后，无时无刻不在留意收复中原，对不利抗敌救亡的谬论，耿耿于怀，遇事便自然发出。这里在试用梁道士送的毛笔时，由于联想而发出一些议论，对认为南方的兵弱不可靠，无法收复北方的论调，随在批驳。指出兵和笔有共同的地方，主要在于如何用，表现了对国事的深刻关注和高明见地。

【注释】

①将：这里作动词，指对军队的统率、指挥。　择：选择。

②顾：只看。

③南渡：指 1127 年金兵攻下宋朝首都汴梁后，皇子赵构带领臣僚南渡长江，定都临安的事。

④毛颖：毛笔。

⑤幔亭：武夷山的一座山峰名，在福建。　黄冠：代指道士。这里即指梁道士。　遗：赠送，赠给，音 wèi。

⑥玉表霜里：表面像玉，里面像霜雪，形容里外洁白。

⑦触藩：抵触篱笆，借指羊。　柔毳（cuì）：柔韧的毛。

⑧管城：唐朝韩愈《毛颖传》，以拟人化手法写毛笔，说秦始皇曾把毛笔封在管城，号管城子。　亚匹：相当，匹敌，般配。

⑨神州赤县：指中国，按古代世界为大九州的说法，中国为神州赤县，又分小九州。　埃秽：尘土与污秽，以战尘与膻秽指女真族的统治。

⑩剽（piāo）轻：原意为轻捷，这里指不够坚定沉着。

⑪吴楚之霸：指春秋时吴王夫差、楚国庄王称霸。吴楚都在江南。

⑫晋宋之捷：指南朝东晋战胜北方秦王苻坚，刘宋王朝（刘裕）多次打败北方军队。

⑬锐：精锐的军队。　徒：兵士。

⑭昔人：指东晋的桓温，语见《晋书·郗超传》。　京口：六朝地名、即现在的镇江。　道：办法。

⑮过计：多想善虑，想象丰富。

⑯庶几：表希望的助词。娩䨲（jùn nuò）：古代有名的兔子（见刘向《新序·杂事》）。　裔：后代，子孙。　旧谈：前人的文章，指韩愈的《毛颖传》等。

⑰组练：组甲披练。即穿军装、披铁甲的意思。

【今译】

会用兵的人不挑剔兵，会写字的人不挑剔笔，只看用的怎么样而已。从南渡以来，毛笔非常缺乏，幔亭峰的梁道士拿笔赠送我，笔毛里外洁白纯净，看来都是柔软有弹性的好羊毛，制作很精致，使用起来令人满意，真可以和“管城子”相匹敌。因而想到祖国大地有一半沦陷，有人却说，南方的兵轻浮靠不住。可是，春秋时南方的吴国、楚国称霸，六朝时东晋、刘宋几次对北方作战取胜，没听说从别的地方借用精锐部队，从国境之外挑选士卒。古人说：“京口的酒可饮，兵可用。”难道不是用它自有其办法和道理吗？读书人可能联想多，在试笔时推出这番道理，希望狡兔后代的毛做的笔，不只是被称道于古人旧文之中，而披甲的军队也可有作为于当代。

【析评】

这是一篇由笔谈到军队，反驳南兵不能用的杂文。用笔与用兵互为譬喻，结合得十分紧密自然。文章分四段，第一段总提一句，以善用兵不择兵、善写字不挑笔，得出只看所用如何的结论。似乎是以不择兵作为不择笔的陪衬。第二段从“南渡以来”到“管城之亚”，完全讲笔，本来南渡缺好笔，梁道士赠笔，试用以后却是好笔，为下文感想作本。第三段因笔想到国家大事，北方沦亡而人言南兵不足用，实则只是借口，有历史上的吴、楚、晋、宋为证。照应到第一、二段，方知不择兵并非闲笔，并非不择笔的陪衬，而是正笔，是用力所在。第四段，“书生过计”以后为结尾。本是从用笔推理于用兵，这里又说从用兵推理于用笔，两方面照应，以希望“毚兔之裔不专美于旧谈”，进而衬托希望“组练之军或有为于今日”，把主题突出，又显得余意不尽。全文借物说理，笔力劲健，无一丝牵强，无一分做作，作者爱国忧国的深厚感情时时流露于字里行间，富有感染力。

陆 游

陆游（1125—1210），字务观，号放翁，越州山阴（今浙江绍兴）人，南宋时期大诗人，爱国主义者。少年时受家庭爱国思想影响，又切身感到国家遭受屈辱的苦痛，树立了抗敌救国思想。高宗绍兴年间，应礼部试，名列前茅，被秦桧黜落。孝宗即位，赐进士出身。曾做过镇江等地的通判。乾道六年（1170）四十六岁，入蜀，任夔州通判，第二年入王炎幕府，参赞军机，在南郑过了短期军旅生活。后又随范成大，还做过几任地方官，在朝中做到宝章阁待制。陆游政治上有志做一番事业，主张抗金，收复失地，统一全国；又主张充实军备要首先向大地主、大商人征赋税，因而与投降派势不两立，几乎一生受压。六十六岁被罢官后一直住在乡间，过着简朴的生活，但却始终未忘恢复国土。他一生留下的诗近万首，文章也写得很好，主要著作有《剑南诗稿》、《渭南文集》和《老学庵笔记》等。

戊申严州劝农文

盖闻为政之术[①]，务农为先，使衣食之粗充，则刑辟之自省[②]。当职自蒙朝命[③]，来剖郡符[④]，虽诚心未格于丰穰[⑤]，然拙政每存于抚字[⑥]。觞酒豆肉，曷尝妄蠹于邦财[⑦]？铢漆寸丝[⑧]，不敢辄营于私利。所冀追胥弗扰[⑨]，垦辟以时，春耕夏耘，仰事俯育[⑩]，服劳南亩[⑪]，各终藨蓘之功[⑫]，无犯有司[⑬]，共乐舒长之日[⑭]。今者土膏既动，穑事将兴[⑮]，敢延见于耆年[⑯]，用布宣于圣泽[⑰]。清心省事，固守令之当为；旷土游民，亦父兄之可耻。归相告戒，恪务遵承[⑱]，上以宽当宁之深忧[⑲]，下以成提封之美俗[⑳]。

【题解】

这是戊申年——孝宗淳熙十五年（1188），陆游在严州（今浙江建德）任上所写的提倡农业生产的榜文。封建社会郡守在春耕时劝农，不过是虚应故事，有的甚至滋扰民间。陆游却是认认真真地写下这篇劝农文。从中可以看出他进步的政见和对人民的情感。选自《渭南文集》。

【注释】

①盖：发语词。

②刑辟：刑罚。

③当职：陆游自称，本官的意思。　蒙：领受的谦词。　朝命：朝廷的命令。

④剖郡符：古代传达命令用金玉竹木制成“符”，即凭证，当中剖开各执一半，以合符作验证。剖郡符，是治理统率本郡的意思。

⑤格：致。　丰穰：丰收。

⑥拙政：对治理的谦词。　抚字：原指对子女的爱护养育，后来又用来指官吏治理百姓。

⑦曷尝：何曾，未曾。　妄蠹：随便侵占。蠹（dù）：蛀蚀。

⑧铢：一两的二十四分之一。

⑨追胥：讨租税的差役。

⑩仰事俯育：仰事父母，俯育子女。

⑪南亩：田间、土地。见《诗经》。

⑫藨蓘（biāo gùn）：中耕培土，锄草培苗。

⑬有司：指主管的官府。犯有司，即犯法吃官司。

⑭舒长：舒心久长。

⑮穑（sè）事：农活。

⑯耆（qí）年：老人，长者

⑰圣泽：天子的恩泽。

⑱恪（kè）：谨慎。

⑲当宁（zhù）：古代帝王上朝时立在门屏之间，叫当宁而立，见《礼记·曲礼》。后世便以当宁指代皇帝。

⑳提封：封疆之内。原指诸侯封地，这里指州治境内。

【今译】

听说从事政治管理之道，以务农为先，使衣食大致充裕，那么刑罚自然就会少用了。本官自从领了朝廷命令，来管理本郡，虽然诚心还没有能使得获取丰收，但是我的政策就表现在爱护养育百姓上。一杯酒一盘肉，不曾随便侵占地方财产，一铢漆一寸丝，不敢肆意营谋私利。我所希望的就是讨租税的官吏不扰民，耕种土地都能按时节，春天耕夏天锄，上养老下育幼，在田地里劳动，完成中耕培土的事功，不犯王法吃官司，一起欢乐地度过舒心长久的日子。现在肥沃的土地上春气发动，庄稼活儿该干起来了，我想延请老年人相见，以宣布天子的关怀。清心省事，当然是郡守县令所应当做的；荒废土地去闲逛，那可就是父兄的耻辱喽。回去互相告诫，一定要谨慎地遵守、承应。上面宽慰天子的深深忧虑，下面来成就州治之内的美好习俗。

【析评】

抱有富国强兵、收复北方的政治大志的陆游，在为文劝农时，也是从政治的角度谈起的。这便是第一段务农是为政之先的泛论，“衣食足知礼义”虽非新见，然而也不失为进步主张，何况一篇劝农文也不要求在政治理论上有什么突破。所以这泛论是适当的。第二段追述自己做郡守以来具体的政见和作为，这便是抚爱百姓，清廉无私，不违农时，使百姓安居乐业。这是上段“务农为先”，在本郡范围的深化和具体化。第三段接到春耕劝农上来，封建时代当然要以“圣泽”标榜，但谆谆告诫，诚恳如赤子之心。一方面表示守令要清心省事决不扰民，一方面指出穑事将兴，不要做“旷土游民”。最后以宽慰天子深忧和成就郡治美俗作结。文字一反陆游诗文豪放高远的浪漫主义风格，按应用文章的要求写得诚恳实在，虽然也有骈偶对仗，但还是比较通俗易懂的。

跋李庄简公家书

李丈参政罢政归乡里时[①]，某年二十矣。时时来访先君[②]，剧谈终日[③]。每言秦氏[④]，必曰“咸阳”[⑤]，愤切慨慷，形于色辞。一日平旦来[⑥]，共饭，谓先君曰：“闻赵相过岭[⑦]，悲忧出涕。仆不然[⑧]，谪命下，青鞋布袜行矣[⑨]。岂能作儿女态耶?”方言此时[⑩]，目如炬、声如钟，其英伟刚毅之气，使人兴起[⑪]。后四十年，偶读公家书，虽徙海表[⑫]，气不少衰，叮咛训戒之语，皆足垂范百世[⑬]，犹想见其道“青鞋布袜”时也。淳熙戊申五月己未[⑭]，笠泽陆某题[⑮]。

【题解】

李光（1078—1159），字泰发，上虞（今浙江上虞）人，宋徽宗崇宁年间进士，南宋高宗时，任吏部尚书，参知政事，因反对秦桧被罢官。绍兴十一年（1141）贬建宁军节度副使藤州安置，四年后移琼州，一去八年才北还。死后孝宗时谥“庄简”。此人很有气节，是陆游敬重的先辈。淳熙五年陆游被免官在成都闲住，看到四十年前李光贬在海南时写的家书，就写了这篇“跋”。“跋”是写在书、文后面的“序”。原先“序”固定在前边，如果作者还有话说，或他人所作说明、感想、考据等等，就写在后边，叫“后序”，宋以后才叫“跋”。本文描绘了李光坚持直道，不把罢官放在心上，铮铮硬骨，感人肺腑，同时反映了作者强烈的爱憎和崇高的思想。选自《渭南文集》。

【注释】

①丈：对长辈的尊称。因李光是陆游父亲的朋友，所以尊称李丈。参政：参知政事，相当副宰相。

②先君：死去的父亲。这里是作者称呼父亲陆宰。

③剧谈：高声畅谈。

④秦氏：指秦桧（1090—1155），字会之，江宁（今江苏南京）人，南宋投降派首领，力主和议，不惜杀害忠臣良将如岳飞等，斥逐了许多主战官员，是历史上汉奸的典型。但因受到高宗赵构支持，达成卖国和议，为宰相把持朝政多年，宫里称为“太平翁”。

⑤咸阳：秦国首都。秦自古被称为暴秦、虎狼之国，故以咸阳代指秦氏。

⑥平旦：一大早。

⑦赵相：赵鼎（1085—1147），字元镇，闻喜（今山西闻喜）人，北宋徽宗时进士，南宋时任尚书右仆射、同中书门下平章事（宰相）兼枢密使，因此称赵相。因力主收复北方，被秦桧忌恨，贬到岭南，后不食而死。

⑧仆：自我的谦词。

⑨青鞋布袜：指平民装束。用杜甫《奉先刘少府新画山水障歌》诗意：“吾独胡为在泥滓，青鞋布袜从此始。”（我干嘛要浆在官场污浊泥潭中，穿上平民鞋袜，从此弃官去过清淡干净的生活吧！）指弃宦出世。

⑩方：当。　言此：说这话。

⑪兴起：情绪高扬。

⑫徙：贬谪、流放。　海表：海外，指崖州（在今海南岛）。

⑬垂范：作为典范、楷模。

⑭淳熙：宋孝宗赵昚（shèn）年号。　淳熙戊申五月己未：淳熙十五年（1187）五月二十四日。

⑮笠泽：太湖。陆游祖籍甫里，地近太湖，所以自称太湖人。

【今译】

李光老丈参知政事被罢免回老家时，我已经二十岁了。他常常来访先父，一整天一整天地畅谈。只要谈到秦桧，一定要以“咸阳”代称，痛恨愤慨，在言辞态度上表现得很明显。有一天一大早来了，一起吃早饭时对先父说：“听说赵鼎相国流放过五岭时，悲伤忧愁流下了眼泪。我不这样，贬谪的命令一下，青鞋布袜走了！怎么能作出流泪悲叹那种小儿女的样子呢?”说这话时，眼睛像火炬，声音像铜钟，他那种英伟刚毅的气概，使人振奋！在那以后已经过了四十年了，偶然读到他的家书，虽然贬谪到海南，意气一点也没有衰微，叮嘱训诫的话，都足以留做百世的典范，使我还能想见他说“青鞋布袜”时的情景。淳熙十五年五月二十四时笠泽陆游题写。

【析评】

家书一般说来能看出作者的为人，陆游在读着父执李光四十年前的家书时，心里浮现出一个疾恶如仇、刚毅正直的形象。作为这些家书后记的“跋”，介绍其作者身世可以帮助读者理解家书内容。但这里又不是平板地介绍生平，而是抓住最突出的印象，显现其整个精神面貌。这又恰恰是陆游本人读这些家书时脑中自然浮现的。本文就是以关键时的言行表现人物的性格特征、思想品质，借以帮助读者了解这些家书。第一段总括介绍李光罢官还乡时的表现，同时说明自己何以了解他——李光与先父往还时，自己年二十矣。第二段，写一具体事件中的表现，以赵相被贬忧虑流涕相比照，极写李光被贬时慷慨上路，不因受打击而灰心，谈时目炬声钟，令人振奋。第三段写到家书本身，虽然被贬海外，而气不少衰，德行如旧，训诫之言，垂范百世，联想到他说“青鞋布袜”时，说明他的生平为人一贯如此。“青鞋布袜”，在文中出现两次，虽是用典，却很通俗形象，志节何等坚贞，襟怀何等宽广，真是洒脱之至。抓住这一富有特性的语言，具有象征性的打扮，就把一个忠臣义士写得眉髯生动，生气凛凛。最后是时日，署名。

第六辑

刘基

刘基（1311—1375），字伯温，青田（今浙江青田）人，明初政治家。元末至顺年间进士，曾任江西高安县丞，有清廉正直的声誉；再起为江浙儒学副提举，因为劾御史失职为执政大臣所阻，回乡隐居。方国珍起义后，元王朝又辟他为浙东元帅府都事，因在招安问题上和执政者有分歧，被革职回乡，隐居时著《郁离子》，对时政和治理深入思考研究，并组织地主武装自保。元至正二十年（1360）被朱元璋请到应天（南京），陈时务十八策，劝朱脱离韩林儿，并为策划先取陈友谅，次取张士诚，再进军北伐的战略决策，协助朱元璋取天下。明朝建立后，参与典章制度的建立，任御史中丞兼太史令，洪武三年（1370）授弘文馆学士，封诚意伯。第二年辞官。后因左相胡惟庸进谗，忧愤而死，谥“文成”。他的诗文奔放奇伟，是明初大家。除《郁离子》外，有《覆瓿集》、《犁眉公集》等，后人编为《诚意伯文集》。

窃 糟

客有好佛者，每与人论道理，必以其说驾之[1]，欣欣然自以为有独得焉[2]。郁离子谓之曰：“昔者鲁人不能为酒[3]，惟中山之人善酿千日之酒[4]。鲁人求其方，弗得。有仕于中山者，主酒家[5]，取其糟归，以鲁酒渍之[6]，谓人曰：‘中山之酒也！’鲁人饮之，皆以为中山之酒也。一日，酒家之主者来，闻有酒，索而饮之，吐而笑曰：‘是予之糟液也。’今子以佛夸予可也[7]，吾恐真佛之笑子窃其糟也！”

【题解】

这是《郁离子》中的一篇。《郁离子》这书名，在文中是作者自称。含义是从《易》卦中取来的，当时人解释“郁离者何？离为火，文明之象，用之其文郁郁然，为盛世文明之治。”（徐一夔：《郁离子序》）意思是郁郁之文可以导致文明盛世。本书是刘基元末隐居时所写，共十八章一百九十五条，内容包括政治、经济、社会、伦理等，多用寓言形式，有许多深刻警策之见，发人深思，当然也有一些封建糟粕、迷信成分。这是他协助朱元璋取天下的思想依据和理论准备。窃糟的故事可以脱开文中针对的事而独立存在，这正是寓言的特点。

【注释】

①说：理论，指佛教学说。　驾之：凌驾、超越。

②独得：独到之处，独创。

③鲁人：春秋战国时的鲁国在今山东西南部，后来仍把那地方的人称为鲁人。

④中山：春秋战国时诸侯国名，在今河北省，后来仍把那地方称为中山。　千日之酒：喝多了能醉一千天，极言酒劲大。

⑤主酒家：以酒家为居停主人，即住在酒家。古代一般是酒店自造酒，并非运自酒厂。

⑥渍：浸泡。

⑦佛：此处指佛理。

【今译】

有个客人喜好佛学，每当他和别人谈论时，常常用佛教学说压别人，沾沾自喜地以为自己有什么独到见解呢。郁离子对他说：“过去鲁国人不会造酒，只有中山国的人善于酿造烈性的号称能醉一千天的好酒。鲁国人寻求它的方子，没有得到。有个到中山国做官的人，寄住在酒店里，把他们的酒糟取回来了，用鲁国那种次“酒”浸泡了，对人说：‘这是中山国的好酒啊！’鲁国的人喝了，也都以为是中山国的好酒呢。有一天，中山国那酒家的主人来了，听说有中山好酒，就要来喝喝，刚喝到嘴里就赶紧吐了，笑起来说：‘是我的酒糟泡的汤啊！’现在您用佛的学说夸耀于我是可以的，我只怕真佛笑您偷了他的糟粕呀！”

【析评】

到外国偷得糟粕来唬人，是古今一些人的通病。古代佛学确有这种情况，在近代史上向西方学习时仍有这种情况，有些人到欧美考察学习，没有学来科学、技术、先进的管理方法、经营方式等等，却回来津津乐道于宫闱秘史、奢华安逸、一掷千金、未婚同居，等等。这种现象至今未断。所以这篇文章所蕴涵的道理是很深刻的，写法也很有特点。通篇是一个寓言，不能把谈佛之客看作实有，而是像晚周诸子寓言中的人物，与汉赋中的子虚、乌有先生一样，是假托的人物虚构的故事。而这个寓言中又包含了一个中山窃糟的寓言，构成整个寓言的一部分，是解决矛盾的关键。文章的结构正是由此决定的。第一部分讲，客好谈佛，与其说驾人。目的就是引出郁离子的话，是窃糟寓言的背景。第二部分是郁离子有针对性的寓言，开头却远远引开，说了一个故事，说完才知道是说谁。这部分又可分两层，一层是窃糟故事，一层是挂第一部分，点明窃糟的含义，用以揭露、讽刺谈佛之客。所以通篇结构可以看作三层，十分严整。寓言是借叙事来说理的一种办法。叙事如此清晰简练，条理分明，寓意如此深刻警辟，含蓄幽默，可以上追战国寓言大家庄周、孟轲了。

题兰亭帖

王右军抱济世之才而不用[①]，观其与桓温戒谢万之语[②]，可以知其人矣。放浪山水[③]，抑岂本心哉[④]！临文感痛[⑤]，良有以也[⑥]。而独以能书称于后世[⑦]，悲夫[⑧]！

【题解】

这是一篇在王羲之《兰亭集序》字帖上的题辞，选自《诚意伯文集》。王羲之是东晋著名的书法家、文学家，晋穆帝永和九年(353)，在会稽（今浙江绍兴）西南的兰亭举行了一次诗酒会，王羲之和当时四十余位名士参加了，当场赋诗抒怀，王羲之写了一篇序文。这篇序文优美深沉，隽爽洒脱，特别是书法高妙，笔势飘逸，在历史上很有名。现在真迹已不可见，有虞世南、欧阳询等许多大书法家的临摹本。刘基这篇题辞是写在哪种字帖上已不可考。

【注释】

①王右军：即王羲之（321—379），字逸少，会稽人，东晋著名的大书法家，被尊称为“书圣”。出身世家大族，曾任右军将军，所以世称王右军。　济世之才：治理国家、管理社会的才能。

②桓温（312—373），字元子，东晋大将。晋明帝女婿，曾为荆州刺史、征西将军，率军入蜀灭成汉，进位征西大将军。曾三次北伐，一度收复洛阳，最后一次大败而归，意欲代晋自立，未遂病死。　谢万是东晋大将谢安的弟弟，有虚名无实才，骄傲跋扈。桓温举为豫州刺史、领淮南太守、监司、豫、冀、并四州军事，率军参与北伐。王羲之给桓温写信，反对这一任命，认为是“违才易务”。又给谢万写信，劝他接近将士，与士卒同甘苦。桓温不听。谢万统兵“啸吟自高”、“未尝抚众”，因友军退守，以为战败，引军逃走，众溃散，只身逃回，废为庶人。“与桓温戒谢万”指此。

③放浪：放纵自在，无拘无束。《兰亭集序》有云：“或因寄所托，放浪形骸之外。”

④抑：发语词。　本心：本志，原来的志向。

⑤临文感痛：《兰亭集序》在写到游乐时，感到时间变化太快，一会儿就成了陈迹，想到《庄子》关于生死的议论，发出“岂不痛哉”的感叹，因而说，看到昔人的文章“未尝不临文嗟悼”。

⑥良：确实，真的。　以：原因，缘故。

⑦称：扬名，称赞。

⑧悲夫：悲痛啊！夫，语末感叹词。

【今译】

王羲之怀抱着治国救民的才能而未得用，看他警告桓温不要用谢万统兵北伐的话，就可以知道他的为人了。放纵自己在山水之间自由自在地游玩，哪里是他本来的意愿啊！写《兰亭集序》的时候感慨痛心，那确实是有原因的。而最终只是以书法扬名于后世，真是可悲呀！

【析评】

这篇《题兰亭帖》，实际上是一篇王右军论。它题写在字帖上，不能离开《兰亭集序》和书法，但这是一个政治家写的人物论，所以着眼点在政治上，不是就文章论文章，也不是就书法论书法。在作者的心目中，经邦济世才是大用，所以他看到王右军济世之才、入世之志的一方面，看出《兰亭集序》中放浪山水、临文感痛的内心痛苦。他是右军的知音，认为以能书知名后世是可悲的。这是作者独具只眼处，也是短文得力处。感叹其最后只以书法称于后世，正是极赞其为人；逼衬过来，又是极赞其书法。全文只有三句话，每句一层意思。文章是写王羲之字帖的，第一句却偏不写他的字帖，一语括尽他的一生是抱济世之才而不用，然后以一件史实证明之。第二句还不提字帖，而只联系到字帖的内容，上接第一句知他放浪山水并非本心、内容写得痛切是有原因的。第三句才写到字帖，但并不称赞他写得多好，却恰恰感叹他壮志未酬以末技称名的可悲，作为人物论结得很高明。五六十字，观点新颖、文字简洁、跌宕转折、情文并茂，完全达到明代文论家对"题名"的理想要求："叙事欲简而赡，其秉笔欲健而严！"（徐师曾：《文体明辨序说》）

张居正

张居正（1525—1582），字叔大，号太岳，江陵（今湖北江陵）人，明代后期著名政治家、改革家。嘉靖二十六年（1548）二十三岁时中进士，做过翰林院编修，国子司业，后又做裕王侍讲学士。裕王朱载垕即位（1567），任吏部左侍郎兼东阁大学士入阁。明神宗朱翊钧即位（1573）后，做内阁首辅十余年，对朝政、经济实行了一系列的改革。政治上，加强内阁和六部职权，整饬吏治，严明赏罚，统一号令，励行法治。经济上改革漕运，丈量土地，实行把田赋和劳役折算为银两按地亩征收的“一条鞭法”，注意农商并重相互促进，又开马市，使凋敝的经济复苏。边防上加强辽、蓟守备，又开互市，抚战两用，解除了鞑靼贵族的侵扰。晚年颇有些感情用事，左右多通贿赂，世人有所不满。死后谥号“文忠”。后来因太监张保诬告，被削籍抄家，子孙流放。熹宗朝平反。诗文编为《张文忠公全集》。

拙巧忠诈说

今吴中制器者[①]，竞为古拙，其耗费财力，类三年成一楮叶者[②]，是以拙为巧也。今之仕者，以上之恶虚文[③]、责实效[④]，又骛为拙直任事之状[⑤]，以为善宦之资[⑥]，是以忠为诈也。呜呼！以巧为巧，其敝犹可救也，以拙为巧，其敝不可救也；以诈为诈，其术犹可窥也[⑦]，以忠为诈，其术不可窥！

【题解】

这是一篇揭露世情奸伪的杂文，选自《张文忠公全集》，编在杂著中，题目是选者所加。作者在几十年宦途中，目睹了官场之诈，洞悉钻营之弊，不免痛心疾首，认为向上爬到了以拙为巧、以忠为诈的程度，简直是不择手段，不可救药。由于有了这样认识，张居正当政时虽以苛察为人不满，但他以“考成法”责吏治，使“一切不敢饰非”，是有成效的。

【注释】

①吴中：吴地。主要指今江苏一带。

②类：类似，就像。 楮（chǔ）叶：落叶乔木，高达十五六米，叶似桑，多涩毛，果实圆形红色，皮可制桑皮纸。三年成一楮叶：《列子·说符》中讲，宋国有一个人为他的国王制作一个玉石楮叶，三年才造成，放在真楮叶里分别不出真假来。列子说，假如天地三年生一片叶，那么有叶的植物就太少了，所以应该依靠规律治理而不靠巧伪。

③上：皇上。 恶：讨厌、痛恨。

④责：责求，要求。

⑤骛：原为奔驰，引申为一窝蜂地竞相追求。

⑥善宦：美缺。 资：凭借。

⑦窥：窥见、发觉。

【今译】

现在吴地制作器物，都竞相做成古朴拙笨的样子，它的耗费钱财人力，就像古代宋人三年制成一片楮叶而能乱真那样，是以拙朴作为极巧呀。现在做官的人，因为皇上厌恶虚文浮辞，责求实际效果，就乱纷纷地都竞相做出拙朴能办事的样子，用来作为谋取美差好官的凭依，这是以忠的样子来做假呀。哎呀！以巧物来表现奇巧，它的流弊还可以挽救；以拙朴来表现奇巧，它的弊病不可挽救。以诈伪来做诈伪之事，它的手段还可以看出来；以忠诚的样子来做诈伪之事，它的手段简直不可想象！

【析评】

这篇杂文的写法，现在已成为很普通的一种格式了：先由一件眼前事物或历史故事说起，然后引上正题，两者之间有一定联系或类似之处，然后再合起来发议论、抒感慨。本文短小，只有三句话，是三个段落，所以结构和表现方法非常清晰。第一句话，从吴中制器以拙为巧空耗财力说起。其中用了一个“三年成一楮叶”的典故，这里不涉及手工艺品的艺术价值问题，而是只取它一个方面——耗费工夫追求无用的奇巧，从措辞用典中已经将它否定了，即使不知典故出处的也能读懂。第二句引出一个政治问题，官吏们投皇帝所好，竞相做出拙直任事之状，是以忠为诈，作为升官手段。第三句以感叹词起首，发抒感慨，仕途上奸诈巧伪到了弊不可救、术不可知的境地，以此引起读者重视。但究竟应该怎么办？作者引而不发，不求在一篇短文中解决一切问题。

治国强本论

国势强，则动罔不吉[①]；国势弱，则动罔不害。譬人元气充实[②]，年力少壮，间有疾病[③]，旋治旋愈[④]，汤剂针砭[⑤]，咸得收功；元气虚弱，年力衰惫，一有病患，补东则耗西，实上则虚下[⑥]，虽有扁卢[⑦]，无可奈何。昔有人年七十矣，而患肠澼[⑧]。医曰：“此脏热也！”饮以寒剂，寒停胃中，肠澼未愈，而痛胃不能食。医曰：“此中寒也！”投以温剂，助其饮啖，虚火内炎，胃未强而病眩冒不能寝[⑨]。于是，又从而消导之[⑩]，下利数日而毙矣[⑪]。此其治之非不对症也，而卒以死者，元气不胜故也。是以君子为国[⑫]，务强其根本，振其纪纲[⑬]，厚集而拊循之[⑭]，勿使有衅[⑮]，脱有不虞[⑯]，乘其微细，急扑灭之，虽厚费不惜，勿使滋蔓[⑰]，蔓难图矣[⑱]。

【题解】

本文选自《张文忠公全集》，在文集中属“杂著”类，题目为选者所加。明朝中叶以后，君昏臣佞，政治经济都到了不可收拾的地步。张居正当政后进行改革，收到了相当的效果，吏治改善，政体为肃，令朝下而夕奉行；太仓粟充盈，可支十年，互市马匹积金四百余万，且有利民耕、边防。张居正在改革前和改革中很动脑筋，积累了一些经验。这篇杂论就是他全局性治国方略的基本思想的一个方面，值得重视。

【注释】

①罔：无，没有。　不吉：不利。

②元气：中国医学上用来指人体维持生理功能的基本物质。

③间：间或。

④旋：片时，一会儿，马上。

⑤针砭：以针刺治病，即中医的针灸。

⑥实：这里作动词用，充实的意思。

⑦扁卢：扁鹊，我国战国时代的名医，因为家住卢国（今山东），当时人们叫他“卢医”，因而这里称为扁卢。

⑧肠澼（pì）：指便秘。

⑨眩冒：眩晕亢进。　寝：睡眠。

⑩消导：中医用语，指用药疏导。

⑪下利：泻肚。

⑫君子：指统治者。　为国：治理国家。

⑬振：整顿。　纪纲：法制。

⑭拊循：安抚，抚慰。

⑮衅：事端。

⑯脱：倘若。　不虞：意料不到的，意外之事。

⑰滋蔓：滋长蔓延。

⑱图：谋取。

【今译】

国势强盛，那么各种举动都没有不利的；国势衰弱，那么什么举动都没有不带来害处的。像是人的元气充实，年轻力壮，间或得了病，马上治疗马上就好了，吃汤药也好、扎针也好，都能收到功效；元气虚弱，年纪衰老气力疲惫，一旦有了疾病，补了东面就消耗了西面，充实了上部就耗虚了下部，虽然有扁鹊那样的名医，也没法办。过去有个人七十岁了，患便秘，医生说：“这是内脏热的缘故”，就给他寒凉的药吃，结果寒气停在胃里了，便秘没好，胃痛得吃不下饭了。医生说：“这是受寒了！”给他投下温热的药，来帮助他吃饭；结果虚火在体内上升，胃没有见强却又头晕目眩精神亢进而失眠了。于是，又用药来疏通开导，结果泻了几天肚子死了。医生治疗的方法并非不对症，可是终于因治疗而死的原因，是元气不够用的。由此可见，统治者治理国家，一定要增强国家的根本，整顿它的法制，广泛团结民众而安抚他们，不要使他们生事，倘或发生了意外，乘着它还微小的时候，赶紧扑灭它，虽然花很大代价也不要吝惜，不要让它滋生蔓延，蔓延开来就难办了。

【析评】

把大问题大道理写得简单易懂，是我国自战国百家争鸣、策士游说形成的好的文章传统。这篇议论文，采取了两种常用的论证方法，分析证明和类比证明。总体上用类似逻辑推理的三段论法，大前提是国势强怎么变革都有利，国势弱怎么变动都不利。小前提是国家需要变动改革，结论是治国就要加强国势。当然，写文章不能像做逻辑习题似的简单，所以小前提隐含在譬喻之中。采取这种论证的方式，大前提的说服力是非常重要的，所以文中用了大段老人治病的譬喻，以证明大前提判断的正确。譬喻得恰当易懂，而且包含了当时国家也需治病改革，而元气虚弱，要治病改革得十分慎重的意思。这话有它不可明说的苦衷。而结论出来时，又同时包含了增强国势的四个方面，这就是加强经济（根本），整顿法纪，安抚人民，扑灭事端。由内容和论证方法决定，全文共分三段，第一段提出大前提并以人的譬喻来说明它；第二段，以虚弱老人治病的譬喻来论证大前提，并且隐隐提出小前提；第三段得出结论。虽是一篇杂著，却包含作者的识见、气度、谋略、修养，具有很强的说服力。当然，最后讲到对包括人民起义在内的事端要下狠手，不惜一切扑灭在摇篮里，表现了他地主阶级的本性，明史记载他也的确是对“盗贼”抓了就杀，毫不手软，对此要有正确的认识。但是，发生动乱骚乱，在其酝酿时就要及早发现扑灭，勿使滋蔓，却是千古不磨的至论。对这类事件犹豫拖延必将贻害无穷。

海　瑞

海瑞（1514—1587），字汝贤，一字应麟，自号刚峰。琼山（今广东琼山）人，回族，明末有名的清官。嘉靖二十八年（1549），中举人，入都上《平黎策》，授南平教谕，升淳安（今浙江杭州市淳安县境）知县，抑制豪强，清地亩均赋徭，行“一条鞭法”；生活上很清苦，有政声。嘉靖四十五年（1566）升任户部主事，上书陈时政之弊，直言世宗朱厚熜的斋醮迷信活动，“竭民脂膏，滥兴土木”，以致“吏贪官横，民不聊生”。上疏时买一棺，诀别妻子，准备一死。后被捕入狱，准备处死。正赶上世宗死了，穆宗朱载垕即位，才被放出狱。曾以右佥都御史巡抚应天（南京）十郡，兴利除弊，锐意改革，疏浚吴淞江，扶植贫弱，均赋徭，又极力摧抑豪强地主，严惩贪官污吏，许多恶霸贪官逃到别处躲避。后终因裁节邮传费用被劾去官。晚年起用为南京吏部右侍郎，升南京右都御史，死在任上。有《海瑞集》传世。

禁馈送告示

接受所部内馈送土宜礼物①，受者笞四十②，与者减一等，律有明禁③。粮里长各色人等④，每每送薪送菜，禁不能止。穷诘所以⑤，盖沿袭旧日风习，今日视为常事。且尔等名为奉承官府，意实有所希求。谓之意有希求者，盖亿官府不易反面⑥；而今少献殷勤，他日禀公事⑦、取私债、多科钱粮⑧、占人便宜，得以肆行无忌也。若有美意，则周尔邻里乡党之急可也⑨；官有俸禄，何故继富⑩？与之官，取之民，出其一而收其十，陷并不浅！今后凡有送薪送菜入县门者，以财嘱论罪⑪。虽系乡宦礼物⑫，把门皂隶先禀明⑬，后许放入。其以他物装载，把门人误不搜检者，重责枷号⑭。

【题解】

这是一份禁止送礼的告示，写于淳安知县任上。旧社会有个谚语说："官不打送礼的"。但是被称为清官的海瑞，就要打送礼的，而且要先打受礼的。明末吏治的腐败已臻绝境，贿赂公行，馈送成例，海瑞初任淳安知县就针对当地送薪送菜的旧习惯出了这张告示。他自己穿布袍吃粗米，让一个老仆种菜自给，母亲做寿买肉二斤，被人们当成了稀罕事。送礼被禁止，贿赂自然敛迹。后来海瑞虽然因为得罪上司被贬谪了，但是他的廉洁刚直却赢得民心，成为"中华民族的脊梁"那一类人物。

【注释】

①部：管辖。　馈送：赠送。　土宜礼物：土产应时适用的礼品。

②笞（chī）：用竹板或荆杖打屁股的刑罚。

③律：法律，指大明律。

④粮里长：地方吏役。

⑤穷诘（jié）：追问，查究。

⑥亿：通"臆"，揣度。　反面：翻脸。

⑦禀：禀告，旧时代对上级陈述汇报叫禀。

⑧科：征收。

⑨周：周济，救济。　乡党：乡亲。周朝以五百家为党，一万二千五百家为乡，后来便以乡党来指乡里。《论语·雍也》记载，原宪为孔子家邑令长，给他九百石薪俸，他不要，孔子说："以与尔邻居乡党乎"。

⑩继富：增益本来已经很富有的人。《论语·雍也》："君子周急不继富。"

⑪财嘱：行贿。

⑫乡宦：在地方居住的官宦人家。

⑬皂隶：衙门里的差役。

⑭枷号：一种刑罚，把木枷枷在颈上，写明罪状示众。

【今译】

接受所管辖范围内人们赠送的土特产品、应时适用礼物的，接受的人打四十大板，送礼的减一等处罚，因为这是法律上明文禁止的。粮头里长各种人，常常送柴草送蔬菜，禁令也不能制止。追问为什么要这样？大凡沿袭过去的风习，现在看作正常的事了。然而你们这些人名义上是奉承巴结官府，内心实际是有所希求的。说是意图有所希求，主要是揣测官府因此就不容易翻脸。现在稍微献点殷勤，以后汇报公事、讨要私人债务、多征收钱粮、占别人便宜，就能够肆意妄为而没有顾虑了。若是好意，那用来救济你的邻居乡亲的急难就可以了；做官的有俸禄薪水，为什么要去增益富者？送给官长的礼物，就是取自老百姓的，拿出其中一分送礼，而收取了十分，让百姓恨官府，这给官府造成的陷阱是多深啊！今后凡是有人送柴草、送蔬菜进入县衙门的，以行贿论罪。虽然是本乡在外做官致仕的老先生的礼物，把门的衙役先禀告明白，然后准许放他进来。那些用别的东西装运的，把门人如没有搜查出来，要重重责罚，枷号示众。

【析评】

古语说："文如其人"，然而有许多人写文章往往是"文非其人"。像海刚峰这篇告示凌厉刚直，铁面无私，一尘不染，一丝不苟，才真是文如其人呢。告示开门见山地提出，对礼品接受者笞四十，赠送者减一等受责，斩钉截铁，没一点儿空子可钻。第二段紧接着举出人们习以为常的乡里胥吏送柴送菜的事为例，深入分析他们的用心，是为了得便宜，否则他们为什么不周济乡邻？从反面论证送礼为私；最后指出送一收十，是给官府造的陷阱。本段分三层把送礼的本质说清楚了。末段把政策详加叙述，送柴蔬的以贿赂论罪；乡官礼物先禀明后放入，给乡官保全面子，让他们自觉地不要送，或为美言谢绝留了地步。这篇告示理正词严，明白通俗，是一篇好文章。

论乡愿乱德

从古未有言及养气者，而孟子言之[①]。古有诡随上容之说[②]，即乡愿意也，亦无有若孟子之论剀切痛快者[③]。盖乡愿馁其浩然之气以从俗；浩然之气孟子身有之，见乡愿若为身害，故言之详、恶之痛。今天下惟乡愿之教入人最深；凡处己待人、事上治下，一以乡愿道行之[④]。世俗群然称僻性、称所行大过者[⑤]，多是中行之士[⑥]。谓如此然后得中道、善处世，则必乡愿之为而已。所称贤士大夫，不免正道、乡愿调停行之[⑦]。乡愿去大奸恶不甚远，今人不为大恶，必为乡愿。事在一时，毒流后世。乡愿之害如此！说者谓孟子扩前圣所未发[⑧]，指养气也。孟子之功不在禹下[⑨]，当以恶乡愿为第一[⑩]。

【题解】

“乡愿”，本意是“一乡皆称为原人”，用现在的话说，就是没有原则、八面玲珑的老好人。这种人常常被人称道，受到一些人拥护，既不吃亏又赚了好名声，实际上却败坏道德，也就是“乱德”。最初提出这个问题的是孔子，《论语·阳货》：“乡愿，德之贼也”。孟轲解释得最充分：“阉然媚于世也者”，“同乎流俗，合于污世，居之似忠信，行之似廉洁。众皆悦之，自以为是，而不可与入尧舜之道，故曰‘德之贼’”（《孟子·尽心下》）。在世道坏下去的时候，并非开始就恶人多，关键在于人们明哲保身、委蛇求容。正如海瑞上书说的：皇帝斋醮，相率进香；仙桃天药，同辞表贺；误举误顺，谀之甚矣。像海瑞这样疾恶如仇的人，目睹明末官场这种同流合污的伪君子，不能不深恶痛绝。实际上“乡愿”是恶政、坏人的庇护人，要想改革政治、端正风俗，必须反乡愿！这是本文的题目，也是它至今具有现实意义之所在。

【注释】

①《孟子·公孙丑下》：“我善养吾浩然之气”。

②诡随：狡猾善变。见《诗经·大雅·民劳》。　上容：被上面留容。

③孟子之论：见题解。　剀切：切中要害，切合事理。

④一以：完全用。

⑤僻性：怪僻，性格与常人不同。　大过：太过。过分，偏激。中行：行为持中、无过无不及。《论语·子路》："不得中行而与之，必也狂狷乎?"

⑥中道：持中，中庸之道，中正公允之大道。

⑦正道：公平正直，合乎事理的行为准则。　调停：轮换，调剂。

⑧前圣：指孔子。　扩：扩大充实。　未发：没说出来、未曾谈到。

⑨禹：大禹，亦称夏禹，姓姒（sì），名文命，古代夏后氏部落领袖，奉虞舜之命治理洪水，疏导江河，发展农业，后被舜定为继承人，担任部落联盟首领。

⑩恶：讨厌，痛恨。

【今译】

从古以来没有谈到养气的人，而孟子谈到它了。古代有狡猾善变而能为上面所容的说法，就是乡愿的意思，也没有像孟子对它的评论那样切实痛快的。乡愿要削弱破坏那种浩然之气而使之随从世俗；浩然之气孟子身上有，见到乡愿就像是要危害自己的身体，所以说得详尽，厌恨到了极点。现在天下只有乡愿的教育影响人最深，凡是处已对人、奉事上司、治理下属，完全用乡愿之道来行事。世俗群起而说是怪僻，说办事太过分的，大多是公平持中的人；说这样做符合中庸之道，善于处世，那就一定是乡愿的办法；人所称道的贤德的官绅，不免是公平正道与乡愿调配交互使用而已。乡愿离大奸大恶不很远，现在的人不做大恶，一定要当乡愿。事情只在一时，而毒害流于后世。乡愿的害处就是这样。说孟子扩大充实了前世圣人所没有论到的道理，是指养气而言。说孟子的功劳不在治水的大禹之下，应当以痛斥乡愿为第一大功。

【析评】

论证的主要方法有四：例证法，例举事实说道理；引证法，引用已被验证的经典著作证明论点；分析法，进行逻辑分析得出结论；类比法：采取比较或比喻的办法使人明白道理。这些方法没有高下之分，经常在文中综合运用；重要的是所论述的问题是不是现实中亟待解决的问题，通过论证是不是把道理说清楚了。不能认为凡引证经典作家、作品为主要论证方法的就会脱离实际。有时只有用这种办法才能解决当时的现实问题。本文正是借论述孟子反乡愿的功绩来解决乡愿盛行的时弊，这和徒谈古人、徒引经典是不同的。文章的写法是首先提出孟子恶乡愿，但不是复述孟子的论点，而是把养气这一孟子的独创理论和反乡愿并列，申明两者一正一反的关系，因为乡愿馁气从俗，所以孟子论说得最详细，深恶痛绝。接着在中心段里分析当时天下乡愿之危害情况。第一句总述天下人处己待人、事上治下，全用乡愿之道。第二、三、四句分而述之：言行公允的被看作乖僻、太过；舆论称赞的不过乡愿而已；贤明官员只是以正道与乡愿交替行之。第五句收束本段，今人不为大恶必为乡愿，可以看出这是个社会性问题，严重性不言自喻。最后一段，指出乡愿流毒后世，孟子虽以养气发展了前圣的理论，但他的功劳当以痛切地反乡愿为第一。从两方面照应了文章开头。以引证和分析为主要方法，交互为用，把“乡愿乱德”的主旨论述得清清楚楚。理直气壮，文气充沛，一贯到底。

张　岱

张岱（1597—1679），字宗子，一字石公，号陶庵。山阴（今浙江绍兴）人，明末清初的文学家。出身于世代仕宦家庭，年轻时过着优哉游哉的闲适豪华的生活；多年寓居杭州，一生没有做官。清兵南下时，曾与抗清力量接触过，但自知不能有为，便隐居于四明山中、剡溪附近，著书自适。作品有《陶庵梦忆》《西湖梦寻》《琅环文集》等。内容多写山川景物，回忆盛时琐事，寄寓故国之思。文笔清新活泼，富有诗情画意，时杂诙谐幽默，具有很高的艺术性，是晚明小品的代表。这里选了他一篇文艺性短文，可以与柳宗元《小石潭记》、苏轼《记承天寺夜游》参阅。

湖心亭看雪

崇祯五年十二月①，余住西湖。大雪三日，湖中人鸟声俱绝。是日，更定矣②，余拏一小舟③，拥毳衣炉火④，独往湖心亭看雪。雾凇沆砀⑤，天与云与山与水，上下一白。湖上影子，惟长堤一痕⑥、湖心亭一点，与余舟一芥⑦、舟中人两三粒而已。到亭上，有两人铺毡对坐，一童子烧酒，炉正沸；见余大喜曰："湖中焉得更有此人！"拉余同饮。余强饮三大白而别⑧。问其姓氏，是金陵人⑨，客此。及下船，舟子喃喃曰："莫说相公痴⑩，更有痴似相公者！"

【题解】

入清以后，张岱披发入山，不与清朝统治者合作，过着十分清苦的生活。鸡鸣枕上，忆起往日的赏心乐事，繁华靡丽，觉得过眼皆空，恍惚如梦。于是便把一些难忘的个人游息、社会风情，形诸笔墨，聚成一集，题为《陶庵梦忆》。本文是其中一篇，记明末住西湖时，午夜去湖心亭看雪的韵事。西湖雪景描摹入微，当中个人与山水舟亭雪空的无间融合，同调之人洒脱的邂逅通含，带来身心的欢愉宁静谐和，是作者永铭而追忆的，也是读者应从中有所领悟的。

【注释】

①崇祯：明思宗朱由检的年号（1628—1644）。崇祯五年即公元1632年。

②更：古代夜间计时的单位，每夜分五更，由鼓楼以鼓声或由逻卒、更夫以梆子、鼓等报时。　更定：指开始报更，人声都安定下去了。

③拏（ná）：弄到的意思。

④毳（cuì）衣：皮袄、皮裘之类。

⑤雾凇沆砀（hàng dàng）：寒雾迷茫一片混濛。

⑥长堤：西湖白堤。

⑦芥：小草。《庄子·逍遥游》：“覆杯水于坳堂之上，则芥为之舟”。

⑧白：一种酒杯。

⑨金陵：南京。

⑩痴：一种类似呆傻的入迷或执著追求的状态。

【今译】

崇祯五年十二月，我住在西湖。连降三天大雪，湖上人声鸟声都断绝了。这天，初更人定，我弄到一条小船，拥着皮袄火炉，独自去湖心亭看雪。寒雾空濛迷茫，天与云与山与水，上下一片白。湖上能看到的影子，只有长堤一线，湖心亭一点，我的小舟一芥和舟里的人两三粒而已。到了亭上，有两个人铺着毡子相对而坐，一个小童在烫酒，炉火很旺，酒正烧开着；看到我，他们大喜说：“湖中怎么会还有这个人呢！”拉我一起饮酒。我勉力连干三大杯而别。问他们姓名居里，原来是金陵人，客居于此。等到回到船里，船夫嘟囔着说：“别说我们相公痴，还有比相公更痴的呢！”

【析评】

西湖佳景，领略的人很多，这就很难写了。本文为何写得别有风神韵味呢？因为它写的是西湖雪景，而又不仅是写雪景，是写看雪景，而且是深夜挐舟看雪景，这就有了见闻、经过、人物、话语，也融入了当时闲适高雅的情趣和回味时的心境。奇景、雅兴、怀思融为一体。全文分四段。第一段，一句交代了时间、地点，时间记得如此清楚，可见印象深刻、终生难泯。接着一句写大雪封湖、人鸟无声、清幽之极的境界。再一句写夜深人静、孤舟赏雪，清兴和妙境融合无间。第二段描写西湖上奇特的雪夜景色。先总叙，空濛迷茫上下一白；然后细看还有堤一痕、亭一点、舟一芥、人两三粒。是从大处看，远处看，恍如一幅大型国画；而又使人联想到，在大千世界中西湖无非堂坳杯水，余舟无非杯水一芥，吾人不过太仓一粒，发人深思。第三段笔锋一转写雪夜奇遇，湖心亭上尚有雅兴痴迷如我者，相见之下，真如“空谷足音”，闻声而喜。然而自己的惊喜心情是通过对方的惊喜表达出来的；对方雅兴又是自己的陪衬。第四段，是尾声，通过舟子的话衬托自己痴于赏景适性，是以“痴”自负；舟子说更有痴似相公者，实际上作者写自己乘兴而往，兴尽而归，飘然洒脱远胜于亭上拥炉对饮者。

顾炎武

顾炎武（1613—1682），原名绛，明亡后改名炎武，字宁人，别号亭林，江苏昆山人，明末清初的启蒙思想家、大学者。明代末年参加过进步的文人议政组织“复社”，反对权贵宦官。清兵入关南下，参加昆山、嘉定一带的抗清起义，失败后，在华北地区游历、考察，特别致力于北方边防和西北的地理研究，并曾亲自在雁门以北垦荒种地。一度化名蒋山佣，纠合同道，以图恢复明朝统治。他一生苦学，砥砺名节，始终拒绝清王朝的招聘。晚年住在华阴，卒于曲沃。顾炎武思想、学术上有很高成就，政治上他提出“天下兴亡，匹夫有责”，重视国计民生；学术上他总结了明末覆亡的教训，反对空谈心性的宋明理学，提倡经世致用的实际学问；他的学识渊博，在国家典制、历史掌故、天文水利、音韵训诂等方面都有很深的造诣。他做学问重考证，开清代朴学先河。诗文写得都相当好，有《日知录》、《亭林诗文集》等著作。

与人论为学书

人之为学[①]，不日进则日退。独学无友，则孤陋而难成[②]。久处一方，则习染而不自觉[③]。不幸而在穷僻之域[④]，无车马之资[⑤]，犹当博学审问，古人与稽[⑥]，以求其是非之所在，庶几可得十之五六[⑦]。若既不出户，又不读书，则是面墙之士[⑧]，虽子羔、原宪之贤[⑨]，终无济于天下。子曰：“十室之邑，必有忠信，如丘者焉，不如丘之好学也。”[⑩]夫以孔子之圣[⑪]，犹须好学，今人可不勉乎？

【题解】

这是顾炎武给一个年轻后学的书信，内容是讲如何做学问的。

书中所说“学如逆水行舟，不进则退”，“独学无友，孤陋难成”等思想，都是《礼记·学记》的传统思想，告诉一个涉学未深的人是必要的。特别是他提出要出门深入实际，这和读书同样重要，是很难能可贵的。选自《顾亭林诗文集》，标题是选者所加。

【注释】

①为学：求学、做学问。

②孤陋：片面浅陋。《礼记·学记》：“独学无友，则孤陋而寡闻。”

③习染：习惯感染。

④穷僻：穷乡僻壤；极偏僻。两种解释都可以。　域：地区。

⑤资：川资盘缠，旅费。作“凭借”讲亦可。

⑥审问：仔细地请教。　稽：合。古人与稽，即与古人稽，以与古人相合为标准。语出《礼记·儒行》。“儒有今人与居，古人与稽。”

⑦庶几：差不多，有希望。

⑧面墙之士：面对墙壁的人，譬喻短视无知，或不能接世有为。《论语·阳货》：“人而不为《周南》、《召南》，其犹正面墙而立也。”

⑨子羔：名高柴（前521—?），卫人（今河南东），孔子弟子。原宪（前515—?）：字子思，鲁（今山东西南）人，孔子弟子；孔子死后隐居，以安贫乐道著名。　贤：可解释为贤德，也可解为才能，也可理解为贤德才能。

⑩子：孔子。　邑：村镇、乡里、城邑。　丘：孔子自称。引文见《论语·公冶长》。

⑪圣：具有最高智慧的人或最高道德修养的人。

【今译】

人们求学，每天不是进步就是退步。独自埋头读书而没有研讨咨询的朋友，那就会见识片面而难以成才。长期呆在一个地方，就会习惯于一地之世俗是非，受到感染而自己不能发觉。不幸居留在穷乡僻壤，又没有乘坐车马的旅费，那就应该广泛地涉猎群书，详细地请教，用与古人相合为标准，以求得明了理论是非，这样差不多可以得到十分之五六。假如既不出门到实际里开廓眼界，又不研读书籍，那就像是个面对墙站着的人，即使有子羔、原宪那样的德行，最终也不会给天下带来任何贡献。孔子说："就是只有十户人家的小村镇，也会有忠诚信义像我孔丘这样的人，但是却不会像我孔丘一样的好学不倦。"像孔子这样的圣人，还必须爱好学习，现在的人不勤勉努力行吗？

【析评】

这是一篇书信体的议论文，它综合运用了正确的议论方法，写得集中凝练，有很强的逻辑性和说服力。全文共分三层。第一层以三句话概述常见的学习弊病，用判断句，写出不正确的学风引起的后果；以否定错误的方式引出正确的结论，这就是读书要交游，才能"日新日日新"。这一层是从《礼记·学记》引发出来的理论根据。第二层从两个方面深入下去。一方面是说，如果处在特殊情况下，即条件所限不能出门交游，那就要广泛地学习，有机会就不厌其烦地请教，与古人的结论相对照，也可以掌握理论是非。从另一方面说，即使有条件出门交游，如果自己既不注意接触实际，又不钻研书本，最终要一事无成。这一层是从实际分析，有独到之处，理论上是作者的发展。第三层引孔子的名言做根据，证明好学的重要。这里引用得十分恰当，引用后以反问作结，勉励对方努力求学，显得生动灵活；讲求学方法归结到求学，顺理成章。全文处处不离一个"学"字，指明刻苦学习、深入实际、不断创新才是正途，讲得头头是道，因为这是学者自己的体会呀！

王士祯

王士祯（1634—1711），字贻上，号阮亭，别号渔洋山人，山东新城（今山东桓台）人，清代初期著名的诗人、文学家。他出身在一个世代仕宦的读书门第，从小受过严格的训练，本人天资聪明，学习刻苦，有很深的文学素养。他一生在科举上和官场里都很顺利，二十二岁中进士，一直做到礼部尚书。他的诗作、诗论有相当成就，再加上他的政治地位，使他成为当时诗文界的领袖人物；当然，由于他与当时人民生活隔膜，又受到自身思想的局限，遂有“一代正宗功力薄”的批评。他的散文在清前期也算得一个大家，体裁多样，著述宏富，特别是他喜欢和下层文人往还，热爱自然景物，使他的记叙散文具有较丰富的内容和较高的艺术成就，以自然清丽，明畅简洁著称。主要散文作品收在《渔洋文略》、《池北偶淡》、《蚕尾集》、《香祖笔记》及《皇华纪闻》、《蜀道驿程记》之中。

焦山题名记

来焦山有四快事[①]。观返照吸江亭[②]，青山落日，烟水苍茫中，居然米家父子笔意[③]。晚望月孝然祠外[④]，太虚一碧[⑤]，长江万里，无复微云点缀[⑥]，听晚梵声出松杪[⑦]，悠然有遗世之想[⑧]。晓起观海门日出[⑨]，始从远林微露红晕，倏然跃起数千丈[⑩]，映射江水悉成明霞，演漾不定[⑪]。《瘗鹤铭》在雷轰石下[⑫]，惊涛骇浪，朝夕喷激；予来游于冬月，江水方落，乃得踏危石于潮汐汩没之中[⑬]，披剔尽致[⑭]，实天幸也。

【题解】

这一篇游记，是顺治十七年，王士桢与京口（镇江）别驾程昆仑一起游焦山、金山时所作。焦山，在镇江东长江之中，与金山相对。题名，原是题留姓名的意思，唐代举人中进士后，照例要游曲江，有题名处。于是后世便用“题名”表示游赏。选自《渔洋文略》。

【注释】

①快事：愉快的事。

②吸江亭：焦山上的小亭。

③米家父子：指宋朝米芾和他儿子米友仁，都是历史上著名画家，善画山水，世称大小米。 笔意：绘画作品。

④孝然祠：焦山上的一座祠庙。

⑤太虚：太空、天空。

⑥微云点缀：《世说新语·言语》记载，“司马太傅斋中夜坐，于时天月明净，都无纤翳。太傅叹以为佳。谢景重在坐，答曰：‘意谓乃不如微云点缀’。太傅因戏谢曰：‘卿居心不净，乃复强欲滓秽太清邪！’”

⑦梵（fàn）声：寺院佛教徒做功课的声音，指念经声或钟声。

⑧遗世：出世，超脱尘世。

⑨海门：在焦山东北，为两巨石对峙，称为“海门”。

⑩倏（shū）然：忽然，极快的样子。

⑪演漾：摇晃荡漾。

⑫《瘗鹤铭》：焦山崖石上所刻铭文，相传为南朝名人陶弘景所书。瘗（yì）：埋葬。 雷轰石：焦山脚下崖石名。

⑬汩（gǔ）没：流动淹没，时没时现。

⑭披剔：观览辨认。

【今译】

来游焦山有四件痛快事：在吸江亭观看夕阳返照，青山落日，烟水苍茫之中，简直就像米芾父子的一幅大画。晚上望月于孝然祠外，天空青碧一片，地上长江万里，上下澄澈，没有一丝云雾，内心也同样清净；听晚钟声从松树梢头传来，悠悠然有超尘出世的念头。清早起来看海门日出，开始时从远处的平林上微微露出一点红晕，突然一下子就跳起几千丈高，映照得江水都变成明亮的彩霞，摇荡不定。有名的《瘗鹤铭》在雷轰石下面，惊涛骇浪，每日每时地喷薄激荡；我来游时正赶上十一月，江水刚好降落变浅，这才能踩着危险的石头，在潮水来回、时淹时露当中，阅览辨认，完全满足了兴致，实在是天幸啊！

【析评】

记游写景，一般采取按时间顺序的写法，如果时间拉得很长或需记之事较多，便会有冗长杂乱之感。本文只抓住游焦山的四件快事，采用横叙的总分式写法，使文章简短有味，不落俗套，这是它结构上的特色。全文共五段，第一段只一句话，游焦山有四快事，提起下文，然后分述“观返照吸江亭”、“望月孝然祠外”、“看海门日出”和“披读《瘗鹤铭》”。每一件事只抓住自己感受最深的地方，寥寥数笔勾勒出景物的特色，而个人的心境意趣亦曲曲传出，“快事”的“快”字便跃然纸上。而“快”这种心境与引起它的景色水乳般融合在一起：落日吸江亭使自己想起千古名画；望月孝然祠外，引起遗世之想；晓起观日，充满喷薄向上的朝气；而寻铭危石狂潮之间，享受到适得其会的欢欣。这就是所谓情景交融，相得益彰。

山　市

文登昆俞山有山市①，恒在清晨②。遥望之，山化为海，惟露一岛，岛外悉波涛弥漫③，舟船往来。山下人但觉在雾气中。淄川西焕山④，亦有山市，每现城郭、楼橹⑤、林木、人马之状，一如蓬莱海市⑥。嘉靖二十一年⑦，县令张其协经山南麓，始见之，烟岚郁丽⑧，移时乃灭。自后往往见之。东郡恩县白马营、茌平马令庄皆平原⑨，时于雨后见此异，土人谓之地市。《老学庵笔记》云⑩，太原以北，晨行则烟雾中睹城阙⑪，状如女墙雉堞者⑫，《天官书》所谓气也⑬。

【题解】

光线经过不同密度的大气层，发生折射或反射，远方的景物随这种折射或反射映入人的眼中，形成一种虚无缥缈的奇异景象。这种情况发生在山区就叫“山市”，发生在海上就是著名的“海市”，在平原上叫做“地市”。本文描述这种自然现象，并依据《史记·天官书》朴素的唯物论说法，力图作出科学的解释。所以它不同于一般的写景散文的描摹景色。选自《池北偶谈》。

【注释】

①文登：县名，现为县级市，在胶东半岛，旧属登州府，现属山东省威海市。　昆俞山：胶东最大的山脉，相传麻姑在此修炼飞升，余址犹存，所以叫姑余山，音转为昆俞山。山势曲折，富有林峦泉水之胜，有很多仙道的传说和奇观。主峰泰薄顶在现在的烟台市牟平区（清代名宁海州，属登州府）东南部。

②恒：常常。

③悉：完全。　弥漫：广大洋溢的样子。

④淄川：清代济南府属下一个县，现为山东省淄博市淄川区。　焕山：在淄川东南四十五里处。焕山山市是《淄川县志》所谓“淄川八景”之一，跟王士祯同时的淄川人蒲松龄，亦有焕山山市的记载。

⑤楼橹：楼船樯橹。

⑥蓬莱：山东省烟台市所辖县，清代为登州府府治，北临渤海。蓬莱海市极有名。

⑦嘉靖：明世宗朱厚熜的年号（1522—1566）。

⑧烟岚：云烟缭绕的山峰。

⑨恩县：山东省北部一个县。　茌（chí）平县：山东省西部一个县。恩县、茌平县在清代都属东昌府，故称“东郡”。

⑩《老学庵笔记》：南宋陆游所著笔记，记逸闻旧事、掌故史实。

⑪城阙：城楼。

⑫女墙：城墙上的矮墙。　雉堞（dié）：城墙上做掩体的排列如齿状的墙垛。

⑬《天官书》：司马迁《史记》中的“八书”之一，记天文的。

【今译】

文登县昆俞山有山市奇景，常常在清晨出现。远远望去，山变成海了，只露出一个海岛，海岛之外完全是滔滔无边的波浪，各种舟船在来往。山下的人只觉得是在雾气里。淄川县西面的焕山，也有这种山市，经常出现一些城郭、楼船、林木、人马的形象，简直像蓬莱海市一样。明代嘉靖二十一年，县长张其协打山南脚下走，才发现了它，烟云山峰十分壮观，过了一会儿才消失了。从那以后，常常有人看到。东昌府恩县白马营、茌平县马令庄，都是平原，时常在雨后出现这种奇异景色，当地人叫做“地市”。《老学庵笔记》说，太原北边，早晨赶路就会在烟雾中看到城郭，样子像是城垛箭楼似的。这就是《天官书》所说的空气的现象啊。

【析评】

在神话、仙话中，有许多海市蜃楼的传说，古代帝王甚至由此而相信海上仙山之说。本文记述山市情状毫不受迷信的影响，只是如实地记下见到听到的自然现象，所以写法上摒除了虚夸想象、不经之辞，只是实事求是地描写说明，让人了解有这种自然现象。这就决定了本文的结构和风格。全文分四段。第一段写了昆俞山的“山市”，是主段，详加描绘。第二段由此写到焕山“山市”，跟蓬莱“海市”比较，并证以前朝故实，记下何时开始发现。第三段带过恩县、茌平的“地市”，都是一类自然现象。第四段，引证古书，说明人们早就发现这种现象，并且有着科学解释。作者表现出来记述自然现象的科学态度是可贵的。写法上表现为多种现象集中一文，将同一道理的现象“山市”、“海市”、“地市”相比较，而最后总的加以说明。文风质实，有根有据，解释有所本，引证都是严肃的著作，因而使文章具有一定的科学性。

蒲松龄

蒲松龄（1640—1715），字留仙，一字剑臣，别号柳泉居士，以书房名“聊斋”闻于世。山东淄川（今山东淄博市）人，清代著名文学家。生在一个没落的地主知识分子家庭，父亲弃儒经商，家道小康，供他读书。十九岁以县、府、道三第一中秀才，文名很盛，受到文坛泰斗施闰章、王士祯的器重。但此后屡试不第，直到七十一岁才得了一个岁贡。这期间他在应考的同时，就在家乡为塾师，曾在毕际有等大官僚家坐馆。除了三十一岁跟随同乡孙蕙去江苏宝应县当了一年幕宾外，主要在淄川、济南一带活动。长期在农村的贫困生活使他对社会有了深刻认识；刻苦攻读和严格的文字训练，使他具有广博的知识、深湛的艺术修养和高超的文字表达能力。他的诗文、俚曲写得很好；特别是以传奇志怪的手法，借助谈狐说鬼揭露现实的《聊斋志异》，使他成为文学史上不朽的作家。《聊斋志异》是一部短篇小说集，但其中包含了一些特写、杂记、散文著作。他的作品除《聊斋志异》外，收集为《蒲松龄集》。

地　震

康熙七年六月十七日戌刻[①]，地大震。余适客稷下[②]，方与表兄李笃之对烛饮。忽闻有声如雷，自东南来，向西北去。众骇异[③]，不解其故。俄而几案摆簸[④]，酒杯倾覆；屋梁椽柱，错折有声[⑤]。相顾失色，久之，方知地震。各疾趋出，见楼阁房舍，仆而复起。墙倾屋塌之声与儿啼女号，喧如鼎沸[⑥]。人眩晕不能立，坐地上，随地转侧。河水倾泼丈余，鸡鸣犬吠满城中。逾一时许[⑦]，始稍定。视街上，则男女裸聚，竞相告语，并忘其未衣也。后闻某处井倾仄[⑧]，不可汲；某家楼台南北移向；栖霞山裂[⑨]，沂水陷穴广数亩[⑩]。此真非常之奇变也。

【题解】

这篇记叙文选自《聊斋志异》，记载了一次地震的实况。这次地震震中在山东省郯城、莒县一带，自然史上称为郯城大地震，震级为8.5级，是我国有记载以来的三次大地震之一。蒲松龄当时在济南做客，记下了这次地震中目睹耳闻的实况，是一则宝贵的自然史资料。

【注释】

①康熙七年六月十七日戌刻：康熙为清圣祖玄烨年号。年月日为阴历，公历为1668年7月25日。戌刻：十二时辰之一，古代用以计算一天的时间的，约在十九点至二十一点。

②稷下：古代齐国都城临淄的西门。后世常借指山东省会济南。

③骇异：惊讶、诧异。

④俄：一会儿。　摆簸：摇摆颠簸。

⑤错折：摇动而错榫或折断。

⑥喧：喧哗。　鼎沸：开了锅似的。

⑦踰：过了，超过。　一时：一个时辰，相当现在两个钟头。

⑧倾仄：倾斜狭窄。

⑨栖霞山：在山东单县东。

⑩沂水：山东南部的一条大河，向南流入淮河。

【今译】

康熙七年六月十七日戌时，大地震。我刚好在济南城里做客，正跟表哥李笃之在烛下喝酒，忽然听到有声像雷一样，从东南来，向西北去。人们都很惊讶，不知是什么缘故。不一会儿，桌子条案颠簸动摇，连酒杯也翻倒了，房屋的梁柱椽子发出由于扭动而错榫、折断的声响。我和表哥面面相觑而吓得变了脸色，好长时间，才知道是地震。各自赶快跑出屋外，看到楼阁房屋，仿佛倒下又立起来，墙倒屋塌声和小孩子们的啼叫声喧闹成一片，好像开了锅似的。人们眩晕得站立不住，坐在地上，随着地面转动反侧。河水激荡倾泼，溅起一丈多高，满城里鸡鸣狗叫。大约过了一个时辰，才稍稍安定下来。看看街上，男女光着身子聚在一起，互相争着告诉自己的情况，都忘了没穿衣服了。后来听说有的地方水井倾斜狭窄了，不能再打水，有的人家的楼台南北调了方向，栖霞山裂了，沂水陷下一个窟窿有几亩大。这真是不平常的奇异灾变呀！

【析评】

蒲松龄的《聊斋志异》，作为小说，具有强烈的现实主义精神，这就是来自历史著作的“志怪”精神，作为实事来记录怪异的传说，所以自称“异史氏”。至于《聊斋志异》中一些记事的散文，则完全是实录。本文是其中的一篇，类似今天的通讯、特写。作者以自身的感受记下郯城大地震的实况，完全从目睹耳闻的角度，写出一幕幕的场面，次序清楚，条理分明，文字生动。开头一段精确地记下发生地震的年、月、日、时。第二段交代己身当时所在地，以及地震初起时的惶惑。第三段记叙当时屋内的情况和人们的震惊。第四段随着人们趋出写地震中室外的景象，有见，有闻，有感，成为一个活动的画面。第五段记震后街上人们聚谈，写出地震极大地吸引了人们的注意力，一切都置之度外。第六段是传闻当时地震造成的变异，在感叹中结束全篇。用二百三十个字确切地记下了一次大灾变的全过程，生动、真实，富有幽默感。

品　　茶

灵隐寺僧某[①]，以茶得名，铛臼皆精[②]。然所蓄茶有数等，恒视客之贵贱以为烹献[③]；其最上者，非贵客及知味者，不一奉也。一日，有贵官至，僧伏谒甚恭[④]，出佳茶，手自烹进，冀得称誉[⑤]。贵官默然。僧惑甚，又以最上一等烹而进之。饮已将尽，并无赞语。僧急不能待，鞠躬曰：“茶何如?”贵官执盏一拱曰[⑥]：“甚热。”

【题解】

这是《聊斋志异》中小说《鸽异》所附的一篇短文。有特殊技艺和深厚造诣的人，终希望能遇上知音，然而他们往往错误地把职位当成懂行的标志，虔诚地希望得到一句称誉，但是外行的称赞却使他们哭笑不得。本文主旨就在这里，当然对于一窍不通的评论者也是一种讽刺。蒲松龄的《聊斋志异》，曾经得到达官贵人的赞许，其中虽有知味者在，当亦不乏“甚热”之类，所以他是有切身体验的。这篇记事短文也可以当作寓言读。

【注释】

①灵隐寺：著名的大寺院，在杭州西湖附近。

②铛（chēng）臼：茶具。　精：精良。

③恒：经常。

④伏谒：伏拜参见。

⑤冀：希望。　称誉：称道赞美，表扬称赞。

⑥盏：杯子。

【今译】

灵隐寺和尚某人，因为茶出了名，烹茶制茶的茶具都很精良。可他所储存的茶叶有几等，常常看着客人的贵贱来分等烹了奉献；那些最上等的茶叶，要不是贵客以及懂得品味的，是不肯随便奉献一次的。一天，有一个贵官到了，和尚伏拜参见非常恭谨，拿出好茶叶，亲自动手烹煎了送上，希望得到称赞。贵客喝了并不说什么。和尚疑惑极了，又以最上一等的茶叶煎好了送上去。已经快喝完了，还没有一句赞美的话。和尚急不能待，躬身问道：“茶怎么样?”贵官拿着茶杯一拱手说：“很热乎!”

【析评】

这篇记事小文写得幽默诙谐，含蓄不尽，确是传神妙笔。第一段写灵隐寺和尚以茶得名，却分等供客，以求知味者一誉。第二段写贵官来寺，和尚出佳茶亲手烹进，而贵官却无一语。第三段写和尚非要得到称誉不可，拿出最上等的，饮后仍无表现，急而询问，得到一句大煞风景的赞语——甚热。和尚之痴于技艺、急于声誉，希望得遇知味者而又不识知味者，刻画得细致入微。而贵官虽寥寥数笔却也活画出一个外行者的昏蒙形象。这一幕小小喜剧没有再加多余的尾巴，却余味无穷，谁读了都会忍俊不禁。

爱新觉罗·玄烨

爱新觉罗·玄烨（1654—1722），满族，清朝皇帝，世祖第三子，在位六十一年（1661—1722），年号康熙，世称康熙皇帝。他博学多才，宏谋远虑，励精图治，善于用人，是历史上有作为的皇帝，对清王朝的巩固、对我国统一多民族国家的建立与经济文化的发展有重大贡献。八岁登基时权臣鳌拜辅政，康熙六年亲政，康熙八年除鳌拜。宣布永停圈地，奖励开荒，治理黄河，实行准许壮丁出旗为民和“额外添丁，永不加赋”等增加人口劳力的政策，发展经济，巩固统治；同时设南书房加强皇权，大事亲自决定。康熙十二年开始削平“三藩”；二十二年派施琅统一台湾，巩固了海防；又巡行东北，发起两次雅克萨反击战，沉重打击了沙俄侵略势力，签订《中俄尼布楚条约》，确定了两国东段边界。先后三次领兵亲征，平定准噶尔部噶尔丹的叛乱，并派兵入藏，维护了国家的统一。他倡导文化事业，重视文史，修《明史》、《古今图书集成》、《佩文韵府》、《康熙字典》等；又提倡和钻研自然科学，如天文、数学等。但他提倡程朱理学，兴文字狱，受到应有的非议。

宽限垦荒起科谕

自古国家长治久安之模[①]，莫不以足民为首务[②]，必使田野开辟，盖藏有余而又取之不尽其力，然后民气和乐，聿成丰亨豫大之休[③]。见行垦荒定例[④]，六年起科[⑤]。朕思小民拮据开荒[⑥]，物力艰难，恐催科期迫[⑦]，反致失业。朕心深为轸念[⑧]。嗣后各省开垦荒地，俱再加宽限，通计十年，方行起科。其所司官员，原有议叙定例[⑨]，如新任官自图录叙[⑩]，掩袭前功[⑪]，纷更扰民者[⑫]，各督抚严行稽察[⑬]，题参治罪[⑭]。

【题解】

经过明末清初的战乱，我国经济受到很大破坏。为了巩固统治，清初实行发展生产、与民休息政策，特别是康熙一朝，效果十分显著。当时全国荒地很多，本文就是康熙皇帝亲自决定的奖励开荒的政策之一，是康熙十二年（1673）阴历十一月十七日，给户部（主管土地户口财政）的谕旨。选自《清圣祖圣训》，题目为选者所加。

【注释】

①模：模型典范。

②首务：首要任务。

③聿（yù）：语助词。　丰：丰厚，富足。　亨：通达顺利。　豫：安适愉悦。　大（tài）：古代通“泰”，平安，安定。　休：美善，吉庆。

④见行：现行。　定例：已规定执行的条例。

⑤起科：开始征税。

⑥朕（zhèn）：皇帝自称。　拮据：操做劳苦，并可引申为经济困难窘迫。

⑦催科：催讨租税。

⑧轸念：辗转思念。特指对别人困难的关怀。

⑨司：掌管，管辖。　议叙：评议劳绩按其大小提级晋职。

⑩录叙：任用升迁。录，指录用，叙是按等级劳绩授官。

⑪掩袭：窃取。

⑫纷更：乱加更改，多所改动。

⑬督抚：总督、巡抚。地方最高行政长官。总督管辖两省或三省，总管文武军民。巡抚管辖一省，主管治理民事行政，考核官吏。　稽察：考核审查。

⑭题参：题奏参劾。

【今译】

从古以来国家长治久安的楷模典范，没有不把使百姓富足当作首要任务的，一定要使田野都开垦为良田，百姓有余粮、余财贮存，而征收又不把他们的力量用光，这样才能使老百姓和悦欢乐，造成富足、顺畅、舒适、安定的繁荣局面。现行的垦荒条例，六年开始征税。我想小民开垦荒地很困苦，物力上也很艰难，深恐征收租税期限短了，反而使他们失去生计产业。我反复思索这件事，放心不下。今后各省开垦荒地，都再加宽限，总计要在开荒十年以后，才开始征税。那些管理垦荒的官员，原本就有评议劳绩提拔晋升的制度条例，如果新任的官吏自己为了重用升迁，而窃取、冒认前段开垦的功绩，乱加更改而扰害百姓的，各省总督巡抚要严行考察核实，题奏参劾，对他们治罪。

【析评】

康熙主张“文章贵于简当，可以施诸日用”，而反对“空文”、“芜词”、“冗长堆积”，以至于“奸弊丛生，事权旁落”。他自己写的诏令谕旨正是这种主张的体现，大都简明通俗而切实用，不用典故，不用浮词套语，避免有不同解释。本文主旨是展宽开荒征税期限的，开头一段却从国家的长治久安谈起。要长治久安就要发展生产藏富于民，这和聚敛者那种多征税、充府库的传统做法是相反的。所以这一段是决策的出发点，又具有针对性，要使那些执行的官吏识这个大体。但又没有必要展开议论，只用了一句话说清谕旨的最终目的。第二段引入正题，说明要展宽开荒征税的期限。这一段是两层意思，前半是讲已行的政策，这是本朝定例，所以并没有进行“大批判”，只说恐怕催科期短反致失业；后半是讲欲行的政策，十年起科。前后用“朕心深为轸念”联系过渡。第三段再提出保证新政策实行、防止偏差的措施，管辖官员原有论功升迁的条例，如借机贪冒，纷更扰民，责成地方大员题参治罪。洞悉民生维艰、官吏奸伪，是本文写得好的基础；而文字的详明简要亦属难能可贵。

封疆大臣陛见陈奏谕

督抚乃封疆大臣[1]，陛见之时[2]，应将有司贤否、小民疾苦[3]，详明陈奏，以裨治理[4]。夫民之苦乐，皆系于官之贤否；官贤则民安，否则民之困苦无所底止矣！是以考察官吏以奖励廉洁为要。今云南贵州总督王继文入觐[5]，并不陈奏及此。如广西提督李林盛[6]，居官甚优，前者陛见，所奏绝无隐讳；问及广西武弁贤否[7]，皆从公敷陈[8]，其言朕皆书而志之矣[9]。

【题解】

这是由一件具体事情发现问题而指示臣下的谕旨。康熙三十七年十二月，云贵总督王继文来京朝见，谈话当中，康熙发现他不谈下属官吏的贤否，不了解百姓疾苦，心中十分不悦，当下向内阁大学士等官员发下这一谕旨。在康熙皇帝看来，封疆大员应该是自己的耳目股肱，必须了解吏治人选如何和小民疾苦脉搏，否则于统治不利。虽然像王继文这样先朝旧臣，顺治年间巡按陕西，弹劾四十人，督垦七千亩；又在平定“三藩”中因功提为巡抚，在总督任内平“乱”有功，也是不能容忍的。谕下之后，王继文以老病“致仕”。谕中提到的李林盛，已于当年五月调任陕西提督。选自《清圣祖圣谕》，题目是选者所加。

【注释】

①督抚：总督，巡抚，清代是最高的地方军政长官。　封疆大臣：疆界之内统治一方的将帅官员。

②陛（bì）见：“陛”为宫殿的台阶。陛见，指面见皇帝。

③有司：官吏。因古代设官各有专司（管），因而称官吏为“有司”。　贤否（pǐ）：好坏、善恶、贤能与贪鄙。

④裨（bì）：帮助，补益。

⑤入觐（jìn）：进见，指诸侯、封疆大员在秋后朝见天子。

⑥提督：在总督巡抚之下掌管一省绿营军兵的武官，也称军门。

⑦武弁：武官。

⑧敷陈：陈述。

⑨书：书写。　志：记。

【今译】

总督、巡抚是主管一方的封疆大臣，进见的时候，应该把官员的好坏贤恶、百姓的疾苦，详细明白地陈述奏闻，以便有助于治理。老百姓的苦乐，都关系在官吏们的好坏贤恶身上，官吏贤良那么老百姓就安居乐业，否则老百姓的困苦就没底没边了！所以考察官吏应以奖励廉洁为要紧。这次云南贵州总督王继文入朝进见，并不陈奏关于这方面的情况。像广西提督李林盛，做官很尽职，前些日子进见，所奏闻的事没有一点隐瞒忌讳；我问到广西省武官贤恶好坏，都能秉公陈述，他的话我都写下来记着呢。

【析评】

本文是一篇帝王手谕，属下行公文，是由云贵总督王继文陛见引起的，但却不是处理这件事，而是由此发现了问题，对所有封疆大吏提出了要求，当然也是对他们，包括内阁大学士们的训诫。这种要求和训诫不是通过责骂当事人而是通过说道理、讲事实来实现的。手谕共有四段，属两个部分。因为不是就事论事，所以第一段先讲明督抚陛见应奏闻官吏贤否、民生疾苦两方面的情况，以助治理。堂堂正大，有高屋建瓴之势。第二段，进而讲百姓苦乐系于官吏，这不仅将上面要求陈奏的两方面内容结合起来，说明其重要性，而且引申开来，指示大臣们考察官吏要以奖廉洁为主。这两段为第一部分，是提要求讲道理的。第三段才谈到因为什么具体事实引起的，只提一句，并不切责，由于前面讲了要求、道理，则切责之义自见，如何处分自有内阁大员议奏，作为帝王不出面决断，是得当的。第四段，又举出一个正面好官为例，更见出不屑于就事论事。因为是表扬，所以写得具体些，最后用“朕皆书而志之矣”结尾，以见重视程度。这第三、四段是手谕的第二部分，从正反两面提出两个典型，反对什么提倡什么很具体很明确。语气公正平和，而褒贬在于其中，可说是“一言之褒荣于华衮，一字之贬严于斧钺”。这不只因是“圣训”关系着荣辱升黜，而是说，文字也很得体。

方　苞

方苞（1668—1749），字灵皋，号望溪，安徽桐城人。清代著名散文家，是散文流派“桐城派”的创始人，主张学习先秦两汉以及唐宋诸大家（如韩愈、柳宗元、欧阳修等）的作品，理论上提倡“义法论”。“义”就是“言有物”，“法”就是“言有序”，“义以为经而法纬之，然后为成体之文”。即，主张文章要有内容有条理，结构要谨严。他自己的文章内容比较空洞，大抵本着儒家的程朱学说立论，多为经说、书序、碑传之类。也有几篇接触到生活实际的文章，如有名的《狱中杂记》。著作收在《方望溪先生文集》中。桐城派古文在清中叶以后有很大影响。五四运动时期曾批评过“桐城妖孽”，现在看应以历史唯物主义观点给予一定的历史地位。他的理论与作品都不无可取之处。

辕　马　说

余行塞上[①]，乘任载之车，见马之负辕者而感焉[②]。古之车，独辀加衡而服两马[③]；今则一马夹辕而驾，领局于轭[④]，背承平韅[⑤]，靳前而靽后[⑥]。其登阤也[⑦]，气尽喘汗而后能引其轮之郤也[⑧]；其下阤也，股蹙蹄攒而后能抗其辕之伏也[⑨]。鞭策以劝其登，棰棘以起其陷[⑩]。乘危而颠[⑪]，折筋绝骨无所避之。而众马之前导而旁驱者，不与焉，其渴饮于溪，脱驾而就槽枥，则常在众马之后。噫[⑫]！马之任，孰有艰于此者乎？然其德与力，非试之辕下不可辨。其或所服之不称[⑬]，则虽善御者不能调也。驽蹇者[⑭]，力不能胜；狡愤者[⑮]，易惧而变，有行坦途惊蹶而偾其车者矣[⑯]。其登也若跛，其下也若崩，泞旋淖陷[⑰]，常自顿于辕中[⑱]，而众马皆为所掣[⑲]。呜呼！将车者其慎哉[⑳]！

【题解】

这是一篇寓言性的杂论，与韩愈的“马说”《杂说（之四）》相近。作者多年出入京师，后曾做过礼部侍郎，也曾白衣入直南书房。看到官员们“或燕燕居息，或劬劳王事”，劳逸不均。可是担负重任、苦差的人，待遇并不高，而且容易得罪。而德才劣下的人担任要职，又常把事情搞坏，影响全局。这种不平借夹辕之马抒写出来。辕马劳苦，受鞭笞、担危险，吃喝反在诸马之后，而没有好辕马却要翻车误事的。本文不是实指，它含的道理什么人什么时代都可从中吸取教益。韩愈的“马说”，因自身遭际而写得感慨愤激，声泪俱下；本文虽有亲身所历的成分，但由于理学思想及个人性格的影响却写得平和多了。

【注释】

①余：我。　塞上：边塞。当时作者入直南书房，多次来往于京师和承德离宫之间。

②辕：马车上前伸的直木，一头联在车轴上，一头驾在马身上。汉以前只有一条，叫“辀”；两边各驾一马叫“服”，旁边拉套的叫“骖”。汉以后辕木改为两根，一马在当中，俗称“夹辕”。就是这里说的“负辕”。其他的马散在前边或两边。

③辀（zhōu）：独根的辕，详见上注。

④领：头颈，脖子。　轭：套在马颈部的马具。

⑤韅（xiǎn）：皮做的马具，上驾于马背，下有皮带系于马腋。

⑥靳：辕马当胸的皮带。　靽：套在马后的皮带。

⑦陟（zhì）：山坡。

⑧郤：倒退。

⑨股：大腿。　蹙（cù）：促迫，紧张。

⑩鞭策、棰棘：打马的器物，这里作动词用，即用这些东西打马。劝：催促。

⑪乘危：登上高险的地方。

⑫噫：感叹词。

⑬服：即夹辕，见注②。

⑭驽骞：下劣力弱之马。

⑮狡愤：狡猾而脾气不好。

⑯蹶：与“趹”通，用后蹄踢人或乱跳。　偾（fèn）：翻倒、覆败。

⑰泞：泥浆。　淖（nào）：泥沼，水坑。

⑱顿：委顿、困顿。

⑲掣（chè）：牵掣。

⑳将：掌握，驾驭。　其：句中表期望的语气词。

【今译】

我出行边塞，坐的是载人的马车，见到那匹夹辕的马而触发了感慨。古代的车，只有一根辕，前面加衡而驾上两匹马；现在就只用一匹马夹辕而驾车了。马的颈项局限在轭里，背上负担着皮韡，前边当胸有靳勒着，后边有靽拴住。它爬坡时，力气用尽喘息流汗然后才能拉住车轮的后退；它下坡时，大腿的肌肉紧绷，四蹄都攒聚在一起，这样才能抗住车辕的前伏。鞭抽着来催逼它登坡，棒打着促使它把车从陷下的泥坑拉起来。登高而摔下来，筋断骨折也无法逃避。而这些都是前面和旁边拉套的那些马所摊不上的。它渴了到溪流去饮水，卸了车到槽里吃食，却常常在众马的后面。啊！在马里边呀，负担还有比这更艰苦的吗？然而，它的品性和能力，如果不是驾在辕下就辨认不出来。如果夹辕的马不相称，那么就是善于驾驭的人也无法调理。下劣庸弱的马，力量不能胜任；狡猾暴烈的马，容易惊惧而发生变故，有行在平坦大道上受惊尥（liào）蹶子而翻了车的呢。它爬坡像跛腿似的，下坡像崩塌一样收不住，旋转泥泞里或陷进水坑，常常自己就委顿在两辕之中，而其他的马都被它牵掣住了走不了。啊！掌车的人啊可谨慎着点呀！

【析评】

《辕马说》，句句说辕马，而又句句有所指；终不说破，而又不必说破。这一点与韩愈寓言式杂论“马说”相类，而写法、风格又不同。清代古文家方苞已经没有唐代古文家韩愈那种才华横溢挥洒奔放的创造力了，然而由于自觉讲究“义法”，其篇章结构有极为细微真灼之处。文章开头，以行塞上乘马车见辕马而有感引起，亲切自然，有生活气息。接下来用古今马车比较，写出当今辕马更为艰苦，又以错落有致的排比，极写其羁绊多，任务重，鞭打频，危难深；接着再以辕马与不甚艰苦的众马比，吃喝休息却又落在后头了，不平之气已经蕴蓄足了。接着，这不平之气一发而为感叹“噫!”马里艰难唯有辕马！下面文气一转又说到不称职的驽骞之马还不能夹辕，夹辕就要翻车折轴，牵掣众马。最后，又发感叹，提醒将车者慎重。慎什么呢？要选用好马夹辕，要看到作者歌颂的辕马忍辱负重，又不要轻易让那些骞劣驽马夹辕。有感最终归结于此，可谓首尾圆合，条贯统序。

郑　燮

郑燮（1693—1765），字克柔，号板桥，江苏兴化人。清代的书画家、文学家。出身贫寒，幼年丧母，随父亲读书，十分刻苦。在科举上并不算顺利，是所谓“康熙秀才，雍正举人，乾隆进士”。四十岁以前一直靠教私塾、卖书画为生。四十四岁中进士，曾经做过山东范县和潍县两任知县。他原先也有政治抱负，要为国为民做一番事业。在知县任上，他写道：“衙斋卧听萧萧竹，疑是民间疾苦声；些小吾曹州县吏，一枝一叶总关情”（《潍县署中画竹呈年伯包大中丞括》）。这是他思想的流露，确是十分难得。但他能做的也只是开仓捐俸救济灾民，而最后终于因为荒年请求救灾得罪上司，不得不辞官回扬州，仍做“二十年前旧板桥”，卖画为生。由于幻想破灭，愤世嫉俗，产生了消极出世思想，却仍然保持同情人民的本色。他的画、诗、书法被称为“三绝”，是有名的“扬州八怪”（乾隆年间八个画家）之一。他的文章有真意趣，真感情，以“出己意、切日用”自期，颇多揭露现实之作，文风质朴自然，富人情味，以家书与题画诗文为代表。诗文被编为《郑板桥集》。

题　画　竹

余家有茅屋二间，南面种竹。夏日新篁初发[①]，绿阴照人，置一小榻其中[②]，甚凉适也。秋冬之际，取围屏骨子[③]，断去两头，横安以为窗棂[④]；用匀薄洁白之纸糊之。风和日暖，冻蝇触窗纸上，冬冬作小鼓声[⑤]。于时一片竹影零乱，岂非天然图画乎！凡吾画竹，无所师承[⑥]，多得于纸窗粉壁日光月影中耳。

【题解】

郑板桥是个画家，又是书法家、诗人、散文家，因而常常自己在画上提诗写文。本文就是题写在一幅竹子画上的题词。板桥作画最多的是竹和兰，尤以竹子画得有魅力，这原因就在于即使画竹也要有生活基础。扬州多竹，他的观察细致、感受真切，结合传统技法在生活中学习，把自己的感情融进画幅，使之成为艺术珍品。这篇题词写出画家本身艺术创作的感受，也写出了他的生活情趣。选自《郑板桥集》。

【注释】

①篁：竹丛、竹林。

②榻：木床。

③围屏：一种室内作障蔽用的屏风。屏风上有木框架，就是骨子，上面糊以绢、纸，画上画。

④窗櫺（líng）：窗户上的格子。

⑤冬冬：象声词，即“咚咚”。

⑥师承：师法继承。

【今译】

我家有茅屋二间，南面种着竹子。夏天新的竹丛刚长起来，绿色的阴影映照人眼，放一个小木床在屋里，非常凉爽安适。秋冬之间，拿围屏格子，截去两头，横着安在窗上做窗棂，用匀薄洁白的纸糊上。风和日暖，原先冻僵了的苍蝇能飞动了，触碰在窗纸上，咚咚的像小鼓的声音。这时候一片竹影零乱，这不就是天然图画吗？我画竹子，没有师法继承，大多从纸窗、粉墙、日光、月影中学得的。

【析评】

题画有各种各样的写法和角度，这篇题自画竹，中心写自己作画的艺术感受，而这种感受又是通过自己叙述画竹的经历、对竹的观察表现出来，形成一篇独立的短文。开头一段，似与画竹无关，写家有茅屋，南面种竹，夏日竹阴照人，自己坐卧其中。对竹的感情和观察已经隐隐写出，但从全篇讲这是交代和陪衬。当中一段写秋冬时节纸窗竹影天然图画，这是前一段衬托的目标，然而本身又有轻重主次，屏骨为棂糊纸，冻蝇触窗作声，都为一片竹影零乱作衬。写得寒素风雅，诗意盎然，托出图画。末段，篇末点题写到画竹，又不写这幅竹，而是写画竹之构思、技法，来自生活，“随手写去，自尔成局”（《题竹》），就是“得于纸窗、粉壁、日光、月影中”，其中纸窗是实写，其他为虚写，便觉简练而余味不尽。文字优美自然，充满生活气息和幽雅情趣。

潍县寄舍弟墨第四书

凡人读书，原拿不定发达[①]。然即不发达，要不可以不读书，主意便拿定也。科名不来[②]，学问在我，原不是折本的买卖。愚兄而今已发达矣，人亦共称愚兄为善读书矣，究竟自问胸中担得出几卷书来？不过挪移借贷，改窜添补，便尔钓名欺世[③]。人有负于书耳，书亦何负于人哉！昔有人问沈近思侍郎[④]，如何是救贫的良法？沈曰：读书！其人以为迂阔[⑤]。其实不迂阔也。东投西窜费时失业，徒丧其品[⑥]，而卒归于无济，何如优游书史中[⑦]，不求获而得力于眉睫间乎？信此言，则富贵；不信，则贫贱，亦在人之有识与有决并有忍耳。

【题解】

这是郑板桥手自编定的“板桥家书十六通”之一，是写给他堂弟郑墨的。板桥无胞兄弟，外出时家事嘱托给堂弟郑墨照管。他们情同手足，甚为友好，在家书往来中不时议论立身处世之道，及读书作文之法，敦厚恳切、自然朴素，长期以来受人喜爱。这封家书写于乾隆十四年（1749），板桥正在潍县知县任上，本年他的小儿入塾。这封家书议论读书的目的。选自《郑板桥集》。

【注释】

①发达：指科举考中而做官显达。

②科名：科举取中科别等第而有了“功名”。

③便尔：就这样。　钓名：以虚伪的手段求名。

④沈近思侍郎：沈近思（1671—1727），字仙山，号闇斋，浙江仁和人。侍郎：官名，六部的副长官。

⑤迂阔：迂远不切实际。

⑥徒：白白地，徒然。　品：人品、品格。

⑦优游：自得其乐。

【今译】

举凡人们读书，本来就拿不准一定会考中了做官。然而即使不能考中做官，也不可以不读书，这样主意就拿定了。功名不来，学问还在我肚里，原本不是折本的买卖。哥哥我如今已经考中科举做了官了，人们也都称赞哥哥我为善于读书啦，扪心自问肚子里究竟担得出几卷书来？不过是从书里挪移借贷一点，改头换面修修补补，就这样取得名声欺骗世人的。是人对不起书呀，书有什么对不起人的呢！过去有人问沈近思侍郎，怎样才是疗救贫穷的好办法？沈说：读书！那个人以为迂远不切实际。其实并不是迂远不切实际呀。东奔西跑地找门路，浪费了时间荒废了业务，白白地丧失了自己的品格，而最后还是没用，哪里赶得上在书籍史料中优游自得，不求获得什么却在眼前就得到益处呢！信这话，就会取得富贵；不信，就会流于贫贱，这就在于人的有识见和有决断并且有耐心而已。

【析评】

这是一篇书信体的议论文。以书信发议论似乎更自由、更简便、更容易结撰一些，但也并非所有的内容和在一切条件下都可采用，而且也需要精心结构。本文主题是议论读书与科举做官关系的，这是一个“学”与“仕”关系的老问题。儒家主张“仕而优则学，学而优则仕”（做官有了余暇要学习，学习好了可以做官）。板桥这里写得相当透彻而更为灵活。因为是写给堂弟的，所以多少带有训导的口吻，有现身说法自我解剖，也引用当代彼此熟知的名人的话。全文共分四层，第一层劈头提出读书不一定能做官，但即使不做官也要读书，就是说，读书不只为做官。这就高了一筹，有了新意。第二层现身说法，考中做官也未必就有学问，剖析自己；自己没有学问，是自己学得不好而已，书并没有对不起自己的。第三层引近事：沈近思答救贫之法为读书，人以为迂阔。第四层，分析为什么读书救贫不迂阔，得出结论：信此言则富贵，不信则贫贱，关键在自己有识有决有忍。结论前半扣住第一层发达，后半扣住第一层的拿定主意。虽是书信，却也这般缜密。

龚自珍

龚自珍（1792—1841），一名巩祚，字璱（sè）人，号定盦（ān），浙江仁和（今杭州）人，清代晚期著名启蒙思想家、文学家。生在一个世代业儒的官僚家庭，是文字学家段玉裁的外甥，很小跟段读《说文》，青年时学《公羊春秋》，是今文经学派的重要人物，不再走考据学的道路，而是在阐经的名义下，评论政治。他始终注意钻研经世致用的学问，科举不利，三十八岁才中了进士，做过礼部主事。他在中国封建社会日趋腐朽没落的情况下，揭露社会矛盾，极力主张改革。他先进的思想和政治主张是近代资产阶级改良派的先驱，对资产阶级革命也有一定影响。他具有爱国主义热情，预见到资本主义国家对我国威胁的严重和侵略的危险，主张自强抵抗。哲学上认为万事万物处于变化之中。这些在当时都有进步意义。诗歌瑰丽奇伟，敢于抨击社会黑暗、鼓吹“更法”“改图”；散文奥博纵横，沉著痛快。著作散佚了一些，现收在《龚自珍全集》中。

说天寿山

由德胜门北行五十五里[①]，曰沙河[②]。沙河有城，出沙河之北门，实维广隰[③]，丰草肥泉，引领东拜[④]，大山临之，是为天寿山。明成祖永乐七年所赐名也[⑤]。京师西北诸山，皆宗太行山[⑥]。此山能不与群山势相属[⑦]，有明尊且秩焉[⑧]。自永乐至天启十有二帝葬焉[⑨]，谓之十二陵，独景泰帝无陵[⑩]。崇祯十五年妃田氏死[⑪]，葬其西麓。十七年，帝及周后死社稷[⑫]，昌平民发田妃之墓以葬帝后，因曰十三陵矣。山多文杏[⑬]，春正月而华[⑭]。山之势尊[⑮]，故木之华也先；山气厚[⑯]，故木之华也怒。山深，故春甚寒；深且固[⑰]，故虽寒而不冽。其石其鹿其雉皆绝大[⑱]。山之理如大斧劈[⑲]，山之色黝以文[⑳]。山之东支有汤山焉[21]，其泉曰汤泉焉。山之头尾八十里。

【题解】

龚自珍学识渊博，精通地理学，曾拟编写《蒙古图志》。道光十六年（1836），友人王元凤（湖南桂阳知州）被诬陷，发往张家口，龚自珍特地请假送出居庸关，过了八达岭。一路上作了些实地考察，写了《说居庸关》《说张家口》《说昌平州》等一组地理调查记，本文即其中之一，说的是北京城北明十三陵所在地天寿山。选自《龚自珍全集》。

【注释】

①德胜门：北京城北面有三个城门，西边那个叫德胜门。

②沙河：北京西山诸泉水向东北流经昌平境，叫南沙河；昌平西南四十里有水源流出，为北沙河；两河汇合处有村名沙河店。沙河经顺义在通县入白河。

③实维：实在是。维，语助词。　广隰（xí）：宽广湿润的平地。

④领：头颈，脖子。引领，即抬头。　东拜：向东跪拜，即东望。因为是从低处向高处望，像是拜伏在地。亦可理解为，因系明陵所在，所以说是东拜。

⑤明成祖：名朱棣（1360—1424），明太祖朱元璋的第四子，原封燕王，后起兵夺了明惠帝朱允炆的帝位，年号永乐（1403—1424）。永乐皇帝选择“寿陵”，久久没有选好。永乐七年，礼部尚书赵羾和江西术士廖均卿发现昌平县东黄土山最好，永乐皇帝当天去看完了，封为天寿山。

⑥宗：宗属。太行山：华北主要山脉，在山西、河北及河南北部一带。北京西北的燕山山脉发源于太行山。

⑦属：连属。

⑧有明：即明代，“有”在这里作名词词头，无义。　秩：原指官吏的俸禄职位，这里指封为天寿山。

⑨天启：明熹宗朱由校的年号（1621—1627）。　有：又。

⑩景泰：明代宗朱祁钰的年号（1450—1457）。

⑪崇祯：明思宗朱由检的年号（1628—1644）。

⑫死社稷：指崇祯十七年（1644），李自成农民起义军打进北京，崇祯皇帝和皇后周氏自尽而死。社稷，指国家，因龚自珍的封建思想局限，认为他们是为国而死。清顺治四年命工部修葺明陵，十六年修崇祯陵墓，即思陵。

⑬文杏：即杏，因杏有文采，所以叫文杏。

⑭华：与“花”通。

⑮尊：高。

⑯山气：指地气、土壤。

⑰固：严实。天寿山的西、北、东三面高山环抱，所以说“深且固”。

⑱雉（zhì）：野鸡。

⑲理：条理。

⑳黝（yòu）：淡黑色。

㉑汤山：在昌平东三十里。下有温泉，名汤泉。古代把热水叫汤。

【今译】

由德胜门往北走五十五里，有个地方叫沙河。沙河有城，出沙河城的北门，一片广阔湿润的土地，芳草茂盛泉水充裕，抬头东望，一座大山居高相对，就是天寿山。是明成祖永乐七年所赐给的名字。京都西北各山，皆宗属于太行山脉。这座山能不与其他各山的山势相连，所以明朝尊崇它并且给了封号。从永乐到天启，十二位皇帝葬在这里，叫做十二陵，只有景泰皇帝没有陵墓。崇祯十五年田妃死，葬在山的西边脚下，十七年崇祯皇帝和周皇后为国而死，昌平百姓挖开田妃的坟墓安葬了皇帝皇后，因而叫十三陵了。山上很多杏树，早春正月就开花了。山势很高挡风，所以树木开花也早；山的地气厚土肥，所以树木开花也茂盛。山深，所以春天很寒冷；因为山深而又环抱严实，所以虽寒冷而并不厉害。山里的石头、鹿、野鸡都很大。山的布列条理好像大斧劈出来的，颜色淡黑而有纹理。山的东部支脉叫汤山，这里的泉水是温热的，叫汤泉。山从头到尾共长八十里。

【析评】

这是一篇地理考察记，是属于科学调查报告、地理资料一类。标题上的“说”，即今天的“说明”之意，所以与山水游记不同。它客观如实地说明了天寿山的地理位置、地形山势，名称由来、历史古迹、特产气候、特有的地学构造表现等。它没有什么个人抒情咏怀，没有情景交融的描写，只用平实、准确的语言向读者解说，是应用文体的写法。文章结构严谨、条理清楚。第一段讲山的方位，以北京城为坐标，自德胜门向北计算里数，引导着读者到沙河，往东北指给你看，一片肥沃原野后面就是天寿山，然后讲山名由来，便把山势交代清楚了。第二段，专讲十三陵，这是天寿山得名的根据，最著名的古迹，所以花了一段文字，其中又以特殊的最后一个陵墓思陵为主。第三段，写气候特产，一件件写下，很有次第。气候从杏花先开写起，随写随分析这里“小气候”的成因。然后写鹿雉绝大，照应了丰草肥泉，写山里也很肥沃，勾勒了山石纹理颜色，以山的长度结束。本文思想上没有特殊意义，但作者注意地理知识，有着细致的观察能力。特别是这类以说明为主的写法，很值得学习。

劝　豫

夏之既夷[①]，豫假夫商所以兴[②]，夏不假六百年矣乎？商之既夷，豫假夫周之所以兴[③]，商不假八百年矣乎？无八百年不夷之天下，天下有万亿年不夷之道[④]。然而十年而夷，五十年而夷则以拘一祖之法[⑤]，惮千夫之议[⑥]，听其自陊[⑦]，以俟踵兴者之改图尔[⑧]。一祖之法无不敝，千夫之议无不靡[⑨]，与其赠来者以劲改革[⑩]，孰若自改革？抑思我祖所以兴[⑪]，岂非革前代之敝耶？前代所以兴，又非革前代之敝耶？何莽然其不一姓也[⑫]？天何必不乐一姓耶？鬼何必不享一姓耶[⑬]？奋之，奋之！将敝则豫师来姓，又将敝则又豫师来姓。《易》曰：“穷则变，变则通，通则久[14]。”非为黄帝以来六七姓括言之也[15]，为一姓劝豫也[16]。

【题解】

本文选自《龚自珍全集》，又题作《乙丙之际著议第七》。乙丙之际是指嘉庆二十年乙亥（1815）和二十一年丙子两年中间，“著议”即论述。这两年龚自珍写了一系列政治论文。他站在地主阶级的立场，看到社会矛盾的激化、政治腐败、危机四伏，又不愿意农民起义来取代这个统治，所以就主张进行自上而下的改革，预先革除改朝换代所要革除的弊端，这就是这篇《劝豫》的思想。这种思想是进步的可贵的，不能用那种“不是革命的”、“改良主义是不能成功的”等“左”的标尺苛求前人。

【注释】

①夏：我国历史上第一个朝代，相传是夏后氏部落首领禹的儿子启所建立的奴隶制国家。都城在安邑（今山西夏县北），后迁至阳翟（今河南禹县）等地。夏王朝共传十三代十六王，自前二十一世纪至前十六世纪，约六百年，传到夏桀时被商汤所灭。　夷：陵夷、衰颓、没落。

②豫：与“预”通，预先。　假：借用。　所以兴：所能兴盛之法。　商：我国历史上第二个朝代。前十六世纪，商汤灭夏后建立的奴隶制国家。都城在亳，后多次迁移；曾迁都殷，又称为殷朝。共传十七代三十一王，相当于前十六世纪到前十一世纪，约六百年。纣王时被周武王姬发所灭。

③周：我国历史上第三个朝代。是周部族首领周武王姬发伐灭商纣王以后所建。建都镐京（今陕西西安），后曾迁至洛邑（今河南洛阳）。共传三十四王，八百多年。后被秦所灭。

④道：指事物发展的内在规律，这里专指治理之道，即随时变化，所以下文说要预作改革。

⑤拘：拘守。

⑥惮：惧怕，畏惧。

⑦听：听任。　陊（duò）：坠落，破败。

⑧踵兴者：随着兴起的，紧接着兴起的人。　图：法度、办法。

⑨敝：陈旧过时。　靡：倒，披靡，指站不住。

⑩劲：强劲、迅疾。

⑪抑：发语词。

⑫莽：笼统无际。

⑬指帝王祭祖宗之灵、山川鬼神。

⑭《易》：我国古代的占卜书，其中记下古代许多哲理、风习等。引文见《易·系辞下》，意思是说，按“易”的道理，窘穷就要随时改变，改变就开通顺畅，开通顺畅就能长久。

⑮黄帝：古代我国传说中三皇五帝之一，姓公孙，名轩辕。“黄帝以来六七姓”，指黄帝以后颛顼、帝喾、唐尧、虞舜和夏、商、周三代。其中虞舜以前的都是传说中的部落联盟领袖。

⑯一姓：原指周朝姬姓天子，这里就是指一个朝代。

【今译】

夏朝衰落以后，要能预先借用商朝所用以导致兴盛的政策法度，夏朝不就借来六百年了吗？商朝衰落以后，要能预先借用周朝所用以导致兴盛的政策法度，商朝不就借来八百年了吗？历史上没有八百年不衰败的朝代，天下却有亿万年不衰朽败落的规律。然而，有十年而衰落的，有五十年而衰落的，那只是因为拘守一位祖先的法度政令，惧怕众人的议论，因而听任它自己堕落衰败下去，用以等待继兴的朝代改变法度政令而已。一个王朝，其祖宗创建时的法令，当时合理，日子久了没有能不陈旧过时的；民众的议论、要求，谁要对抗它，没有能不倒台衰败的。与其把机会送给继起的朝代增强其改革的势头，哪如自己来改革？想想我朝祖宗怎么兴盛起来的，难道不是革除了前代腐朽的弊病吗？前代当初所以能兴盛起来，又不是革除了它的前代的腐败弊病吗？为什么不能笼统一贯地由一姓统治下来呢？天老爷干吗不高兴一姓统治呢？鬼神干吗不享用一姓的祭祀呢？振奋，振奋！将要衰败就预先学习要来接替的那一朝代，又将衰败就又预先学习将要来继承的那个朝代。《易》经说：“穷尽了就要改变，改变就开通了，开通了就会长久。”这话不是为黄帝以来那六七个朝代总结概括的，而是劝当时那一个朝代（周）预先自己改革的。

【析评】

我国古代谈改革的大多“托古改制”，龚自珍作为今文学派，专长于凭借儒家经义来评议时政，发挥自己的论点。本文虽然谈三代，引《易》经，但却是针对当时社会弊端提出改革理论的。他议论得深刻警策，在那万马齐喑，死气沉沉的封建末世，真像疾雷闪电一样，具有振聋发聩、开脑筋扩眼界的作用。全文分三段：第一段，从三代没落说起，假如它们能预先借用继起者兴盛的法度，就可以得到继起者统治的年代，然而它们没有那样做，终于没落了。所以没有不没落的朝代，却有不没落的道理。这道理不马上讲出，在第三句里又从反面讲没落在于拘一祖之法而等继兴者改革。改革的必然性从纵观历史中得出，咄咄逼人，不得不为所动。第二段，既然必须改革，与其让继起者改，不如自己主动改革。这是本段中心句。前面点明了“一祖之法”没有不敝败的，指出“千夫之议”谁也对抗不住；后面以各朝代兴起都是顺应民议革了前代之弊，而并非天地神鬼不乐一姓，再扣紧中心申明“将弊豫师来姓”的道理。第三段，引证经典，证明改革的道理正确。这里引的《易·系辞》，简短、精辟、恰当，要把文章写短，引文必须简当。为防止作另外的解释，进而指明不是概括朝代变化的规律，而是劝勉本朝改革；引文里的意思是指周朝，作者引用的意思是指目前。